edition suhrkamp 2645

Ein schwarzer US-Präsident, eine Ostdeutsche als Bundeskanzlerin, ein homosexueller Außenminister – und die österreichische Bundeshymne wurde zu Beginn 2012 von »Heimat bist du großer Söhne« in »Heimat großer Töchter und Söhne« umgeschrieben. Auf den ersten Blick scheint die Political Correctness (PC) – als Strategie, gesellschaftliche Anerkennung rational auszuhandeln – auf breiter Front gesiegt zu haben. Zwar denunzieren Gegner ihre immer komplizierter werdenden Regeln als bevormundend, doch stellen auch sie die Forderung nach der Achtung des Anderen und seiner Empfindlichkeiten kaum mehr grundsätzlich in Frage. Radikale PC-Befürworter dagegen üben sich in Selbstbezichtigung und der symbolischen Austreibung etwaiger Privilegien. Zur Entgiftung der Sprache dienen nicht nur Neuschöpfungen wie das Binnen-I, sondern auch die vielen Anführungszeichen, die umstrittene Begriffe eskortieren.

Matthias Dusini und Thomas Edlinger analysieren die aktuelle, nach mehreren Wellen und Jahrzehnten der Rezeption und Diskussion durchaus heterogene Konstellation von Political Correctness als Sprachspiel und sozialer Praxis. Dabei fragen sie nicht nur nach den politischen Konstellationen und ästhetischen Konjunkturen, die der allgemeine Wettkampf um die Opfer-Pole-Position zeitigt, sondern spüren auch den psychologischen Motiven hinter den manifesten Kontroversen nach: Wo verlaufen die Frontlinien jenes inneren Bürgerkriegs, der im Individuum etwa zwischen dem Begehren nach dem Glamour des Rauchens, der Lust an Restriktionen in Form von Rauchverboten und der Befriedigung über gelingende Selbstkasteiung tobt? Wie meistern die Narzissten der Gegenwart den Widerspruch, am zunehmenden Zwang zu einem umweltverträglichen Leben zu leiden und in der Schule der Mäßigung zugleich die Aussicht auf eine bessere Selbstbenotung zu genießen?

Matthias Dusini, geboren 1967 in Meran, ist Redakteur bei der Zeitschrift *Falter* in Wien.
Thomas Edlinger, geboren 1967 in Wien, wirkt dort als Radiomacher (u. a. beim Kulturmagazin *Im Sumpf* auf FM4), freier Kulturjournalist und Kurator.

Matthias Dusini/Thomas Edlinger

In Anführungszeichen

Glanz und Elend
der Political Correctness

Suhrkamp

2. Auflage 2012

Erste Auflage 2012
edition suhrkamp 2645
Originalausgabe © Suhrkamp Verlag Berlin 2012
Alle Rechte vorbehalten, insbesondere das der Übersetzung,
des öffentlichen Vortrags sowie der Übertragung durch
Rundfunk und Fernsehen, auch einzelner Teile.
Kein Teil des Werkes darf in irgendeiner Form
(durch Fotografie, Mikrofilm oder andere Verfahren)
ohne schriftliche Genehmigung des Verlages reproduziert
oder unter Verwendung elektronischer Systeme
verarbeitet, vervielfältigt oder verbreitet werden.
Satz: TypoForum GmbH, Seelbach
Druck: Druckhaus Nomos, Sinzheim
Umschlag gestaltet nach einem Konzept
von Willy Fleckhaus: Rolf Staudt
Printed in Germany
ISBN 978-3-518-12645-5

Inhalt

In Anführungszeichen

Vorwort

Sie heben die Hände in die Höhe und biegen Zeige- und Mittelfingerspitzen synchron zweimal nach unten. Mitte der neunziger Jahre kommen die ersten europäischen Austauschstudenten mit einer Körpergeste aus den USA zurück, die rasch in das Ausdrucksrepertoire der linksliberalen Mittelschicht einfließt: die in die Luft gemalten Anführungszeichen.

Man kann diese Geste als doppeltes Victory-Zeichen interpretieren, denn die anglophilen AkademikerInnen signalisieren den Siegeszug einer Interpunktion. Wie Efeu überwuchern Anführungszeichen* die Abhandlungen über Literatur, Geschichte und Politik. Auch die Neger und Weiber von Schiller und Mark Twain wollte man nicht mehr einfach so im Raum stehen lassen. Ein tauber Beobachter könnte die gewunkenen Gänsefüßchen dahingehend interpretieren, dass sich der Sprecher von sich selber distanzieren möchte: Ich, das sogenannte.

Neben heute schon zu Quarantäne-Klassikern verkommenen Begriffen wie »Dritte Welt«, »Ostblock« oder »Behinderte« sind es auch hierzulande bislang unbelastete Begriffe, über die eine semantische Käseglocke gestülpt wird: »Amerika« kann als Übergriff der europäischen Eroberer auf jene interpretiert werden, die vor ihnen da waren. »Israel« ist eine Konstruktion, die jene ausschließt, die lieber Palästina zu ihrer Heimat sagen wollen. Wenn eine Hand mit dem Halten eines Getränks beschäftigt ist, machen Redner vor kontaminierten Begriffen eine kurze Pause. »Ich begrüße besonders

---

* Bei der Formulierung unserer Gedanken versuchen wir, soweit es möglich ist, auf Anführungszeichen zu verzichten. Das Binnen-I und die Unterstriche werden nicht systematisch verwendet resp. nicht verwendet, sondern im Zusammenspiel mit dem jeweiligen Kontext, bisweilen auch zur – hoffentlich produktiven – Irritation. Eine ausführliche, historische Betrachtung der Anführungszeichen findet sich im Glossar.

unsere ... ausländischen Gäste.« Die Anderen sind so anders wie die Anführungszeichen, in denen sie stehen.

Neben der geschlechtsneutralen Schreibweise sind die Anführungszeichen das Markenzeichen der Politischen Korrektheit. In den siebziger Jahren begann ein bis heute andauernder Angriff auf die sprachlichen Gewissheiten der Disziplinen, dessen schriftliches Signal die an den oberen Buchstabenrand gehängten Banner der Distanznahme sind. Kein Kulturwissenschaftler wagt es mehr, von »der« Wirklichkeit zu sprechen. Weiß doch jeder, dass diese bloß ein behelfsmäßiger Begriff für die sie konstruierenden Diskurse ist! »Gefühle«, sagt die Dekonstruktion, die Atemluft stoßartig durch die Nase blasend, »sind doch nur Effekte einer Rhetorik der Leidenschaften.«

Zu den Topoi der sogenannten Essentialismuskritik gehört der Hinweis, dass es nicht »den« Künstler oder »die« Wissenschaftlerin gäbe: ab in die Anführungszeichen-Strafkolonie mit ihnen! In den postkolonialen Studien ist vom »Anderen« die Rede: Damit soll das sogenannte *othering* vermieden werden, das einer Muslima oder einem Sinto unmenschlich fremde Züge zuschreibt.

In kulturwissenschaftlichen Texten, Kunstkritiken oder politischen Kommentaren haben Gänsefüßchen Hochkonjunktur, denn mit ihnen kann die Natur der Dinge in Zweifel gezogen werden. »So wie die Adjektive ›natürlich‹ und ›sozial‹ Repräsentationen des Kollektivs bezeichnen, das nichts Natürliches und Soziales an sich hat, liefern die Worte ›lokal‹ und ›global‹ Gesichtspunkte von Netzen, die von Natur aus weder lokal noch global sind«, schreibt der Wissenschaftstheoretiker Bruno Latour.[1] »Strenggenommen kann man nicht sagen, dass die ›Frau‹ existiert«, sagt die Literaturwissenschaftlerin Julia

1 Bruno Latour, *Wir sind nie modern gewesen. Versuch einer symmetrischen Anthropologie.* Aus dem Französischen von Gustav Roßler, Frankfurt am Main 1998, S. 163.

Kristeva.[2] Und die Philosophin Judith Butler sieht in der »wirklichen Frau« eine zwanghafte gesellschaftliche Fiktion.[3]

Oder ein Beispiel aus dem paranoischen Jargon der Parawissenschaften: »Wenn man aus Männern, Frauen, Kindern, Arbeitern und Arbeiterinnen, Angestellten, KulturproduzentInnen und vielen anderen mehr die allgemeine Vorstellung ›Ausländer‹ bildet, und – mehr noch – wenn ich mir einbilde, dass die aus den wirklichen Individuen gewonnene, abstrakte Vorstellung ›Ausländer‹ ein existierendes Wesen ist, vielleicht sogar ›das wahre Wesen‹ all dieser Individuen, dann erklärt man damit diese Vorstellung zur Essenz von diesen Männern, Frauen, Kindern, ArbeiterInnen, Angestellten usw.«[4] Erklärungsbedürftig erscheint uns die Tatsache, dass die gänsefüßchengestützte Antiwesensrhetorik mit Gefühlen von Betroffenheit und Empörung einhergeht, die auf eine tiefe Erschütterung der Sprechenden schließen lassen. Warum ist ihr Selbst – ihr wahres Wesen – nicht dekonstruiert genug, um gegen solche altbackenen »Essenzen« immun zu sein?

Im Mainstream der Printmedien springen die Gänsefüßchen dem Leser nicht so gehäuft ins Auge. Hier zeigen sie wie Seismographen an, wo gerade die tektonischen Verwerfungen von Politik und Gesellschaft stattfinden. Im deutschsprachigen Raum steht die NS-Zeit am Anfang einer sprachlichen Besinnung. In den siebziger Jahren galt die Aufmerksamkeit dem Schicksal psychisch »Kranker«, dann wurde der »Ausländer« zum Thema. Die Ungewissheit über das, was ein »Volk« oder eine »Rasse« sei, ging in die Debatte über die Definition von Geschlechtern über. Um die Wörter herumkrabbelnde Gänsefüßchen zeigen an, wo es die Gesellschaft juckt. Das »Kopftuchmädchen« oder »bildungsfern« haben das Poten-

2 Zit. in Butler, Judith, *Das Unbehagen der Geschlechter*. Aus dem Amerikanischen von Kathrina Menke, Frankfurt am Main, S. 15.
3 Ebd, S. 206.
4 Ljubomir Bratić, *Politischer Anitrassismus. Selbstorganisation, Historisierung als Strategie und diskursive Intervention*, Wien 2010.

tial, in Zukunft unter Anführungszeichen-Aufsicht gestellt zu werden; zu viele Menschen fühlen sich dadurch in ihrer Würde verletzt.

Was aber tun, wenn einem das Wort für etwas fehlt, das man ausdrücken möchte? Der Bergrücken hätte eigentlich einen eigenen Namen verdient. Ein mit einem Elektromotor ausgestattetes Fahrrad ist noch kein Motorrad. »Ich heiße Bravo und ich habe keinen Schwanz«, beginnt ein Roman des italienischen Schriftstellers Giorgio Faletti. Bevor sich der Fachbegriff Transgender durchgesetzt hat, war dieser Mann ein »Mann«.

1985 veröffentlichte die US-amerikanische Biologin und Wissenschaftshistorikerin Donna Haraway das »Manifest für Cyborgs«. Die Science-Fiction-Romane von William Gibson waren in aller Munde, die Industriearbeiter wurden durch Automaten ersetzt; da propagierte die Feministin das Zusammenwachsen von Mensch und Maschine. Cyborgs lösten den Unterschied zwischen Mann und Frau auf, erläutert Haraway. In ihrer Utopie, die ironisch mit den bauch- und naturbezogenen Texten des 70er-Jahre-Feminismus bricht, prophezeit die Autorin sogar »den Abschied von Bisexualität und präödipaler Symbiose«. Cyborgs seien Geschöpfe in einer transhumanen Post-Gender-Welt. So überwindet Haraway den Skeptizismus der Gänsefüßchen und propagiert optimistisch einen neuen Menschen – ohne Gänsefüßchen. Bevor das totale Glück der präödipalen Symbiose durch außerordentliche Züchtungen überwunden ist, werden Individuen aber voraussichtlich weiterhin ihre narzisstischen Wunden mit Gänsefüßchen behandeln. Die Nachfrage nach Gänsefüßchensalbe wird sogar größer, denn der Wert der Kapitalsorte Selbstachtung steigt und steigt.

»Wir setzen natürlich alles unter Anführungszeichen«, sagte unlängst ein Wiener Museumsdirektor. (In Österreich wird nicht »in«, sondern »unter« Anführungszeichen gesetzt.) Der Museumsmann war gerade dabei, eine Ausstellung über den

Afrikaner Angelo Soliman vorzubereiten, der im 18. Jahrhundert als sogenannter Hofmohr nach Wien kam. Er machte in der Hocharistokratie eine Karriere als Kammerdiener und Erzieher, heiratete eine Einheimische und verkehrte in derselben Freimaurerloge wie Mozart. Dieses hohe gesellschaftliche Ansehen konnte nicht verhindern, dass er nach seinem Tod in den Rang eines Naturwesens zurückgestuft wurde. Seine Haut wurde ausgestopft. Im Naturalienkabinett stand Soliman nun als Vertreter der Spezies Mensch.

Auch wenn Schwarze in Wien heute nicht mehr riskieren, nach ihrem Tod vom Tierpräparator abgeholt zu werden, erleben sie zahlreiche Diskriminierungen. Sie werden als Drogendealer und Asylbetrüger diffamiert und als Neger beschimpft. Die Figur des zu seiner Zeit berühmten Soliman lebte auch in den Resten der Alt Wiener Konsumkultur nach. Figurinen des Augarten-Porzellans tragen niedliche Mohrenköpfe. Man erkennt in ihnen die drollige und exotische Figur des »Hofmohren« wieder. Der »Mohr im Hemd« ist eine mit schwarzer Schokolade getränkte Mehlspeise, die ebenfalls als diskriminierend empfunden werden kann. Eine Firma mit dem wenig korrekten Namen Eskimo wollte sie vor wenigen Jahren als Fertigprodukt auf den Markt bringen. In dem von den Grünen regierten siebten Wiener Gemeindebezirk verschwand die Speise jedoch von den meisten Speisekarten.

Traumatisiert von alltäglichen Erlebnissen des Rassismus, möchten afrowiener Aktivisten die sprachliche Säuberung ausweiten, empfinden auch Begriffe wie Schwarzfahren und Schwarzgeld als diskriminierend. Wird damit die Grenze vom berechtigten Einwand gegen historisch belastete Begriffe überschritten und das Stadium eines paranoiden Angstsystems erreicht, in dem die semantische Umgebung fortwährend gefährliche Signale sendet? Sind Wörter die Ursache oder die Folge von Traumatisierungen, sind sie Ausdruck einer notwendigen Sensibilisierung oder einer maßlosen Idiosynkrasie?

Anführungszeichen sind für uns ein funktionales Element einer Opferrhetorik, in der die berechtigten Forderungen auf Anerkennung zu Floskeln moralischer Selbstüberhöhung erstarren können. Die Gänsefüßchen verweisen auf die Schlachtfelder gegenwärtiger und vergangener Auseinandersetzungen und die gesteigerte Aufmerksamkeit gegenüber moralischen Gefühlen. Empörung und Ridikülisierung, Respekt und Skepsis, Stolz und Scham, Märtyrerpathos und Handlungsunfähigkeit, Aufbegehren und Melancholie kommen in dieser Interpunktion zum Ausdruck – lauter Spannungsfelder, die das Zentrum des folgenden Essays markieren.

Erster Teil

Lautes Leid. Das Opferideal des
moralischen Prekariats

1. Kapitel
Opfer ohne Täter – die Opferproduktion
der Demokratie

Der libanesische Politologe Gilbert Achcar leidet. Er leidet mit den Bevölkerungen und Regierungen im arabischen Raum, deren Schmerz durch die USA und Israel hervorgerufen wird: »Die Leute leiden extrem unter den beiden Staaten, schließlich halten beide arabisches Territorium besetzt.«[1] Saudis, Iraner oder Libyer sind ebenso Opfer wie Palästinenser oder Iraker. Nicht alle diese Staaten sind von israelischen und amerikanischen Truppen besetzt. Findet die Okkupation also in den Köpfen der leidenden Saudis und Iraner statt? Der US-Rapstar Kanye West beklagt auf dem Album »Watch the Throne« von 2011 das historische Schicksal der afroamerikanischen Bevölkerung mit einem provokanten Vergleich: »This is something like the Holocaust, Millions of our people lost.« Der Bürgerrechtler Jesse Jackson sekundiert: »Wir leiden.«[2] Jackson bewarb sich in den achtziger Jahren als zweiter Afroamerikaner um die Präsidentschaftskandidatur und unterstützte Barack Obama 2008 im Wahlkampf. Aus seiner Sicht hat sich trotz Obama alles zum Schlechteren entwickelt: »Die Schere zwischen Weiß und Schwarz geht immer weiter auseinander.«[3] Was den Schluss nahelegt, dass die Schere in den Zeiten der Sechziger Riots in den Inner Citys geschlossener bzw. alle *Affirmation Actions* umsonst gewesen seien und den Rassis-

---

1 Christian Höller, *Die Ausläufer der Schockwelle. Interview mit dem Politologen Gilbert Achcar über die aktuellen Umbrüche in der arabischen Welt.* In: Springerin. Hefte für Gegenwartskunst. Band XVIII, Heft 3. Wien 2011, S. 33.
2 Gregor Peter Schmitz, »*Obama wird immer nachgeben.*« In: Der Spiegel, Nr. 32. Hamburg 8. 8. 2011, S. 85.
3 Ebd.

mus lediglich in neue, luzidere Formen verpackt hätten. Und in gewisser Weise hat Jackson ja auch recht, etwa im Hinblick auf die Londoner Proteste im Sommer 2011, die nicht nur kriminelle Krawalle, sondern auch eine Reaktion auf rassistische Formen der Deklassierung waren. Haben wir immer noch und jetzt erst recht allen Grund zum Leiden?

Woman is the Nigger

Blenden wir zurück. Am 13. Mai 1964 hielt der afroamerikanische Bürgerrechtler und Nation-of-Islam-Sprecher Malcolm X eine seiner agitatorischen Reden an der Universität von Ghana in Accra, in der er sich als »eines der Opfer Amerikas, eines der Opfer des Amerikanismus, eines der Opfer der Demokratie«[4] bezeichnete. 1972 brachten John Lennon and The Plastic Ono Band den Song »Woman is the Nigger of the World« heraus, dessen Titel wiederum auf einer Formulierung Yoko Onos beruhte und die von Malcolm X selbst häufig verwendete taktische, unter ideelle Anführungszeichen gesetzte Variation der Herr-Knecht-Dialektik auf den Identitätsstatus als Frau anwendete. Der in diesem Fall afroamerikanische kulturelle Separatismus, die religiöse Abwendung von der Mehrheitsgesellschaft im revolutionären Islam und der internationale Feminismus – all diese heute noch brisanten gesellschaftlichen Aufbruchsbewegungen der sechziger und siebziger Jahre – reklamierten einen politischen Opferstatus, der Forderungen nach Wiedergutmachung eines historischen Unrechts und den Widerstand gegen die Täter von heute legitimierte.

Der Gegner dieses Kampfes in den opferproduzierenden westlichen Demokratien waren im *heartland* der Political Correctness, den USA, zum einen die weiße Bestie, die »Pigs«

---

4 *Malcolm X on Wealth of Africa*. Zitiert nach: http://www.hartford-hwp.com/ archives/45a/460.html (Übersetzung durch die Autoren).

(die prügelnden Polizisten), die verlogenen weißen Demokraten und die glühenden »faschistischen« Republikaner unter ihrem christlichen Deckmantel, zum anderen das jahrtausendealte Patriarchat. Den Kämpfen auf der Straße und vor dem Richter korrespondierte die Aufrüstung der Begriffe und Benennungen. Angetrieben von den Umwertungsexzessen der anführungszeichengesättigten Schriften eines Malcolm X wurden aus den Negern Schwarze und aus den Schwarzen Afroamerikaner, die in den Sprachspielen des HipHop gedisst oder, in einer Überaffirmation der Viktimisierung, als Nigger wieder verkultet werden. Der steigenden Sensibilität gegenüber der Sprache der Verachtung korrespondierte der aus der akademischen Welt ausstrahlende, diskursanalytische Virus der Dekonstruktion. Mit seinen Kampfslogans wie »Eurozentrismus« oder »Phallozentrismus« ergänzte er den anschwellenden Soundtrack der *culture wars*.

Seit den sechziger Jahren vernimmt man aber auch in erhitzen Kneipengesprächen derer, die nicht unmittelbar in direkte politische Kämpfe involviert sind, einen Chor der Unzufriedenheit. Diese vor allem auf eine Lockerung der Sitten und einen Zugewinn an Freiheit zielende Klage verhallte nicht ungehört. Zumindest die westeuropäischen Demokratien folgten dem Wunsch nach mehr Individualität und weniger sozialer Verpflichtung, zunächst bei gleichzeitigem Ausbau der wohlfahrtsstaatlichen Unterstützungsprogramme von Unterprivilegierten und Minderheiten. Normative Ungleichheiten wurden abgebaut. Der Sozialstaat bemühte sich auch um die Nivellierung des ökonomischen Gefälles.

Die Deregulierung der Märkte und die Entfesselung des Finanzkapitalismus seit den achtziger Jahren sorgten aber dafür, dass die Schere zwischen Arm und Reich wieder aufging. Heute reden viele nicht mehr von der europäischen Zweidrittelgesellschaft, sondern von der globalen Einfünftelgesellschaft. Gleichheit und Gerechtigkeit erscheinen heute zumindest in einem ökonomischen Sinn weiter weg denn je und bleiben daher Fluchtpunkte politischer Emanzipationsbestrebungen. Allerdings ist das Verständnis von Gleichheit umstritten: Während die liberale, amerikanische Variante darunter eher die Gewährleistung von Chancengleichheit versteht, konzentriert sich das sozialdemokratische, europäische Modell eher auf die Kompensation der sozialen Folgen von Ungleichheit. In beiden Fällen aber sorgten idealistische, wenngleich sehr verschieden gewichtete Egalitätsvorstellungen dafür, dass die Stellung der einzelnen Akteure überhaupt miteinander vergleichbar wurden – und nicht wie in ständischen und klassenbestimmten Ordnungen schlechthin unvergleichbar blieben. Wenn jeder vor dem Gesetz gleich ist, dann kann in einer nach wie vor von ihren Klassenverhältnissen geprägten Gesellschaft auch ein pakistanischer Einwanderer sein Stück vom Kuchen fordern. Wer freilich die Augen offenhielt und die Versprechung der Gesellschaft an das ermutigte Individuum mit der Wirklichkeit seiner Ungleichheitserfahrung abglich, musste fast zwangsläufig enttäuscht und wütend werden.

So beförderte paradoxerweise gerade die Propagierung einer Politik des gleichen Rechts für alle die Sensibilität für deren Verfehlungen und den Narzissmus der kleinen und kleinsten Differenz. Je mehr Gehör der politisch korrekte Einspruch für die Verbesserung demokratischer Institutionen und Verfahren vor dem Tribunal der Egalität fand, desto empfindsamer wurde man für die feinen Unterschiede, die subtilen Verletzungen, die individuellen Beschämungen und die kulturellen Diskriminierungen.

Das kann so weit gehen, dass zum Beispiel die zitierende Erwähnung eines Wohnviertels mit dem historischen Namen »Negersiedlung« in der oberösterreichischen Hauptstadt Linz im Rahmen eines kulturellen Projektantrags dazu führt, dass dieser von einem Jurymitglied nicht gelesen wird, weil das N-Wort den Text kontaminiert. Die Entgiftung der Worte ist aber mühselig und unabschließbar – von der »Negersiedlung«

führt ein Weg zurück zum »Nigger« in Mark Twains Huckel-
berry Finn. Könnte, sollte, müsste man da nicht eine korrekte
Version verfassen und die ursprüngliche, offenbar inkorrekte,
aussortieren?

Der Wächterrat der Medien

Zur gesteigerten Idiosynkrasie gesellt sich heute auch der medientechnisch induzierte Effekt von Überwachung und daraus resultierender Selbstkontrolle. Was früher als besoffene
Wirtshausgeschichte verpuffte, kann sich heute schnell zur
Staatsaffäre auswachsen. In der Doku »State Legislature« von
Frederic Wiseman aus dem Jahr 2006 zerbrechen sich in der
republikanischen Hochburg Idaho besorgte Bürger den Kopf
darüber, wie man in Zukunft mit den sogenannten Beaver-
Shots umgehen soll. Schüler machen sich einen Spaß daraus,
mit dem Handy heimlich unter die Röcke ihrer Mitschülerin-
nen zu fotografieren und ihre Trophäen dann im Internet zu
veröffentlichen. Entgegen dem Redneck-Klischee entspinnt
sich darüber eine behutsam geführte Debatte, wie und ob
diese männlichen Jugendlichen nun zu kriminalisieren sind.
Ist der Beaver-Shot nur ein Dummer-Jungs-Streich oder stellt
er eine unzumutbare Verletzung der Intimsphäre dar, die die
Schülerinnen zu Opfern sexueller Demütigung macht? Die
technischen Medien und besonders das Internet haben die
Problemstellungen in jedem Fall verkompliziert. Was früher
privat oder zumindest in einer kontrollierbaren Teilöffent-
lichkeit blieb, kann heute unversehens im Netz zirkulieren.
Die Effekte dieser kommunikativen Feedbackschleifen sind
unkontrollierbar. Die politisch abgesegnete und medientechnisch forcierte Erosion des privaten, sanktionslosen Aktions-
raums macht das Selbst zu einem permanenten Gefahrenherd.
Immer mehr kann belauscht, beäugt und gehackt werden, die
schützende Ozonschicht der Privatsphäre bekommt immer
größere Löcher. Gegen Grenzüberschreitungen eines nicht op-

portunen Begehrens patrouillieren zwar Tugendwächter um uns und in uns. Aber auch die äußeren und inneren Sicherheitskräfte können nicht verhindern, dass ab und zu ein schmutziges Geheimnis gelüftet wird. Sie sehen am Arbeitsplatz Pornos? Ihr IT-Techniker sieht mit. Sie machen rassistische Witze in der U-Bahn? Das Handy des Nachbarn macht daraus eine Kampagne. Sie pöbeln im Netz? Ihre *Follower* machen Sie untragbar.

Das Beispiel Peter Menasse zeigt mögliche Konsequenzen. Der damalige Prokurist des Jüdischen Museums Wien polemisierte im Frühjahre 2011 gegen seiner Meinung nach unzutreffende Angriffe auf die Museumsleitung durch internationale Kollegen. »Denn unter Direktoren jüdischer Museen heißt es: Unsere Ehre heißt Treue«, schrieb er genervt an die Pinnwand seiner Facebook-Seite. Leider bekamen die falschen »Freunde« davon Wind. Wenige Tage später trat Menasse aufgrund öffentlichen Drucks zurück. Für einen Wiener Straßenbahnfahrer endete ein blödes Gewitzel im analogen Raum dank privatbürgerlicher Handyvideoüberwachung mit der Entlassung. Anlässlich der letzten Ringumrundung der Linie 1 im Oktober 2008 verabschiedete er sich aus dem »Führerstand« mit »Sieg Heil«. Das »Skandalvideo« verbreitete sich wie ein Lauffeuer. Eine Woche später wurde der Mann von den offenbar unter Zugzwang geratenen Wiener Linien wegen »unsäglicher« Äußerungen gefeuert, nachdem sich führende Politiker der Wiener SPÖ und der Wiener Grünen für das strenge Durchgreifen eingesetzt hatten. »Solche Äußerungen sind kein Kavaliersdelikt«, empörte sich die grüne Gemeinderätin Ingrid Puller.[5] Ein falschen Wort am falschen Ort, und ein viraler Infekt führt zu Ermittlungen wegen nationalsozialistischer Wiederbetätigung.

5 In: Der Standard. Wien, 28. 10. 2008, S. 12.

Ein Beispiel für die kategoriale Ausweitung, Präzisierung und letztlich auch Problematisierung der Gleichheitsansprüche im Fokus der Mediengesellschaft ist die unendliche Geschichte der Gender-Korrekturen. Die TV-Serie »Mad Men« markiert in gewisser Weise die historische, heute fast antiquiert erscheinende Situation, in der Political Correctness quasi zwangsläufig erfunden werden musste. Zu Beginn der Serie wird exzessiv den heutigen Entscheidungsträgertabus wie Rauchen und Trinken gehuldigt und mit aufreizender Unaufgeregtheit jeder Dame im engen Businesskostüm auf den Hintern geklatscht. Die Madison Avenue der frühen sechziger Jahre wirkt so wie ein schickes Labor zur Nachstellung einer trügerischen Ordnung anachronistischer Geschlechterverhältnisse. Doch nach einigen Folgen über den als Werbeunternehmen getarnten Herrenclub zeigt sich: Das Modell gerät in die Krise. Erste Pionierinnen rütteln am Männerbund der kreativen Klasse mit Angestelltenbonus. Als Zielgruppe vor dem Schirm weiß man, dass diese Welt bald untergehen wird. Und wenn die Kamera nach einem Picknick im Grünen einige Sekunden zu lange über den achtlos weggeworfenen Plastikmüll schwenkt, schwant einem, dass man als jemand adressiert wird, der die Regression in die inkorrekte Urzeit der gedankenlosen Vermüllung nur deshalb als Differenz genießen kann, weil man selbst die Eckdaten von PC und den damit verbundenen gesellschaftlichen Wandel längst verinnerlicht hat.

Inzwischen verdienen im ehemaligen Herrenclub-Paradies Manhattan Frauen im Schnitt mehr als Männer. In liberalen bürgerlichen Kreisen werden Macho-Dinosaurier nicht einmal mehr belächelt. In sich fortschrittlich verstehenden TV-Werbungen werden Männer aus der Wohnung sexuell dominanter »Sex and the City«-Seherinnen gewischt oder mit einem gelangweilten High-Heel-Tritt aus dem Leben entsorgt. Dabei betrifft die Emanzipation der Vorstellungen von Sexualität und ihrem Verhaltenskorsett natürlich nicht nur Frauen. Öffentliche Demonstrationen sexueller Freiheit wie die Regenbogenparaden, aber auch die obsessiv-lustvollen Sprachspiele in den als Romanen konzipierten Genderkonfusions-Versuchsanordnungen von Thomas Meinecke weisen nachdrücklich darauf hin, dass das Minenfeld der sexuellen Ausrichtungen und ihrer wandelbaren Bezeichnungen weder über Substanzen beschreibbar ist noch mittels heteronormativer Kategorien reglementiert werden kann. Der hegelianische Staat als universale Verwirklichung der sittlichen Idee erscheint so beständig vom Rumoren der multikulturellen Zivilgesellschaft herausgefordert. Im Rahmen eines avancierten *Gender-Mainstreaming* wird etwa der Unterstrich als Bezeichnung für Transgender-Identitäten immer öfter in die Tasten gehackt – man wird sehen, ob und in welchem Ausmaß der öffentliche Sprachgebrauch diesem neuen Label Rechnung tragen wird.

Konservative Kritiker sehen in dieser Senkung der Reizschwelle und der damit verbundenen erhöhten Bereitschaft zur Opferidentifikation den Ausdruck einer Kultur der Larmoyanz. Kritiker des liberalen Multikulturalismus legen dagegen nahe, die Akkumulation von Betroffenheit indiziere ein Scheingefecht, in dem das genuin Politische des Ausgleichs unterschiedlicher Interessen im Theaterdonner der Ereiferungen über Opfer ohne Täter entsorgt werde. Man könnte das Aufspüren, Benennen und Verändern diskriminierender Nuancen aber auch als Ausdruck eines sich ausdifferenzierenden demokratischen Bewusstseins interpretieren, das Machverhältnisse sorgfältiger als früher sondiert und so Demokratie als prinzipiell nicht abschließbaren Prozess letztlich am Laufen erhält. Unsere These lautet, dass dieser Prozess des vielfältigen und teils pathologischen Kampfes um Anerkennung[6] per se nicht abschließbar ist, weil sich eine Demokratie, die

---

6 Vgl. dazu umfassend Axel Honneth, *Kampf um Anerkennung. Zur moralischen Grammatik sozialer Konflikte*. Frankfurt am Main 1994.

ihren Namen verdient, gar nicht anders denken lässt denn als Umverteilungsunternehmen in Permanenz. Dabei handelt sich der verständliche Wunsch nach einer egalitären Streuung identitätspolitischer Anliegen, nach einem Kommunismus der Achtung (nach dem Ende des realen Kommunismus), jedoch, wie wir zu zeigen hoffen, das Problem ein, in der Konzentration auf partielle Anliegen – *Single Issue*-Politiken à la Antirassismus oder Antisexismus – die gemeinschaftlichen Anliegen von identitätspolitisch Verschiedenen und Geschiedenen aus den Augen zu verlieren. Gegen die drohende Überspanntheit der Differenz könnte, so unser Vorschlag, ein Moment von produktiver Selbstentfremdung gestärkt werden, das betont, dass man immer auch ein Anderer als der ist, zu dem man mit einem Identitätsangebot gemacht wird. Nicht ohne Grund sind daher ironische Sprechweisen und die Lust an der Tabuverletzung im bewusst inkorrekten Humor, der die Grenzen zwischen dem Gesagten und dem Gemeinten verunklart, zum bevorzugten Einsatzgebiet erbitterter PC-Debatten geworden.

Zugleich, und davon wird im zweiten Teil unserer Erörterungen die Rede sein, scheint die *Selbstachtung* der bislang als privilegiert Geltenden nur mehr über den Filter einer *Selbstächtung* denkbar. Dem Narzissmus des gefühlten oder eingebildeten Opfergeltungsanspruchs korrespondiert ein – oft ebenso narzisstischer – Masochismus der gefühlten oder eingebildeten Täter. Die Rettungsversuche des beschädigten moralischen Selbstbilds des weißen, mittelständischen Kolonialismusgewinnlers aus dem Westen zeigen sich am prägnantesten in den Ritualen der Privilegienaustreibung, die in den PC-Eliteschmieden der Unis und Kulturzentren kultiviert werden.

Halten wir zunächst einmal fest: Das semantisch ausfächernde Reizwort Political Correctness suggeriert, es gäbe einen Konsens über gute, ja sogar über optimal korrigierte bzw. endgültig korrekte Politik. Weil das Politische im emphatischen Sinn jedoch gerade den Widerstreit der Akteure und den Antagonismus der Interessen bezeichnet, kann es diesen Fluchtpunkt einer befriedeten Politik nicht geben. Was mit Political Correctness gemeint ist, scheint uns deshalb vielmehr ein – vielfach produktives – Sprachspiel zu sein, das in unterschiedlicher Weise auf Positionskämpfe in der gesellschaftlichen Wirklichkeit angewandt wird, dessen Reklamierung aber, wie wir im weiteren zu zeigen hoffen, notwendig zu diversen Widersprüchen und Aporien führt. Anders ausgedrückt: PC in einem substanziellen und normativen Sinn gibt es nicht, wohl aber die Rede über Beanspruchung und Beeinspruchung von PC in unterschiedlichen Kontexten. So bezeichnet der Ausdruck in unserem Gebrauch auch weniger jene konkreten, juridischen Gleichstellungsmaßnahmen der Wohlfahrt – wie die Öffnung von Sozialwohnungen für Migrantinnen –, die heute von PC-Gegnern als »Tugendstaat« denunziert werden und im Prinzip bloß die konsequente Fortführung der Anliegen des universalistischen Demokratisierungsideals der Aufklärung darstellen. Vielmehr gilt unsere Aufmerksamkeit in erster Linie einem moralischen Reformismus, der an das Gewissen appelliert und dabei das Partikulare mit dem Allgemeinen zu versöhnen trachtet. Unter dem Gütesiegel dieser Auffassung von PC trägt die (immer schon fragmentierte) Selbstwahrnehmung nicht nur zur Sensibilisierung für Fragen der Gleichheit bei, sondern neigt auch zur Totalisierung: Mein Maß ist das Maß aller Dinge. Ich fühle, also bin ich – benachteiligt, beleidigt, empört, entwürdigt, entehrt, verlacht, betroffen oder auch genervt, provoziert und im Kern getroffen. Zum Beispiel durch eine »Negersiedlung«, zum Beispiel durch ein fehlendes Binnen-I, zum Beispiel durch eine Mohammed-Karikatur, und umgekehrt, im Fall der Gutmenschenhasser, zum Beispiel durch die Empörung über die »Negersiedlung«, ein flächendeckendes Binnen-I oder die Zensur einer Mohammed-Karikatur.

Im Zentrum unserer Überlegungen steht jener allgegenwärtige, doch nicht verallgemeinerbare Kompass für das richtige Leben, den manche immer feiner einjustieren wollen, während andere ihn bloß noch Verrücktspielen sehen. Die tatsächliche oder eingebildete, meist als noch viel zu gering oder schon als viel zu groß, aber kaum je als genau richtig ausbalanciert empfundene Wirkmacht seiner Richtungsvorgaben mobilisiert immense affektive Energien. Sie sorgt für Kränkungen, Schmähungen und Anmaßungen, die sich aus materialistisch erklärbaren Ursachen wie juridischen Ungleichheiten oder ökonomischen Unterprivilegierungen kaum hinreichend erklären lassen. Wir alle orientieren uns an diesem Kompass, gleichen unsere moralisch-politischen Ansprüche mit den gesellschaftlich kursierenden Vorstellungen ab. Gleichzeitig aber muss, wenn das eigene Gesicht sich vor Zorn zu röten beginnt und trotzdem das Gemeinschaftliche im Auge behalten werden will, die Anerkennung meines Maßes mit der Anerkennung aller anderen Selbstbezüge kompatibel gemacht werden und sich als Forderung an die Gesellschaft formulieren lassen. Darin liegt das spezifisch *Politische* des Wettstreits der selbstbezogenen Empfindsamkeiten, die Spannung zwischen Glanz und Elend von PC.

Die Rhetorik der Übertreibung gibt den Modalitäten der Empörung Raum, mit denen eingebildete und tatsächliche, selbst erlebte, stellvertretend ertragene und auch bloß behauptete Verletzungen, Entwürdigungen und Beleidigungen als Opferdiskurse kommuniziert werden. PC bezieht sich als Kompensationsstrategie auf das (manchmal selbst bis zum Ressentiment gegen die vermeintlichen und tatsächlichen Siegertäter hochmunitionierte) Leid derer, die sich mit der Diskrepanz zwischen gesellschaftlichen Versprechungen auf Gleichheit und der Realität der Ungleichheitserfahrung beschäftigen. »Wer nicht Sieger ist, ist dessen Opfer – das ist der dämonische Schatten des Versprechens vom ›pursuit of happiness‹«, heißt es programmatisch in einem Merkur-Sammelband, der sich – quasi als Komplementärentwurf zur Sichtung der Restbestände des Heroischen – mit der neidvollen Verachtung der Sieger, den Ressentiments der (Selbst-)Viktimisierten beschäftigt.[7] Wenn man den Antagonismus von Winnern und Losern als zu schematisch erachtet, könnte man gradueller sagen: Wer nicht als Gleicher anerkannt wird, obwohl er zugleich und paradoxerweise ein Anderer ist (und auf die Anerkennung dieser Differenz bestehen kann), der ist de facto gar nicht anerkannt.

Ich bin autonom, also bin ich

In den Debatten über ein richtiges Leben zerbröckeln die moralischen Blöcke Links und Rechts, Gut und Böse. Linke rufen nach Polizei und Zensur, Rechte feiern die Freiheit und entdecken im eigenen xenophoben Ressentiment die Stimme des Proletariats. Linke fordern Kopftuchverbote, Rechte werden zu Part-Time-Feministen. Die einen radikalen Linken lästern über die Kapitalbehübschungsmaschine Political Correctness, die die ökonomischen Verhältnisse unangetastet lasse. Andere radikale Linke erregen sich stattdessen über das nach wie vor viel zu geringe Problembewusstein und fordern eine systematische Ausweitung der Kompensationsleistungen für diskriminierte Gruppen und Lebensformen. Liberale fühlen sich von so viel rot unterstrichenem Problembewusstsein bevormundet und in ihrer Fähigkeit zur gendergerechten In-

7 Karl Heinz Bohrer/Kurt Scheel, *Zu diesem Heft.* In: Ressentiment! Zur Kritik der Kultur. Sonderheft Merkur. Deutsche Zeitschrift für europäisches Denken, 9/10, 58. Jahrgang. Hg. Karl Heinz Bohrer und Kurt Scheel. Berlin 2004, S. 744.

terpretation nichtgegenderter Sätze unterschätzt. Zudem beklagen sie den freiwilligen Verzicht auf souveräne Entscheidungen und Wahlmöglichkeiten der Selbststilisierung im sexuellen Spiel der Geschlechter, die durch die Reglementierung von Umgangs- und Sprachformen verlorengingen. Konservative und Liberale dagegen wittern ausgerechnet in der unendlichen Differenzverfeinerung eine perfide Variante des Sozialismus, der individuelle Leistungen planiere und die natürliche Geschlechterordnung umformatiere.[8] Außerdem zerstören inter- und transdisziplinäre Genderkomitees in ihren Augen auch noch die methodischen Grundlagen der wissenschaftlichen Disziplinen.[9]

Wie soll das alles weitergehen? Nicht nur die Probleme mit den Benennungen, sondern auch die Probleme selbst nehmen in der Krisenrhetorik der Mediengesellschaft überhand: Migranten- und Kapitalströme bedrohen die Illusionen überschaubarer nationaler und ethnischer Territorien. Die Gletscher schmelzen, die Geschlechter kennen kein Geschlecht mehr, die sozialen Bindungen reißen. Das Erdöl fließt ins Meer, das Ozonloch wird größer, das Kapital ist mörderisch und die Tiere werden in »KZs« gehalten.

Von überall her ertönen daher Aufrufe zur Umkehr. »An dem Tag, an dem ich beschloss, ein besserer Mensch zu werden, stand ich morgens in einem Supermarkt«, beginnt die deutsche Autorin Karen Duve ihren Bericht über ein Jahr, in dem sie versuchte, anständig zu essen.[10] Wie lässt sich die hedonistische Feier des guten Lebens mit Enthaltsamkeitsregeln vereinbaren, die an die asketische Lebenspraxis christlicher und hinduistischer Mönche erinnern? Die Sehnsucht nach moralischen Leitfäden ist groß, die Karikaturen darüber sind zahllos.

In einer Szene der Kinoversion der TV-Serie »Sex and the

8 Vgl. Norbert Bolz, *Die ungeliebte Freiheit. Ein Lagebericht*. München 2010.
9 Vgl. Beat Wyss, *Nach den großen Erzählungen*. Frankfurt am Main 2009.
10 Karen Duve, *Anständig Essen – Ein Selbstversuch*. Berlin 2011.

City« prallen die zwei Moralsysteme archetypisch aufeinander: auf der einen Seite die Maßlosigkeit neoliberaler Gier, auf der anderen Seite die Bettelordensregel des korrekten Konsums. Die Filmfigur Samantha Jones, eine der Protagonistinnen von »Sex and the City«, kommt von Los Angeles nach New York und besucht eine Modeschau. Da sie einen Pelzmantel trägt, wird sie von Demonstrantinnen attackiert. Die hässlichen, unachtsam gekleideten, »Mörderin« kreischenden Mädchen wirken dabei wie Wiedergängerinnen der von Friedrich Nietzsche beschriebenen »an giftigen und feindseligen Gefühlen Schwärenden«,[11] von denen sich Samantha »vornehm« abhebt. »Herrlich, das ist New York!«, seufzt sie, als die Aktivistinnen ihren Pelzmantel mit Farbbomben beschmutzen. Das »Überlegen-Blicken« trifft auf die »Rache des Ohnmächtigen«. Diese Satire trifft insofern eine zeitgenössische Befindlichkeit, als sie zwei soziale Typen trennt, die real in der Regel in Mischform auftreten. In fast jeder Tierschützerin nistet eine konsumgeile Göre, und in fast jeder Samantha eine zur Buße bereite Säulenheilige. Die filmische Episode verhehlt auch, dass die siegreichen Plünderer des freien Markts ihre Immunität verloren haben. Denn zunehmend werden die großen Sünden des Finanzmarktes und der Kriegsführer gegen die kleinen Verstöße in der Sexual- und Konsummoral aufgerechnet. Eine Endzeitstimmung hat sich breitgemacht, die weniger an die fröhlichen Alternativen aus der Zeit der Vollbeschäftigung in den siebziger Jahren als an die ideologischen Parallelgesellschaften der frühen Moderne erinnert.

Wie konnte es so weit kommen? Ist nicht die Geschichte von Political Correctness eine Geschichte des Fortschritts, ein Praxiskurs in Sachen Demokratie von unten? Schließlich entspringen die Forderungen nach Gerechtigkeit und angemessener Repräsentation ja nicht der rachsüchtigen Demut der

---

11 Friedrich Nietzsche, *Genealogie der Moral. Eine Streitschrift (1887).* Frankfurt am Main 1991, S. 32.

nietzscheanischen »Ohnmächtigen«, sondern sind seit jeher Anliegen eines bis heute unvollendeten Projekts der Moderne. Sie wurden im Zuge der Neuen Sozialen Bewegungen, die sich in den sechziger Jahren ausbildeten und den Schematismus der Klassenkämpfe zu überwinden trachteten, nachjustiert und auf die Lebenswelt ausgeweitet. Der Feminismus, die Bürgerrechtsbewegung, später dann die Ökobewegung und die Alternativkultur von den Hippies bis zu den Globalisierungskritikern schärften das Sensorium für die bereits in modernen demokratischen Gründungstexten wie der US-amerikanischen Unabhängigkeitserklärung oder im Zuge der Französischen Revolution dargelegten Auffassungen von Gleichheit, Gerechtigkeit und Freiheit, indem sie in einem *ersten* Schritt die bislang ausgeblendeten und unterbelichteten Zonen gesellschaftlicher Repression jenseits des ausgebeuteten, männlichen, weißen Arbeiters ins Schlaglicht rückten. Es ging verstärkt um die Differenz von Identitäten, die in den bürgerlichen Sonntagsreden vom freien Bürger notorisch vergessen oder bewusst ausgeblendet wurden.

Der Appell an die Ausweitung der Autonomiegültigkeitsbereiche verhallte aber nicht einfach im Blues der späten siebziger Jahre. Die Ansprüche von Schwarzen in den USA, von Frauen und von Menschen aus der Dritten Welt fanden in den institutionskritischen westlichen Gesellschaften durchaus Gehör – und trugen so auch entscheidend zur Weiterentwicklung eines Individualismus bei, der von der radikalen Linken mehrheitlich als bürgerliche Ideologie abgelehnt wurde. Zudem ermunterten der formale Schutz und die gezielte Förderung der Schwächeren und der Minderheiten die Fortführung antisexistischer und antirassistischer Aktivitäten und die Selbstwahrnehmung der Opfergruppen als solche. Die gutgemeinten Maßnahmen zur Abschaffung von Rassismus und Sexismus und zur Herstellung von Gleichheit zementierten so paradoxerweise auch die Vorstellung eines Anders-Seins unter umgekehrten Vorzeichen.

In einem *zweiten* Schritt verlagerte sich die Kritik an den blinden Flecken des Universalismus daher auf die Konstruiertheit dieser intervenierenden partikularen Identitäten selbst. Aus Fragen wie »Welche Rechte habe ich als Schwarzer, als Frau oder, noch spezifischer, als schwarze Arbeiterin aus Puerto Rico in Manhattan?« erwuchsen die bis heute virulenten Fragen nach jenen kulturellen und sexuellen Identitäten, die von in Anführungszeichen gesetzten Verdachtsmomenten gegen Essentialismen umzingelt sind: Was ist denn überhaupt ein »Schwarzer«? Was ist eine »Frau«?

Da Identität nun nicht mehr nur als biologische, also fremdbestimmte Zuschreibung erduldet, sondern auch als autonome kulturelle Performance erfahrbar werden sollte, rückte neben der formalen Gleichheit *drittens* auch die Frage des Lebensstils in den Fokus der Anerkennungskämpfe. Wenn der Lebensstil als Ausdruck der Persönlichkeit gilt, dann darf auch dieser nicht abgewertet werden – selbst wenn dieser Lebensstil sich seinerseits schon von einer vermeintlich authentischen Erfahrung des Selbst zugunsten eines Spiels mit Zeichen verabschiedet hat. Alle Lebensformen sollen gleichberechtigt nebeneinander existieren. Dafür stehen liberale Kopftuchbefürworter, das klagen Schwuleneheaspiranten ein, dafür demonstrieren die Gegner von Minarettverboten. Alle diese Fürsprecher des Partikularen vergessen dabei aber leider oft, dass konkrete Menschen nicht *nur* ein Kopftuch tragen, schwul sind oder beten, sondern zugleich immer auch Andere sind – und auch Andere werden müssen, um mit anderen gemeinsame Anliegen verfolgen zu können.

Der Keim des Kummers

Die Überblendung aller drei Bewegungen – partikularistische Interessenpolitik, Problematisierung essentialistischer Positionen und Aufwertung der sittlichen Emanzipationswünsche – führen zu einer Verkomplizierung der Unterscheidung von politischen Gegnerschaften. Sie hat auch zur Folge, dass der Grat zwischen praktischer Opfersolidarität und gefühlter Opferidentifikation immer schmaler wird. Dabei ist die opfersensible Gesellschaft paradoxerweise ein Produkt jener Moderne, die angetreten ist, die prinzipielle Unfreiheit und Ungleichheit in Form der Universalisierung der Menschenrechte abzuschaffen. Denn um sich als Opfer zu begreifen, muss man zunächst einmal eine Vorstellung davon entwickeln, was es heißt, keines zu sein. Man muss sich mit den Siegern vergleichen und Rechte einklagen können. In demokratischen Regimen ist das zumindest auf dem Papier der Fall. Statt Sklaven, Unfreien und Leibeigenen, die ihr Leid als schicksalshafte Inferiorität akzeptieren, werden nun Sklaven, Unfreie und Leibeigene produziert, die es zumindest formal nicht sind, sich aber so fühlen. ArbeiterInnen in den Sweatshops, 1-Euro-Job-Abhängig-Gemachte und illegalisierte Menschen ohne Papiere empfinden sich nicht nur als, sondern sie *sind* ohne Zweifel Opfer sozialer Exklusionsprozesse. Wie aber sieht es mit den dünnhäutigen Kollegen und Kolleginnen im Nebenzimmer aus, die darüber jammern, dass ausgerechnet sie – nicht heute und nicht gestern, sondern immer – zu wenig vom Kuchen kriegen? Sind auch die Flatscreens klauenden Villenbesitzersöhne in England Opfer einer gesellschaftlichen Spaltung, die die Wohlhabenden Wohlstandsverwahrlosung nennen?

Die Empörung, der Neid, die Gier und die notorische Unzufriedenheit, jene dunklen Leidenschaften aus dem Schoß des fortgeschrittenen Individualismus gedeihen jedenfalls prächtig unter dem Diktat der Vergleichbarkeit, zumal Differenz als Lebensform und damit der Keim des Kummers noch in jeden kleinsten Konsumakt versenkt wird. Die Gefühlsaufwallung bezieht sich dabei weniger auf eine schwindende Repressionsmacht des Staats als auf die empfundene Benachteiligung durch ein anonymisiertes und abstrahiertes »System«, dessen schuldhafte Akteure kaum zu benennen sind. Zwar wird die Entstaatlichung der Verantwortlichkeit für das individuelle Wohl noch

von manchem melancholischen Seufzer der Wohlfahrtsstaatsnostalgiker begleitet. Für die fortschreitende Emanzipation
des zeitgenössischen Subjekts von den Zwängen der Disziplinargesellschaft und ihren ideologischen Meistererzählungen
von Staat, Familie und Religion musste aber in jedem Fall ein
tückischer Preis gezahlt werden. Keine Flip-Flops im Büro
ohne iPhone-Terminkalender in der Tasche, keine digitale
Boheme ohne dazugehöriges Prekariat, wie es in den europäischen Wohlfahrtstaaten heißt. Angesichts der grassierenden
Sparwut der öffentlichen Hand und der Profitorientierung
der Unternehmen hat sich die Situation des unternehmerischen Selbst nochmals verschärft. Der Übergang zwischen
prekärer Beschäftigung mit nicht ausreichender Bezahlung
und Arbeitslosigkeit ist mittlerweile fließend. Im Zeichen der
globalen Krise des Finanzkapitalismus will sich das Prekariat
von morgen nicht mehr einer repressiven Arbeitswelt verweigern, nicht zur überflüssigen und mittellosen Verschiebemas-
se degradiert werden. Es protestiert, symptomatisch ables-
bar in den pragmatischen Setzungen der jüngeren Uniproteste
im deutschsprachigen Raum, vor allem dagegen, dass ihm die
Eintrittskarte zur beruflichen Selbstverwirklichung verwehrt
wird. Und zwar nicht etwa als Klasse (oder sich immerhin
strategisch so definierende Generation), sondern als medien-
aufmerksamkeitskritische heterogene Masse von je für sich
benachteiligten Individuen.

Der Missbrauch des Missbrauchs

Staatliche Eingriffe in Schulhofraufereien, ministerielle Gän-
gelungen beim Verfassen von Texten: So etwas hat es nicht
einmal in Zeiten gegeben, als Schüler wie Rekruten gezüchtigt wurden und Politiker Kommuniques verlasen statt Inter-
viewfragen zu beantworten. Rauchverbote, das Verbot der
Glühbirne und Frauenquoten für Unternehmensvorstände,
»Inkontinenzschutz« statt Windeln und »Menschen mit As-

sistenzbedarf« statt Pflegefälle: Ist der Gouvernantenstaat auf dem Vormarsch?

In der reflexartigen Abwehr dieser als obrigkeitsstaatlich empfundenen Lenkungsversuche drückt sich eine Stimmung aus, die ihren Gegenstand mit hervorbringt. Richtige Bilder und Wörter sollen Menschen davor bewahren, aufgrund ihres Alters, ihres Geschlechts, ihrer sexuellen Orientierung oder sonst einer Eigenschaft in ihrer Würde verletzt zu werden. Einige Journalistinnen fühlen sich ihrerseits in ihrer Berufsehre angegriffen und reagieren mit dem sarkastischen Gelächter eines Schülers, der von der Mathematiklehrerin zurechtgewiesen wird. Dabei ist das alles nicht persönlich gemeint, sondern als Maßnahme gegen die »Allmächtigkeit der Mehrheit«, wie der französische Historiker Alexis de Tocqueville das Prinzip demokratischer, die Minderheit überstimmender Entscheidungen beschrieb. Das Echo dieser mittlerweile staatlich abgesegneten Kulturkämpfe gegen das Vorrecht »natürlicher« Ordnungen hallt heute auf Facebook in launigen Fragen Derrida-geschulter Kulturphilosophen nach: »Wann wird endlich ein Museum der Geschlechterdifferenz errichtet? Jedenfalls sollte man schon beginnen, Artefakte dafür zu sammeln, damit die Nachwelt erfährt, was ›Mann‹ und ›Frau‹ einst bedeuteten.«

Die Wahrnehmung, dass sich Political Correctness, verstanden als auf kulturelle, repräsentative und politische Gleichheit und die Eindämmung von moralischen Verletzungs- und Empörungspotentialen zielender Anspruch, weitgehend durchgesetzt hat, verträgt sich gut mit den politischen Maßnahmenbündeln des *Nanny State*, die heute teilweise institutionalisiert oder zumindest debattiert werden: die seit einem halben Jahrhundert in Kraft befindlichen *Affirmation Actions* in den USA, das *Diversity Management*, die *Gay and Lesbian Studies,* die Quotenregelungen und die Gender-Beiräte. Die Institutionalisierung von PC als verbindlicher Handlungs- und Sprachanleitung in unverbindlichen Zeiten schreitet voran. In den USA regiert der erste afroamerikanische Präsident, in Deutschland eine Frau aus den Reihen der CDU, und die FDP steuert einen homosexuellen Außenminister bei. Neben diesen vor allem symbolisch wirksamen Korrekturen der Repräsentationsverhältnisse zeigt sich der Wandel vor allem im universitären und künstlerischen Bereich. Das Rektorat der Akademie der Bildenden Künste Wien ist seit Frühling 2011 das erste rein weiblich besetzte Universitätsrektorat Österreichs; auf Einreichungen zu Projektanträgen 2011 für LINZimPULS, ein Förderprogramm der freien Szene in der österreichischen Stadt Linz, wird der ausdrückliche Wunsch nach besonderer Berücksichtigung von Genderaspekten geäußert. Zahlreiche KünstlerInnen widmen ihr Schaffen gender- und ethnospezifischen Schuldzusammenhängen. So bezog sich die österreichische Künstlerin Marlene Haring 2010 im Rahmen der Berlin Biennale auf die bahnbrechenden Arbeiten der Guerilla Girls zur mangelnden Repräsentation von Frauen in US-amerikanischen Museen. Haring parodierte das in ihren Augen für Gruppenausstellungen symptomatisch unausgewogene Zahlenverhältnis von 33 eingeladenen Künstlern zu zwölf eingeladenen Künstlerinnen. Als »Einlasskontrollorin« sortierte sie den Besucherstrom exakt nach dieser Quotenvorgabe aus – und ließ ab und zu die Frauen aus der rasch anschwellenden, rein weiblichen Warteschlange die Ausstellung betreten.

Das österreichische Ministerium für Arbeit und Soziales publizierte 2010 einen knapp hundert Seiten dicken »Leitfaden für diskriminierungsfreie Sprache, Handlungen, Bilddarstellungen«. Darin werden stereotype Ist-Zustände mit »gewünschten Bezeichnungen« konfrontiert: So soll man zum Beispiel nicht die Hautfarbe von Menschen ansprechen, schließlich sprechen wir ja auch nicht von Weißeuropäer/innen oder Gelbasiat/innen«.[12] Auch in Mainstreammedien als unproblematisch emp-

---

12 Vgl.: Bundesministerium für Arbeit, Soziales und Konsumentenschutz/ Irmtraud Voglmayr (Hg): *Leitfaden für diskriminierungsfreie Sprache, Handlungen, Bilddarstellungen.* Wien 2010, S. 43.

fundene Begriffe wie »Sekte« oder »Islamisierung« fallen unter pejorativen Pauschalisierungsverdacht und sind daher ebenfalls zu vermeiden.[13] Als diskriminierende Handlungen im offenen Feld der sozialen *Diversity* gelten neben Mobbing zum Beispiel die Nichtgewährleistung von Gebärdenspracheübersetzungen für das TV-Programm oder das Sprechen mit Rollstuhlfahrern im Stehen. Offenbar will man heute auch von staatlicher Seite jeden Anlass vermeiden, aufgrund dessen sich jemand beleidigt fühlen könnte, auch wenn oder gerade weil auf juridischer Ebene zugleich etwa Rassismus in Form verschärfter Asylgesetze institutionalisiert bleibt.

Die Palette möglicher Dissonanzen im teils reale Konflikte leugnenden und daher verlogenen Kuschelsound der Gutmeinenden ist groß – ebenso wie die Chance, dass sich aus einer bislang nicht auf seine politisch korrekte Bewältigung abgeklopften sozialen Situation ein neues Viktimisierungsszenario ableiten lässt. Man könnte fast vermuten: Je aufmerksamer die Antidiskriminierungswächter agieren, desto lauter wird der Chor der Viktimisierten. Die Welt erscheint voll von potentiellen, sich überidentifizierenden Adressaten von Diskriminierungen.

»Du verstehen?«

Schon Duzen kann verletzend sein, etwa wenn ein Fahrlehrer den aus Afrika stammenden Schüler mit den Worten »Aussteigen! Vorbei! Hast du mich verstanden?« entlässt. Wer seinem Gegenüber mit Respekt begegnen will, sollte Foreigner-Talk – »Du verstehen?« – vermeiden. Die ministerielle Handlungsanleitung für ein friktionsfreies Alltagsleben beruft sich in ihren Benimm-Vorschlägen auf Art. 19 des Vertrags von Lissabon, der die EU ermächtigt, Maßnahmen zur Bekämpfung von Diskriminierungen aus Gründen des Geschlechts, der Rasse, der

13 Ebd., S. 46f.

ethnischen Herkunft, der Religion und Weltanschauung, einer Behinderung, des Alters oder der sexuellen Orientierung zu setzen. Neben den gesetzlichen Richtlinien sei es wichtig, zur gesellschaftlichen Sensibilisierung beizutragen und die unterschiedlichen Formen von Diskriminierung bewusst zu machen.

Weiter geht es mit dem Ageismus, der Altersfeindlichkeit: Alte Hexe, alte Jungfer, junger Hüpfer, Kukident-Generation, Grufti, Komposti, die als »Insassen« bezeichneten Bewohner/innen von Altenheimen, Vergreisung, Überalterung, Seniorenboom, gestrig, halbtot, abgetakelt, verblüht, welk, ausgeleiert. Tu ma brav essen! Windeln, Füttern. Lätzchen. Nebensächliche Hinweise auf die Hautfarbe sollen vermieden werden, also nicht »farbig«, »schwarz« oder »dunkelhäutig« sagen, sondern: Österreicher/in afrikanischer Herkunft, oder: Frauen, Männer mit einem Migrationshintergrund. In Artikeln sollte das Wort »Kopftuchfrauen« vermieden werden. Die Schlagzeile »Tod und Terror, Mullahs und Milliarden« gilt als nicht salonfähig, weil sie die Muslime beleidige. Dann das Mobbing in der Schule: durch das Kaputtmachen von Schulsachen oder wenn Kleider versteckt und beschmutzt, Brillen weggenommen und/oder versteckt werden. Mobbing findet auch statt, wenn Menschen aufgrund ihres Aussehens, weil sie ungeschickt oder weil sie zu gut (»Streber/in«) sind, verspottet werden. Nicht zu vergessen das Cybermobbing: verletzende E-Mails, SMS oder bloßstellende Videos auf YouTube. Und da sind die höheren Preise für Frauen in Frisiersalons noch gar nicht genannt. Unverschämt!

Empfohlen werden Alternativen zu stereotypen Bildern: Junge Menschen sollten nicht immer in der Disco, sondern auch beim Blutdruckmessen in einem Seniorenheim abgebildet werden. Alte Menschen wiederum müssen nicht immer gebeugt auf einer Parkbank sitzen. Warum nicht auch einmal barfuß unter Palmen? Fotografen haben die Gewohnheit, Autos abzubilden, über deren Karosserie sich eine Frau in lasziver Pose beugt. Tststs …

Als sprachliches Korrektiv wird anstatt des Makels »Behinderung« die Formulierung »Menschen mit besonderen Bedürfnissen« vorgeschlagen. Das können aber auch »Kinder, Migrant/innen, Verbrechensopfer oder Vegetarier«[14] sein – im Grunde also jede Gruppe, die sich als potentielles Opfer gesellschaftliche Diskriminierung artikuliert oder von Fürsprechern als solches dargestellt wird.

Die Verabschiedung der Behinderung zugunsten der besonderen Bedürfnisse ist auch ein Indiz für die erfolgreiche Wühlarbeit des Dekonstruktivismus, welcher sagt: Der Mensch ist eine Fiktion. Krankheit und Gesundheit, Abweichung und Norm sind genauso wie »Mann« und Frau« Ausdruck spezifischer und vor allem veränderbarer Diskurse. Es gibt keine Identität, keine Allgemeinheit, sondern nur Differenz und Besonderheit – besondere Bedürfnisse eben. Die Zurückweisung der Rede von der Behinderung läuft letztlich darauf hinaus, dass nicht das Individuum für die Schwierigkeiten seiner Integration in das gesellschaftliche Leben verantwortlich sein kann, sondern die Gesellschaft die Pflicht hat, diese besonderen Bedürfnisse zu befriedigen. Nicht man selbst hat eine Behinderung, sondern die Außenwelt ist eine Behinderung der besonderen Bedürfnisse. Wer ihnen nicht Rechnung trägt, erzeugt Opfer, die mit Recht auf ihr Recht auf Alterität und Gleichgestelltheit zugleich pochen.

Verständlicherweise ist der Blick auf die Welt der Behinderungen oft sehr subjektiv. Wer mit einem Rollstuhl nicht die U-Bahn benützen kann, sieht die Stadtplanung mit anderen Augen. Wer aufgrund der falschen Hautfarbe vom Türsteher einer Diskothek abgewiesen wird, lebt spätestens dann in einem rassistischen Land. Und wenn eine Frau wegen drohender Babypause einen Job nicht bekommt oder zumindest Anlass genug hat, das zu glauben, dann entfesseln sich jene Regungen, die sich auf Stolz, Würde, Selbstachtung und Aner-

14 Ebd., S. 30.

kennung richten. Denn schließlich lauern tatsächlich überall Kränkungen und – im tatsächlichen wie im übertragenen Sinn – Barrieren. Das liegt weniger daran, dass die Welt heute real mehr Opfer und sie hervorbringende Täter, mehr Leid und mehr Leidveranlassung als früher kennen würde, sondern daran, dass Verletzung von zum Narzissmus neigenden Individuen weniger denn je auf das Resultat physischer Gewalt reduziert werden kann. Im Opferland regiert das dünnhäutige, auch unter sprachlichen Schlägen zusammenzuckende Selbst, das aus seiner Haut weder hinaus will noch kann.

Gefühlte Opfer

»Opfer ist jetzt, wer sich als Opfer fühlt. Und schon das Mitfühlen mit dem Opfer rechtfertigt fortan die Übernahme der Pose des Anklägers«, schreibt der Soziologe Rainer Paris.[15] Evident erscheint dieser Zusammenhang in der Erinnerungskultur an den Holocaust. Die Dichte und die Prominenz der Mahnmale, der »Niemals vergessen!«-Tafeln und der Gedenkveranstaltungen weisen darauf hin, dass die Opferidentifikation im Land der Täter mehrheitsfähig geworden ist. Die Kinder, Enkel und Urenkel der Nazis fühlen nicht mit ihren Eltern und Großeltern, sondern mit deren Opfern und hoffen durch den Ausweis ihrer Empathie auf den Erlass jener historischen Erblast, die man doch eigentlich beständig im Gedächtnis bewahren will: »Wer nur aufrichtig und intensiv genug an die deutschen Massenverbrechen erinnert, der darf auf Versöhnung, ja auf Erlösung von der überlieferten Schuld hoffen.«[16]

Die Auseinandersetzung über den richtigen Umgang mit

15 Rainer Paris, *Ohnmacht als Pression*. In: Ressentiment! Zur Kritik der Kultur. Sonderheft Merkur. Deutsche Zeitschrift für europäisches Denken, 9/10, 58. Jahrgang. Hg. Karl Heinz Bohrer und Kurt Scheel. Berlin 2004, S. 914.
16 Ulrike Jureit und Christian Schneider, *Gefühlte Opfer. Illusionen der Vergangenheitsbewältigung*. Stuttgart 2010, S. 11 f.

dem NS-Erbe ist in Österreich und Deutschland die Arena für die Kämpfe um die moralische Kreditwürdigkeit. Das »andere Österreich«, das sich mit dem »Lichtermeer« gegen die dunkle Vergangenheit wandte und die Nachlassverwalter des Widerstands des »anderen Deutschlands« im NS-Regime werten die historische Korrektheit, die sich in Gedenkfeiern, Denkmälern und sprachlicher Achtsamkeit ausdrückt, als Antwort auf neonazistische Tendenzen: Wehret den Anfängen! Einige sich als fortschrittlich verstehende Kritiker sehen darin freilich die Neigung zur moralischen Selbstüberhöhung. Im heiligen Hain des Holocaust sei die Lust am posttraumatischen Leid mitunter Selbstzweck.

»Lina Abeles, geboren am 29. 6. 1887, deportiert 1942 nach Izbica.« »Emil Grundfest, geboren am 21. 1. 1876, ermordet am 6. 6. 1942.« Solche bewegenden Inschriften erinnern auf Wiener Straßen an die von den Nationalsozialisten ermordeten Mitbürger. Sie sind auf Tafeln auf dem Trottoir vor den jeweiligen Häusern angebracht; unter den Messingschildern sind Steine im Boden versenkt. Die Absicht der Initiatoren ist es, den Ermordeten wieder einen Platz in ihrem Heimatbezirk zu geben. Außerdem sollen die Angehörigen die Möglichkeit haben, ihrer Verwandten zu gedenken. »Das Trauma der Angehörigen, für deren Familie wir Steine setzen, ist so tief, dass wir auch mit dem besten Projekt diese Wunden nicht heilen können, aber unser großer Wunsch ist es, zur Linderung der Schmerzen beizutragen«, schreiben die Aktivisten. Man will »Bewusstseinsarbeit« für die Passanten und einen »Beitrag zur Wiener Vergangenheitsbewältigung« leisten. Paten beteiligen sich an den Kosten, einer von ihnen äußert sich zu den Motiven: »Ich kann aktiv sein, das ist für mich eine Erleichterung, also tue ich auch mir etwas Gutes damit.«[17] So integer die Absichten der Initiatoren auch sein mögen: Vielleicht

17 Zitiert nach. www.steinedererinnerung.net. Materialien zur österreichischen NS-Erinnerung: www.erinnern.at

wäre nicht jeder der Erwähnten damit einverstanden, dass sein Name täglich von Hunden beschmutzt wird, die auf dem Gehsteig ihre Notdurft verrichten. Die genannten Personen waren vielleicht vorbildliche Mütter und Kolleginnen, vielleicht aber auch gewalttätige Väter und Betrüger. In Erinnerung bleiben sie als Opfer.

Ein weiteres Beispiel: Der Wiener Künstler Eduard Freudmann erinnert sich an den Tag, an dem er zum ersten Mal die Aula der Akademie der bildenden Künste Wien betrat. Es war im Jahr 1999, wenige Tage nach Beginn seines Kunststudiums. Fassungslos beobachtete er die Angehörigen der Akademie, die dort ihr Wiedersehen nach der Sommerpause feierten – inmitten von Hakenkreuzen, die in Form von Ornamenten die Aula umsäumen. Was der Künstler als Hakenkreuz bezeichnet, ist ein im Historismus gebräuchlicher Doppelmäander, ein Zitat der Antike. In ihm sieht Freudmann dennoch das Indiz für ein Fortleben der NS-Vergangenheit, eines von vielen: NS-Dichter finden sich in der Liste der Ehrenmitglieder der Akademie, in der Aula steht das Kriegerdenkmal eines deutschnationalen Künstlers. Auch die Widmung des Raumes an den Barockkaiser Leopold I. erregt das Missfallen Freudmanns: »Leopold vereinte in seiner Politik zwei Elemente, die grundlegend für die kolonialen, faschistischen und nazistischen Prozesse dieses Landes waren: Expansionismus und Antijudaismus.«[18] So heftig im zeitgenössischen Kunstdiskurs die Widerstände gegen die Empfindung als ästhetischer Kategorie sein mögen, die von historischen Verbrechen hervorgerufene Betroffenheit darf als Empörungsschub in vollen Zügen genossen werden.

Am Wiener Morzinplatz, gegenüber dem einstigen Hauptquartier der Gestapo, wachsen seit Sommer 2011 die Pflanzen

---

18 Eduard Freudmann, ›Hakenkreuze? Ornamente!‹ als Verdrängungskontinuität. Geschichtspolitische Zustände einer öffentlichen Kunst- und Bildungsinstitution. In: Transversal 10/2010, zitiert nach: http://eipcp.net/transversal/1210/freudmann/de

des Guten. Die Künstlerin Carola Dertnig lässt dort gemeinsam mit der Landschaftsgestalterin Julia Rode bis zum Oktober 2012 ein Beet sprießen, dessen Form einen rund zwanzig Meter langen Schriftzug ausbildet. »ZU SPÄT« ist hier zu lesen. Der Schriftzug sei ein »mahnender, an viele Versäumnisse erinnernder Ausruf«, sagt die Künstlerin. Zu spät werde an die Verfolgung und Ermordung sexueller Minderheiten während des Nationalsozialismus gedacht. Zu spät würden sie als Opfer des Nationalsozialismus anerkannt. Zu spät habe man in Österreich die richtigen Fragen zur Vergangenheit gestellt. Für die richtige Frage blühen nun die Fetthenne und die Hauswurz, bei denen es sich um »widerstandsfähige Pflanzen« handle, oder auch die Nelke als »Symbol kämpferischer Gemeinschaften«.

Das Projekt wurde von der Einrichtung KÖR (Kunst im öffentlichen Raum Wien) gefördert. Die Chance der Realisierung war nicht nur wegen der Reputation der Künstlerin groß. Problemlos nachvollziehbares politisches Engagement, Fürsprechertum für bislang künstlerisch unterbelichtete oder gar ausgeblendete Opfer und Entrechtete, kurz: die hehre Absicht einer Repräsentation des bislang nicht Repräsentierten stellen heute oft einen Wettbewerbsvorteil im Gerangel um die Förderungen zeitgenössischer Kunst dar. Die diesbezüglich vorbildliche PC-Installation »ZU SPÄT« kommt als Installation daher gerade nicht zu spät, sondern zeitgerecht. Sie wird in einem kulturellen Klima verwirklicht, dass nach Seufzern der Opfer und gefühlten Opferidentifikationen lechzt.

Man könnte die Beispiele freilich auch anders interpretieren. Der Übergang zwischen zivilgesellschaftlichem Engagement und der Vereinnahmung der Opfer ist fließend. Kornblumen symbolisierten in der NS-Zeit die Verbundenheit der Volksgemeinschaft. Wird sich nun antifaschistisch fühlen, wer der Fetthenne ansichtig wird? Im ausdifferenzierten Gedenkmarkt werden immer noch weiße Flecken der Betroffenheit entdeckt. Das spezifische Leid des transgender Sinto im Nationalsozialismus etwa ist noch unerinnert.

Die deutschen Autoren Ulrike Jureit und Christian Schneider verweisen auf das Pathos, das rituellen Gedenkfeiern innewohnt.[19] Sie beschreiben die Generation der Vergangenheitsbewältiger als jene Achtundsechziger, die in nach Deutschland zurückgekehrten Intellektuellen wie Theodor W. Adorno Vaterfiguren erblickten, die ihnen den Bruch mit dem Elternhaus ermöglichten. In den Auseinandersetzungen mit den Autoritäten zu Hause, in der Schule und in den Straßenschlachten mit der Polizei bezogen die Achtundsechziger jene Opferposition, die in der NS-Zeit den Juden zukam. Man habe sich phantasmatisch in dem Leiden jener eingenistet, die die Verbrechen am eigenen Leib erlebt haben.[20]

Für Politiker der Achtundsechziger-Generation wurden die »gefühlten Opfer« dann zur Erklärung für umstrittene Entscheidungen. So begründete der Außenminister Joschka Fischer 1999 den ersten deutschen, gegen Ex-Jugoslawien gerichteten Kriegseinsatz nach 1945 mit den Worten: »Ich habe nicht nur gelernt, nie mehr Krieg, sondern nie mehr Auschwitz.« Für Fischers Generation war die Beschäftigung mit Auschwitz ein identitätsstiftender Teil ihrer Biografie. Die Identifikation mit den Kommunisten, Juden und Homosexuellen speiste die Trauer um den Anderen, der man selbst war oder zu sein glaubte. »Dieser andere, der man selbst war, inszenierte manisch das Stück von der großen Weltungerechtigkeit – nicht zuletzt, um darin einen respektablen Platz zu ergattern«, schreibt Christian Schneider.

Das antifaschistische Radar erfasst heute nicht nur reale Gefahrenherde, sondern auch symbolisch wirksame Verletzungen eines diffusen öffentlichen Konsenses, deren Bedeutung erst im Nachhinein verhandelt und provisorisch festge-

19 Ulrike Jureit und Christian Schneider, *Gefühlte Opfer. Illusionen der Vergangenheitsbewältigung*, Stuttgart 2010. Ähnlich Rudolf Burger, Ptolemäische Vermutungen. Aufzeichnungen über die Bahn der Sitte. Lüneburg 2001.
20 Ebd., S. 163.

legt wird. Als etwa der greise Schriftsteller Günter Grass 2006 eingestand, er sei als Teenager einige Monate lang Mitglied der Waffen-SS gewesen, löste sein (viele seiner früheren Gedenkinterventionen retrospektiv desavouierender) Umgang mit seiner Vergangenheit einen Sturm der Entrüstung aus. Wer solche Gedanken aus der Position des mahnenden, antifaschistischen Gewissens des Deutschlands der Dichter und Denker formuliert, darf auf moralische Erregung zählen – und riskiert es, von rechten Agitatoren als Kronzeuge linker Selbstkritik zitiert zu werden. Die scharfe Kritik an dieser späten Beichte dieses bislang als Tugendwächter geltenden Schriftstellerstars (die auf einen Tatbestand zielt, dessen jahrzehntelanges Verschweigen im antifaschistischen Konsens als untragbar gilt) gießt aber auch Wasser auf die Mühlen der PC-Hasser. Rasch ist das Gespenst der politisch korrekten Meinungsmafia an die Wand gemalt, die im Glashaus sitzt und mit Steinen wirft. Erleichtert wird die heuchlerische Selbstgerechtigkeit von Grass zur Kenntnis genommen: Wenn selbst der damals nicht besser war und noch dazu bis heute geschwiegen hat und dann seine scheindemütige Selbstenthüllung auch noch so medienwirksam vermarktet, warum sollten wir »normalen Deutschen« uns dann Vorwürfe machen?

Opfer im Nadelstreif

Vor dem Hintergrund der moralischen Schuldenberge ist die Reklamierung des Opferstatus zu einem einträglichen Geschäft geworden. Wie jedes Geschäft, das Profit abwirft, ist auch dieses umkämpft. Die finanziellen, moralischen und politischen Formen der Entschädigung expandieren. Nach dem Vorbild der Native Americans verlangen einzelne Ethnien und Nationen die Rehabilitierung ihres historischen Leids – von den Armeniern bis zu den Palästinensern. Andere wie die südafrikanischen Zulus betreiben Identitätsmarketing in

Form eines kommerziellen Ethnoparks.[21] Nun gibt es aber nicht nur sich gekränkt oder erniedrigt Fühlende, die sich auf eine nicht nur von Nietzsche bespöttelte Sklavenmoral berufen, sondern tatsächlich Deklassierte, objektive Opfer politischer und ökonomischer Zusammenhänge, die um Anerkennung ihres Leids ringen: zum einen die Opfer unseres westlich-kolonialen Demokratiemodells anderswo – im Irak, in Venezuela, in Nigeria; zum anderen die Opfer der Demokratie aus einer anderen Zeit – die indigenen Völker, die früheren Gastarbeiterinnen und heutigen Migrantinnen aus den Ex-Kolonien. Dann gibt es die Opfer der Demokratie unter differenzkapitalistischen Bedingungen im Hier und Jetzt: von den überflüssigen Menschen im Sinne Zygmunt Baumans, den prekären und subalternen Existenzen, bis zu den Menschen ohne Papiere, von den arbeitslosen Opfern profitgieriger Unternehmen über die Leidtragenden staatlicher Sparpolitik bis zu sich unterbezahlt fühlenden Spitzenmanagerinnen. Weiter geht es mit den ethnisch Stigmatisierten, von den nicht einmal mehr ausgebeuteten Sintos in den Ghettos bis zu den afroamerikanischen Villenbesitzern usw.

Der Opferstatus legitimiert nicht nur das Pochen auf individuelle Privilegien vor dem Hintergrund einer generellen Benachteiligung, sondern lenkt auch von eigener Täterschaft ab – ganz so, als ob Täter nicht auch zugleich Opfer sein könnten und umgekehrt. Wenn Aggro-Rapper einen porno- und gewaltverherrlichenden Pimp-Lifestyle abfeiern und sich in der Kunst der straßentauglichen Beleidigung mit dem herzhaften Ausruf »Du Opfer!« üben, dann beziehen sie ihre rhetorische Berechtigung dafür in der Regel aus dem energischen Hinweis auf die eigene Stigmatisierung im »Ghetto« der Stuttgarter oder Salzburger Vorstadt. Auch Neonazis im Schwitzkasten der Justiz haben ihre Lektion gelernt und beten vielfach den sozialarbeiterischen Sermon von der schlimmen

21 John L. und Jean Comaroff, *Ethnicity, Inc.* Chicago, London 2009.

Kindheit und den mangelnden Perspektiven nach, anstatt Verantwortung für ihre Taten zu übernehmen. Noch lauter als die Opfer in Bomberjacken jammern unterdes die Tugendterroropfer im Nadelstreif, die ansonsten gern ihrerseits gegen die Opferrhetorik agitieren. Thilo Sarrazin zum Beispiel fühlt sich von einer »Meinungsdiktatur« verfolgt, zensiert und mundtot gemacht. Seine mediale Ausgrenzung bringt er in marginalisierten Gegenöffentlichkeiten wie der Bild-Zeitung, dem bürgerlichen Großfeuilleton und zahlreichen TV-Shows flächendeckend zum Ausdruck. Sarrazins totgeschwiegene Ansichten erreichten in Form seines lebendig diskutierten Buchs eine Millionenauflage. So sehen heute heldenhafte Märtyrer einer Schmutzkampagne aus, die sich Political Correctness nennt und verunmöglicht, dass ein »Querdenker« noch länger ein höheres Amt bekleiden darf. Peter Sloterdijk, wie Sarrazin öffentlicher Anwalt einer die Tüchtigen und Mutigen bitte endlich adäquat entlohnenden Meritokratie, verlieh Sarrazin für seine denkerstirnrunzelnden Spekulationen um ethnisch gestaffelte Intelligenzquotienten gar eine Tapferkeitsmedaille für besondere Verdienste um die Republik. Mutig schlug er Alarm: »Auf Wahrheit soll künftig die Todesstrafe stehen: Existenzvernichtung.«[22]

Wenn aber alle zum Opfer werden können, ist es dann keiner mehr? Für begriffliche Unschärfe sorgt nicht nur die Möglichkeit zur willkürlichen Kaperung des Opferbegriffs, sondern auch die Art und Zielsetzung der Klage. Es macht einen großen Unterschied, ob Anerkennung auf die Zustimmung des Gegenübers abzielt und daher um Verständnis und Überzeugung wirbt, oder ob Anerkennung auf Selbstermächtigung verkürzt wird und im Gegenteil in der Hinwegsetzung über den anderen besteht. Die Bandbreite der Viktimisierungen und der daran anschließenden Anerkennungsansprüche zeigt aber

22 Peter Sloterdijk, *Aufbruch der Leistungsträger*. In: Cicero, Berlin 11/2009, S. 96.

in jedem Fall: Der Opferbegriff leidet unter galoppierender Inflation. Am Ende leiden alle irgendwie unter »den Verhältnissen« und »dem System«.

Gegen diese Tendenz zur Ausweitung ins Ununterscheidbare wollen wir uns im Folgenden auf eine kulturelle Symptomatik konzentrieren, die ein Opferideal instrumentalisiert, ohne dass dieses notwendigerweise durch Gewalt- und Leiderfahrung im juridisch-institutionellen und materiellen Sinn motiviert wäre. Es geht also in unseren Überlegungen zu Political Correctness als sozialem und psychosozialem Sprachspiel dezidiert nicht um die Opfer in Brand gesteckter Asylantenheime oder von Vergewaltigungen, bei denen die Schadensansprüche evident und vor Gericht einklagbar sind. Denn hier ist, zumindest in modernen Rechtsstaaten, im Sinne von Political Correctness glücklicherweise gar nichts zu verhandeln. Ambivalenzen oder Widersprüche kann es hier nicht geben, nur Ermittlung, Verhandlung, Urteil. Erst diesseits dieser (historisch freilich variablen) Grenze beginnt die eigentliche Sphäre der Political Correctness – wie auch jeder denkbaren Kritik an ihr. Letztere kann so allenfalls – zum Beispiel – den fiktiven Rassismus-Ankläger treffen, der etwa die Weigerung einer blonden Frau in der Disco, nach einem Anmachversuch eines »Schwarzen« mit diesem zu schlafen, als Ausdruck von ethnischer Diskriminierung interpretiert und sich zum Fürsprecher des sexuell Abgelehnten erklärt. Anders gesagt: Dem Inhalt nach entsteht so gut wie jeder potentielle PC-Diskurs angesichts realer Opfer eindeutig zuordenbarer Taten, und letztere bleiben auch im Falle fortschreitender Verrechtlichung der entsprechenden Opfertatbestände weiterhin in dessen Resonanzraum präsent. Allein, gerade im Zuge der Etablierung als spezifischer PC-Diskurs erweitert und verschiebt sich das Opferspektrum in aller Regel mehr und mehr in Richtung auf Opferabstraktionen, Opferkonstruktionen, Opfersolidarisierungen und gefühlte Opferidentifikationen, denen dabei oft genug die konkreten Täter abhandenkommen. Benennbar und anzuklagen bleibt oft nur ein vager Zusammenhang, ein Ismus.

Die Kultur der Empörung

Woher kommt die Lust an der Empörung? Wir leben, schreibt der in New York lebende australische Kunsthistoriker Robert Hughes, in einer *Culture of Complaint.*[23] Diese Kultur der Beschwerde unterscheidet sich jedoch deutlich von der »Kultur der Niederlage«[24], wie sie als kollektive mentale Befindlichkeit nach nationalen Traumata wie dem amerikanischen Bürgerkrieg, nach der Niederlage Frankreichs 1871 im Krieg gegen Deutschland oder umgekehrt nach der Niederlage Deutschlands im 1. Weltkrieg geherrscht hat. Hughes beschreibt ein Land, das Anfang der 90er Jahre keine akuten Kriegswunden zu lecken hat, bis heute den individualistischen Traum des Aufstiegs vom Tellerwäscher zum Millionär in alle Welt exportiert und in seiner Unabhängigkeitserklärung das Recht auf *Liberty and the Pursuit of Happiness* in Aussicht stellt. Diese Gesellschaft sei nun von einer lähmenden Überempfindlichkeit und dem Virus der Partikularinteressen, dem »Gruppismus«[25] befallen. Zum einen sei sie, unter der Knute der neokonservativen Präsidenten Ronald Reagan und George H. W. Bush, von 1981 bis 1993 tatsächlich von der Diktatur der texanisch-cowboyianischen *Family Values* und den Zensurformen dieser »patriotischen« Korrektheit bedroht gewesen; zum anderen habe die aus dem akademischen und künstlerischen Umfeld sich ausbreitende, linke Korrektheit mit ihrem Pochen auf kanonabweichende Narrative jegliche universale Verbindlichkeit verloren und gefährde durch die Ausweitung von Tabuzonen der öffentlichen Rede das fundamentale Recht

23 Vgl. Robert Hughes, *Culture OF Complaint. The Fraying of America.* Oxford 1993.
24 Vgl. Wolfgang Schivelbusch, *Die Kultur der Niederlage.* Berlin 2001.
25 Vgl. Rogers Brubaker, *Ethnizität ohne Gruppen.* Hamburg 2007.

auf die *Freedom of Speech* (Redefreiheit). Auf Grund dieser doppelten Zurückweisung von Korrektheitsansprüchen von links und rechts wurde Hughes Buch äußerst kontrovers diskutiert. Die PC-Linke witterte darin die zynische Geringschätzung berechtigter Ansprüche auf Sprach- und Wirklichkeitsveränderungen aus der ärmelschonerischen Distanz des Salonlinksliberalen. Die wertkonservative Rechte sah in der heftigen Kritik an der staatlichen Zensur von Kunst, Medien und Pornografie den Beweis für die subversiven Absichten des Autors. Die sich als liberal begreifenden LeserInnen dagegen stimmten Hughes' Diagnose zu, wonach PC eine sich seuchenartig ausbreitende, normierungssüchtige Schönfärber-Rhetorik sei, die nichts zur Verbesserung der gesellschaftlichen Verhältnisse beitrage.

Die Disparatheit der Reaktionen auf diesen Versuch einer großkulturellen Symptombeschreibung zeigt sehr anschaulich, warum es so schwierig ist, über PC verbindlich zu sprechen. Political Correctness ist ein Kampfbegriff par excellence. Er dient den verschiedensten Herren (und Damen) auf dem »Schlachtfeld der Tugendwächter«[26]. Schon die Bedeutung des Begriffs ist schwer umkämpft, was auch daran liegt, dass die Rede von PC nicht nur als notorische Streitansage für eine Öffentlichkeit produziert wird, sondern selbst schon Resultat der den PC-Diskurs auf den Weg bringenden Besinnung auf die performative Struktur der Sprache ist. Die Diskurspraxis des PC-Begriffs selbst ist daher das beste Beispiel für die für PC zentrale und auch ihre Praxis bestimmende Einsicht, dass Worte selbst Taten sind und daher Handlungen herausfordern. Wie aber lässt sich dieses »Schlachtfeld« der Sprechakte und entsprechenden PC-Diskurse skizzieren?

Die Konjunktur der moralischen Gefühle – Wut, Empörung, Neid, Eifersucht – wird von den einen als Form der Wie-

---

26 Vgl. Jörg Schönbohm, *Politische Korrektheit. Das Schlachtfeld der Tugendwächter.* Leipzig 2010.

dergutmachung, von den anderen als Bevormundung empfunden. PC-Themen betreffen den sensiblen Bereich der Wahlfreiheit, die Möglichkeit, selbst zu entscheiden und auszuwählen: Als im Winter 2011 die Wiener Schülerin Lydia Obute den TV-Wettbewerb »Austria's next Topmodel« gewann, stand in den Postings der Online-Zeitungen ihre schwarze Hautfarbe im Mittelpunkt. Ein Leser der »Kronen-Zeitung« schrieb: »Ich persönlich hatte eigentlich gedacht, dass Darija gewinnt. Bei der wurde schon bei der Vorstellung auf die Tränendrüse gedrückt und den Kroatien-Bonus (sprich politisch ›korrekt‹ oder wie man das nennt) hat sie auch …« Ein weiterer kommentierte die Entscheidung so: »Was für eine Überraschung: Alles andere wäre ja politisch nicht korrekt gewesen, auch wenn so gut wie alle anderen hübscher sind.«[27]

Als im April 2011 der Verkäufer einer Obdachlosenzeitung in Wien eines Lokals verwiesen wurde, kommentierten 1450 Leserinnen und Leser den diesbezüglichen Bericht einer liberalen Tageszeitung – beim Zusammenbruch einer Bank oder dem Fall eines Diktators sind es in der Regel nur ein paar Dutzend. Spontan versammelten sich, von sozialen Netzwerken im Internet mobilisiert, vor dem Lokal empörte Bürger zu einer Kundgebung. Ähnliche Auseinandersetzungen gibt es, wenn eine Frauenfußball-WM stattfindet oder ein Rauchverbot angekündigt wird. Das antirassistische Posting und das Anti-PC-Posting schreien in derselben Tonlage moralischer Empfindlichkeit. Offenbar berührt PC zentral die Fähigkeit von Individuen, Selbstachtung zu entwickeln und wiederzugewinnen.

Für viele bezeichnet PC ein Schmähwort und fungiert als Instrument zur Ridikülisierung von als verbohrt und humorlos denunzierten Positionen, die, vom »Betroffenheitsvirus« infiziert, einen »Amoklauf«[28] der Selbstgerechtigkeit betrei-

27 Zitiert nach: http://www.krone.at/Stars-Society/Lydia_Obute_ist_Austri as_next_Topmodel-Gewinnerin_gekuert-Story-248376
28 Schönbohm, S.49.

ben und mit ihrer »PC-Inquisition«[29] Meinungsfreiheit, Demokratie als Ganzes und auch noch jede Form von selbstbestimmtem Genuss abschaffen wollten. Tatsächlich firmieren unter dem Sammelbegriff einer politisch korrekten Gesellschaft aber nicht nur diverse Diskursregelungen, sondern auch Einschränkungen individueller Lustgewinne, die nichts mit der Herabwürdigung Anderer zu tun haben: Die systematische Ausweitung der Rauchverbotszonen auf öffentliche Parks und die Diskriminierung von rauchenden Wohnungssuchenden etwa können beim besten Willen nicht mehr mit dem Nichtraucherschutz motiviert werden. Auch die heute in US-amerikanischen Subkulturen modisch gewordene Transformation von inkorrekt-schmutzigen Sexorgien in ritualisierte Massenmasturbationen ist ein eigentümliches Symptom einer Erotik der Askese. Diese will das Begehren des Einzelnen nicht am Altar der Zensur opfern, gleichzeitig aber eventuell heikle sexuelle Anbahnungen umgehen und die Ekstase ohne Feindberührung erreichen. Diese korrekte Transgression mag auf verschiedenste Lustformen abzielen, ganz sicher aber nicht auf mögliche Herabwürdigungen der Beteiligten.

Zum anderen ist PC, bezeichnenderweise meist in seiner negativen Abwandlung der Inkorrektheit, ein Vorwurf, den man im Namen einer Diskriminiertheit, eines unzureichend repräsentierten Anderen gegen einen als hegemonial gesetzten Gegner in Stellung bringen kann. Deshalb kann PC alle möglichen Richtungen einschlagen. Unter dem Banner der Political Correctness können bestimmte tradierte Konventionen der Bezeichnung geächtet werden, auch wenn die Strahlkraft dieser Ächtungen manchmal überschätzt wird: Ein Gender-Mainstreaming funktioniert am Rednerpult im Parlament. Am Stammtisch in der Kantine geht es vielleicht schon ganz anders zu – zumal dann, wenn die, über die sexistisch gewitzelt wird, nicht anwesend sind. Umgekehrt kann Political

29 Ebd., S. 6.

Correctness dazu dienen, neue Sprech- und Sichtweisen zu ermöglichen. Zum Beispiel, indem man herrschende Kanonisierungen umzuschreiben versucht oder das Augenmerk auf bislang unterbelichtete Sprach- und Wirklichkeitsverhältnisse richtet.

So meinen wir meist nicht das Gleiche, wenn wir das Gleiche sagen. Political Correctness stellt eine schwer zu fassende Diskursformation dar, die zu einem guten Teil über die Projektionen ihrer Gegnerschaften, etwa in Form der rhetorischen Nebelmaschinen der »selbsternannten Gutmenschen« oder des »Tugendterrors«, errichtet wird.

Signifikant scheint uns dabei, dass der Trick der PC-Kritik wie auch einer nicht selbstreflexiven Inkorrektheitsanklage darin liegt, im Urteil über die Aussagen anderer sich über die Definition des eigenen Standorts hinwegzuschwindeln. Den Treibstoff für die Ereiferungen über das Projekt PC entnehmen Kritiker wie Befürworter gleichermaßen dem Vorratsspeicher einer vermeintlich feststehenden, aber nie explizierten Moral – und zwar *bevor* diese die einklagbaren, aber auch bestreitbaren Ansprüche antreibt. Die Empörung kommt vor dem Engagement, die Opferkonstruktion vor der Offenlegung oder Dekonstruktion ihrer Bausteine.

Die Opferrolle ist für den Anspruch auf kompensierende Maßnahmen zentral; daher das Gerangel um die Pole-Position in der Startaufstellung. Aber was ist ein Opfer (wobei das rituelle oder religiöse Opfer *für* etwas hier nicht zur Debatte steht)? *Reale* Opfer von außersprachlichen, faktisch nachweisbaren Macht- und Unterdrückungsverhältnissen sind nicht das Gleiche wie vor Empörungslust aufkreischende *symbolische* Opfer sprachlicher Diskriminierungen. Solidarische, aus der Position des Fürsprechers agierende Opfervertreter sind nicht den gleichen Machtspielen unterworfen wie die von ihnen vertretenen Opfer, Solidarität ist nicht das Gleiche wie Betroffenheit. Und selbst diese *gefühlten* Opfer schließlich gilt es nochmals von den *eingebildeten* Opfern zu unterscheiden. Zum Beispiel von den an den Hebeln der Macht sitzenden Opfern von Satiren und Persiflagen oder von jenen Privilegierten, die sich ihren Opferstatus aus der angeblichen Beschneidung ihrer Meinungsfreiheit oder ihrer bislang geltenden Privilegien ableiten.

Dieser Vorschlag einer Unterscheidung kann freilich auch nur eine erste Orientierung für die Gewichtung von Anerkennungsansprüchen sein, da sich die genannten Opferklassen in der Praxis kaum in reiner Form finden. Oft fallen mehrere Ebenen ineinander, vor allem aber sind die Kategorien nicht in Stein gehauen, sondern im Fluss. Symbolische Opferpositionen ringen um Anerkennung als reale Opferpositionen; gefühlte und eingebildete Opferpositionen weisen ihren stellvertretenden, illusionären Charakter vehement zurück. Die praktische Schwierigkeit der Opferdiskurse besteht also in der Regel darin, die verschiedenen, sich wandelnden Beanspruchungen situativ abzuwägen, da die normative Spaltung der Opferklassen letztlich keine Essenz auf Dauer beanspruchen kann. Gewiss ist etwa der Holocaust-Überlebende ein reales Opfer, aber wie beschreibt man die Opferposition seines Enkels oder die habituelle Betroffenheit der Nazi-Alarmisten? Lassen sich die graduellen Opferabstufungen über die Höhe von Bußgeldern, etwa für mangelnde Gleichstellung oder zum Zwecke historischer Rehabilitierung, vermitteln?

Wer fickt wen?

Deutlich wird die prinzipielle Umstrittenheit der Täter/Opfer-Konstellationen am Beispiel der Pornographiedebatte. Für die einen ist Pornographie ein unter dem Ehrenschutz der sexuellen Befreiung groß gewordenes Zerrbild der Sexualität unter kapitalistischen Ausbeutungsbedingungen, ein Bild gewordenes Machtverhältnis, in dem Objektivierung, Erniedrigung und Demütigung nicht nur gezeigt, sondern gesellschaftlich eingeübt werden. In einer gegenteiligen Einschätzung künden die »Pornographisierung« der Gesellschaft und das durch die Internetdemokratie täglich neu abgesegnete Kampfvögeln zwischen dem San Fernando Valley und Budapest davon, dass der Glaube an die phantasmatische Macht des phallischen Manns gerade dann besonders deftig beschworen werden muss, wenn dessen reale Verfügungsmacht über den weiblichen Körper sich verflüchtigt.

Der Blick auf und die Realität der Geschlechterverhältnisse klaffen offensichtlich auseinander. Man könnte zu dem Schluss kommen, dass die Pornostars gleichzeitig sowohl reale Profiteure der Bildermaschine des Verlangens als auch symbolische Opfer des tyrannischen Blickregimes der Konsumenten sind. Werden durch pornographische heterosexuelle Darstellungen tatsächlich alle Frauen verletzt? Oder degradiert die Forderung nach Zensur erst recht die feministische Forderung nach selbstbestimmter Sexualität und ihrer Darstellung? Fest steht: Der feministische Konsens darüber, dass Frauen in der und durch die Pornografie zu Opfern sexualisierter männlicher Aggression gemacht werden, ist heute verschwunden. Das PorNO-Update von Alice Schwarzer trifft auf das Unverständnis der Charlotte-Roche-Leserinnen. Gleichwohl ist der politisch korrekte Porno nach wie vor nicht erfunden – nur scheint das kaum mehr jemanden zu stören.

Zeichnen wir kurz noch einmal die Bruchlinie im Diskurs zur Pornographie nach. Pornographie, so behauptete die einflussreiche US-amerikanische Juristin Catherine MacKinnon noch 1993 in ihrem Werk »Only Words«, tue das, was sie zeige, nämlich Frauen zu demütigen, zu erniedrigen und zu verletzen. Sie sei Handlung und Rede, Darstellung und Herstellung einer Wirklichkeit zugleich; als performative *hate speech* müsse sie daher im Klagefall auch vom Recht der Redefreiheit ausgenommen werden können, weil sie gegen das höherwertige Recht der Gleichbehandlung verstoße.

Worin besteht aber nun die Verletzung? Zunächst äußert sie sich laut MacKinnon und ihren deutschsprachigen Verbündeten wie Alice Schwarzer in den Zwangs- und Gewaltverhältnissen, die auf die Darstellerinnen am Arbeitsplatz einwirken. Die zweite Ebene der Verletzung besteht in der medialen Vorbildwirkung der in der Pornographie ausagierten Geschlechterrollen: Frauen drohen zu Opfern der Projektionen des männlichen pornographischen Blicks zu werden. Und schließlich, in einer dritten, düsteren Zuspitzung: Diese Projektionen könnten zu Handlungen werden. Männer stellten Unterwerfungsszenen der Pornos als Vergewaltigungen im realen Leben nach. Visuelle Pornographie, so MacKinnon, sei also keineswegs Resultat des Imaginären. Sie sei »echt«: »Der Konsument masturbiert dazu, spielt es im Kopf und auf den Körpern der Frauen nach, die er trifft oder mit denen er Sex hat, lebt es an den Frauen und Kindern um ihn herum aus. Sind die Opfer der Snuff-Movies zu Tode fantasiert worden?«[30]

Dieser Kurzschluss zwischen Repräsentation und Wirklichkeit, zwischen Pornographie und realer Sexualität ist im Feminismus selbst kritisiert worden. Zum einen deshalb, weil, ähnlich wie im Fall des oft behaupteten Zusammenhangs von vorgängiger medialer Gewaltdarstellung und imitierender Gewaltausübung, bis heute keine empirischen Beweise für eine direkte Kausalität von Pornographie und Sexualität, geschweige denn von Vergewaltigungen, existieren. Zum anderen, weil die Verächtlichmachung der Pornographie als Ganzes auch Sexarbeiterinnen, die sich dezidiert als Feministinnen begreifen, wie etwa die erste sich selbst so bezeichnende »Postpornographin« Annie Sprinkle, in den Rücken fällt. Deren Bemühen um arbeitsrechtliche Verbesserungen, gesellschaftliche Anerkennung und nicht zuletzt die Veränderung der Industrie durch die Produktion eigener Bilder wird mit dem Totschlagargument des attestierten falschen Bewusstseins die Unterstützung versagt – und so der beklagte Opferstatus nicht beseitigt, sondern festgeschrieben.

30 Catharine MacKinnon, *Nur Worte*. Frankfurt am Main 1994, S. 27.

Der für die PC-Thematik spannendste Einwand aber kommt von psychoanalytisch informierten Feministinnen, die den Realismus-Begriff der Pornographie in Zweifel ziehen. Für Theoretikerinnen wie Gertrud Koch, Judith Butler, Barbara Vinken oder Drucilla Cornell ist entscheidend, dass der in der Pornographie zur Schau gestellte reale Sex kein direktes Abbildungsverhältnis zur außerpornographischen Wirklichkeit unterhält. Gerade die penetrante Beharrlichkeit der Pornographie, Sexualität als Ritus von männlicher Kontrolle und weiblichem Kontrollverlust zeigen zu wollen, weise darauf hin, dass hier nicht die reale Sexualität, sondern ihr Phantasma in Szene gesetzt werde. Pornographie lässt sich demnach eben nicht als Übersetzung patriarchaler Machtverhältnisse im Medium heterosexueller Körperbilder fassen, sondern als schwitzendes Eingeständnis der imaginären Struktur von männlicher Willensmacht und weiblicher Unterwerfung. Das pornographische Kino, schreibt zum Beispiel Gertrud Koch, sei nicht Ausdruck herrschender männlicher Sexualpraxis, sondern »vielmehr Ausdruck von deren Mangel und deren Umformung in beschädigte Phantasien«[31]. Judith Butler geht sogar noch einen Schritt weiter und beschreibt die Sucht nach maximaler Evidenz der Lust im Pornographischen als eine Allegorie, »die immer wieder angsterfüllt ihre eigene *Un*realisierbarkeit durchspielt. Man könnte in der Tat behaupten, dass Pornographie unmögliche und uneinnehmbare Positionen darstellt, kompensatorische Phantasien, die fortlaufend einen Riss zwischen sich und der sozialen Wirklichkeit reproduzieren.[32]«

Wenn aber nun tatsächlich in der Pornographie kompensatorische Phantasien ausagiert oder performt werden, welcher

31 Gertrud Koch, *Was ich erbeute, sind Bilder. Zum Diskurs der Geschlechter im Film*. Frankfurt am Main 1989, S.117.
32 Judith Butler, *Schmährede*. In: Die nackte Wahrheit. Zur Pornografie und zur Rolle des Obszönen in der Gegenwart, hg. von Barbara Vinken. München 1997, S. 111.

Opferstatus der Pornodarstellerinnen im Besonderen und der von ihnen vorgeblich repräsentierten Frauen im Allgemeinen lässt sich aus dieser Fiktion dann ableiten? Staffieren die Darstellerinnen mit hartem Körpereinsatz die Lücke zwischen der Allmachtsphantasie des Zuhälters und der Leere des Wichsers aus? Oder üben sie, wenn man heutigen Berichten über die fortschreitende Selbstpornographisierung junger Mädchen trauen kann, doch ein sexistisches Rollenverständnis ein? Beides ist richtig. Porno erzählt unbewusst von Panik und Verlustangst des phallischen Mannes und versucht zugleich doch bewusst, die Geschlechter wieder unter dessen Knute zu versammeln: hier der verunsicherte Mann, dort die Frau, die diese Verunsicherung als bewundertes und zugleich verachtetes Sexobjekt in High Heels büßen soll. Wo genau jedoch die Demarkationslinien zwischen realen und symbolischen, gefühlten und eingebildeten Opferpositionen verlaufen, bleibt konstitutiv umstritten und veränderbar wie der Diskurs über die sexistische Mainstreampornographie und ihre Neuausrichtung in Formen wie Alternative- oder Indie-Porn und in der Bejahung von Fetischismus.

Opfer in Anführungszeichen

In São Paulo ist im Sommer 2011 ein Vorstoß gescheitert, eine »Heterosexuellenparade« abzuhalten. Das Argument des Bürgermeisters gegen die Initiative eines rechtskonservativen Politikers: Der Vergleich mit der Gay-Parade in der Stadt sei unangebracht, weil Heterosexuelle weder eine Minderheit darstellten noch diskriminiert würden. Einige neokonservative Proponenten der »Whiteness Studies« in den USA würden dem wohl entgegenhalten, dass auch eine Mehrheit ihre Startvorteile und ihre *supremacy* verlieren und selbst zur Zielscheibe rassistischer Benachteiligungen werden kann, wenn nicht jemand für sie in die Bresche springt. Der Soziologe Charles Gallagher sagt: »Einst waren wir eine privilegierte

Gruppe, jetzt sind wir plötzlich die neuen Opfer – Weiße.«[33]
Beat Wyss, kein missbrauchtes Heimkind, sondern Ordinarius
für Kunstwissenschaft, sekundiert im Lamento der eingebildeten Opfer: »Die schlechtesten Karten haben heterosexuelle
Männer mit christlichem Hintergrund aus Nordeuropa.«[34]

Demnach bräuchten weiße männliche Universitätsange-
hörige ebenfalls *Affirmation Actions*. Auch die Gefühle der
Aktivisten einer Facebook-Gruppe in Österreich, die sich
über die sexistische Verwendung des Begriffs Straftäter ohne
Binnen-I ereifern, wären im Prinzip schützenswert. Und
könnte dann nicht jeder und jede, wie zum Beispiel Harald
Martenstein in seinen launigen, sich immer wieder gern über
verstockte Regulierungswut lustig machenden Kolumnen
meint, eine Gruppe der Empörten, Beleidigten und Gekränkten ausrufen und zum Beispiel eine Alten- oder Armenquote
fordern?[35] Auch die Raucher, nicht nur die nichtrauchen-
den Pensionskassenschädlinge, hätten demnach ein Recht auf
quotenadäquate Repräsentation in diversen Gremien. Sogar
die Atheisten hätten ein Recht auf die Schonung ihrer Gefühle. Auch wenn es möglicherweise zum Anforderungsprofil
eines noblen Atheismus gehört, sich nicht von kategorisch
antireligiösen Gefühlen, sondern von einer Dialogbereitschaft
leiten zu lassen, die den Spielraum zwischen der Freiheit auf
und der Freiheit von Religion situativ auszuverhandeln versucht und sich nicht selbst zu einem säkularen Dogma zu ver-
härten trachtet.[36]

Die auf gesellschaftliche Beute hoffende Opferkonstruktion schlägt weite Bögen. Was macht die Inanspruchnahme

---

33 John Blake, *Are whites racially oppressed?* Zitiert nach: http://edition.
cnn.com/2010/US/12/21/white.persecution/index.html
34 Beat Wyss, *Nach den großen Erzählungen.* Frankfurt am Main 2009, S. 214.
35 Vgl. Harald Martenstein, *Über große Pläne der SPD: »Mir fällt kein Argument gegen die Altenquote ein«.* In: ZEIT-Magazin Nr. 24/2011, 9. Juni 2011,
S. 6.
36 Vgl. Andrian Kreye, *Mit Gott debattiert man nicht.* In: Süddeutsche Zeitung. München, Nr. 135, 14. Juni 2011, S. 11.

einer Opferrolle als Gruppe oder Individuum so attraktiv? Klar ist: Wer Opfer ist oder glaubhaft zu sein vorgibt, es zu sein, hat ein Recht, gehört zu werden und Kompensation einzufordern. Marc Adrian Erdl schlägt daher in seiner Suche nach dem Phantom, dem »importierten Mythos« namens politische Korrektheit, vor, der Opferfigur den Begriff des Akteurs zur Seite zu stellen: »Am besten wird man ›Opfer‹ und ›Akteur‹ zugleich, oder ›Opfer‹ und ›Anwalt‹ in eigener Sache, kurz und gut, man wird zum ›Diskurspartisanen‹, der nicht einfach nur handelt, sondern das Böse ›überwindet‹.«[37]

In diesem Sinn gutmenschlich handeln lässt sich bevorzugt etwa im Praxisfeld zeitgenössischer Kunst, in dem die Bestnoten nicht mehr für das heiße Bemühen in den als diskreditiert geltenden Meisterklassen, sondern für politisch relevantes Engagement vergeben werden. Auf diversen Plattformen, auf Symposien und Tagungen, in mit einschlägigen Rancière- und Foucault-Zitaten gespickten Texten und in kollektivistischen Sozialkunstprojekten diskursiviert die globalisierte Globalisierungskritik ihre Ästhetik. Avancierte Großausstellungen wie die Manifesta 2010 in den spanischen Städten Murcia und Cartagena finden für ihre Exerzitien zu Inklusion und Exklusion und zu Opfer- und Tätergedenken paradigmatische Aufführungsorte wie das »diziplinargesellschaftliche« Gefängnis. In einer der ehemaligen, zu Kunstkojen umfunktionierten Zellen weisen ein paar hingeschmierte Graffitis des gefühlten Opfers Thierry Geoffrey darauf hin, wer hier eigentlich einsitzen – und ausstellen – sollte, nämlich »artists from northern africa only«; also Stellvertreter und Fürsprecher realer Opfer. Ansonsten ist der Raum leer. Zurück im Zellentrakt sieht man einige Wandgemälde, die viel Himmelblau hinter fliegenden Vögeln zeigen. Sie stammen von ehemaligen Häftlingen. Sie erzählen, so wie der Geruch des Punchingballs im noch

37 Marc Fabian Erdl, *Die Legende von der politischen Korrektheit. Zur Erfolgsgeschichte eines importierten Mythos*. Bielefeld 2004, S. 374.

zugänglichen Fitnessraum in einem der Gefängnishöfe, von Sehnsüchten – und dem Wunsch, kein reales Opfer mehr zu sein.

Die Entdeckung der doppelten Rolle von Opfer und Akteur bzw. von Opfer und Anwalt lässt sich historisch auf die Politisierung der sechziger und siebziger Jahre zurückführen. Das Engagement einer politisch korrekten Kunst erfuhr im sich globalisierenden Kulturbetrieb der neunziger Jahre eine Renaissance und führte auch zu deren institutionellen Verankerung. Heute ist es in ein Spannungsverhältnis zu einem Markt verstrickt, der Political Correctness als Marketingtool entdeckt hat. Was aber war dazwischen, als die Kunst wie die Gesellschaft lieber wieder wild, gestisch und egofixiert sein und man die Bio-Bärte der engagierten Liedermacher nicht mehr sehen wollte?

2. Kapitel
Die Diaspora in der Beatbox.
Eine der Geschichten des PC-Imports

Blenden wir zum Vergleich einmal zurück in die frühen 80er Jahre. Diese waren in den mächtigen westlichen Staaten geprägt vom Ende der sozialdemokratischen Ära. Seit 1979 regierte Margaret Thatcher in England. 1982 vollzogen auch die USA mit Ronald Reagan und die BRD mit Helmut Kohl die neokonservative Wende. In den sich im Gefolge der Punk-Explosion herauskristallisierenden jugend- und subkulturellen Zusammenhängen musste man das Vertrauen in die Realpolitik freilich nicht erst verlieren; es war ohnehin keines mehr da. Die Ende der 60er Jahre erträumte Revolution war einem vagen anarchisch-linkradikalen Bekenntnis gewichen, das sich für dröges Lohnprozentefeilschen und die ebenso heikle wie mühselige Unterwanderung staatlicher Institutionen nicht mehr interessierte. Die Revolution, die man lebte und nicht nur träumte, war eine des Geschmacks, des Stils und der Sitten. Es war eine Revolution der semiotischen Guerilla unter dem Banner der Popkultur. Es ging nicht länger um die Bildung turnschuhbewehrter Spontibewegungen, sondern um die Subversion der Zeichen. Solidarisches Handeln war etwas für die Phrasendrescher in den Gewerkschaften und die Sonntagsreden von Politikern, die die Erosion der sozialen Bande nicht wahrhaben wollten oder konnten. Die subkulturelle Boheme glaubte an nichts mehr, höchstens an ein Zeitalter der Simulation und an individuelle Gesten der Dissidenz. Lichterketten gegen den Faschismus wurden daher nicht nur von rechts als Betroffenheitskitsch abserviert, sondern auch von links mit der Skepsis derer beäugt, die sich unter einer Ästhetik des Widerstands etwas anderes vorstellten. Der Suche nach sozialer Nestwärme begegneten manche daher lieber mit dem Lob der Kälte und entsprechender Verachtung für den moralisierenden Eifer der »Gutmenschen«. Auf die Verengung politischer Handlungsräume im Zuge der neoliberalen Privatisierung von Öffentlichkeit antwortete man mit Strategien der Verweigerung jeglicher sinnvoller Kommunikation.

Dazu ein paar Beispiele: 1979 war der – wie viele britische Punk-Heroen mit dem Schockpotential des Hakenkreuzes jonglierende – Sex-Pistols-Bassist Sid Vicious gestorben. 1981 produzierte die Berliner Kunst- und Musiktruppe »Die tödliche Doris« den Kurzfilm »Das Leben des Sid Vicious«, in dem der zweieinhalbjährige Sohn der Schlagzeugerin Dagmar Dimitroff die provokante Anti-Ikone aus London verkörperte. Im roten T-Shirt mit fettem Hakenkreuz watschelte der Bub mitten durch Berlin. 1984 malte Martin Kippenberger, als Neuer Wilder wie als Mitbetreiber des Berliner Undergroundclubs »SO 36« ebenfalls Teil der Berliner Postpunk-Szene, ein kubistisch anmutendes Bild. Es besteht aus einem Haufen geometrischer Formen, die entfernt an ein Hakenkreuz erinnern, und trägt den ironischen Titel: »Ich kann beim besten Willen kein Hakenkreuz erkennen«. 1985 verfilmte der Ex-Fremdenlegionär und Filmemacher Romuald Karmakar die Münchner Jahre des jungen »Adi« alias Adolf Hitler als launige Mixtur aus Home Movies und Aufnahmen von Originalschauplätzen der NS-Bewegung. Politik kommt in dem Super-8-Werk »Eine Freundschaft in Deutschland« nicht vor. Es geht um Adi beim Fasching, Adi und das Bier, Adi und die Weiber. Am Ende geht der Adi nach Berlin und seitdem, sagt der Erzähler, »habe ich nichts mehr von ihm gehört«.

Die totale Dialogbereitschaft

Martin Kippenberger, der gern vor versammelter Entourage mit Unterstützung von genügend Alkohol in »inkorrekten« Zoten schwelgte, gilt heute – wie auch der Schriftsteller Tho-

mas Kapielski, der 1988 in einem Artikel für die Berliner »taz«
die Discothek »Dschungel« als »gaskammervoll« beschrieb –
manchen PC-Puristen als typisches Beispiel eines politisch
inkorrekten Selbstdarstellers, der unter der Patronanz der notorischen Ironie des Künstlerfreigeists das aussprechen durfte, wofür der Spießer vom Nebentisch mit Recht zur Rede
gestellt wurde. Während Kapielski jedoch, nach seinem Gas-
kammereklat in der »taz« mit Schreibverbot belegt, von Teilen
der Linken geächtet wurde und sich später in seinen Romanen
über PC-Eiferer lustig machte, wird die subversiv-anarchische
Ehre Kippenbergers bis heute von den meisten damaligen
Mitstreitern verteidigt. Kippenbergers Ruhm kam spät, zu
einem Zeitpunkt, als nicht mehr der Überschwang der Neuen
Wilden, sondern die Selbstbescheidung einer Seminarkunst
herrschte, deren Fetisch nicht die Irritation, sondern die Korrektheit war.

Zu den intimen Kennern und Freunden Kippenbergers gehörte seit seinen Anfängen auch der einflussreiche Poptheore-
tiker und Kulturwissenschaftler Diedrich Diederichsen. Diederichsen begann seine Laufbahn als Musikjournalist beim
Hamburger Magazin »Sounds« und wechselte nach dessen
Einstellung 1983 zur Kölner Zeitschrift »Spex«, die er 1985 bis
1990 als Chefredakteur und bis 2000 als Mitherausgeber und
Autor entscheidend prägte. Diederichsen hatte sich früh vom
Primat der Politik in orthodox-marxistischen Kulturvorstel-
lungen distanziert und versucht, die durch die Populärkultur
in all ihrer Fragilität und Aggressivität vernehmbar gemachten Stimmen der bislang Stimmlosen als politischen Akt einer
Indie-Haltung zu deuten. Der musikalische Lärm wurde so
auch als sozialer Lärm, als ästhetische Argumentation von
Dissidenz und Differenz, als Subversion der kulturindustriellen Stupidität und Ähnlichkeit verstanden. Freilich blieb dieser Lärm vor aller hermeneutischen Anstrengung ein Lärm,
der genossen werden wollte und konnte: als libidinöse Ener-
gie, Identifizierungsangebot, Affekt, Wall of Sound, Vignette

der Brüchigkeit oder mächtiges Bild der Selbstermächtigung – als Skizze einer Fluchtlinie aus einem falschen Hier und Jetzt. Indie-Rock und Indie-Pop im Zeitalter seines Erwachsenwerdens eben – sexy & lonely, weiß und narzisstisch.

Um 1987/1988 kündigte sich ein Paradigmenwechsel an. Aus den USA und aus England rollte die erste Hiphop-Welle über die Bunkerclubs der Underground Nation des alten Kontinents. Acts wie Boogie Down Productions, Jungle Brothers, Salt-N-Pepa, LL Cool J, Erik B & Rakim und vor allem die sich militant gebenden Agit-Rapper Public Enemy enterten die Redaktionscharts und sorgten mit ihren Videos für erste Nachahmungen durch B-Boys in Germany. Für eine Zeitschrift wie »Spex«, die einst gegen die Liedermacher-Betulichkeit der besorgten Demokraten und »das schleichende Gift der totalen Dialogbereitschaft«[1] (Ex-Chefredakteur Dietmar Dath) angetreten war und sich mittlerweile selbst ganz gut in der Verwaltung des Weltschmerzes des *solitary man* einzurichten drohte, war der Import dieses chiffrierten Zeichensystems Chance und Gefahr zugleich. Die Fraktion um Diederichsen begriff den Gegenwind vom *black atlantic* als Herausforderung und versuchte, ihre Faszination der *Dope Beats and Tribe Vibes*, wie auch eine auf Hiphop spezialisierte, wöchentliche Ausgabe der österreichischen Radiosendung »Musicbox« hieß, intellektuell zu legitimieren. Für Hiphop und gegen die Weiterführung des Indie-Business as usual zu sein, das war plötzlich nicht mehr nur eine Frage des Geschmacks, sondern eine politisch-ästhetische Grundsatzentscheidung.

1 Dietmar Dath, *Wie wir die Spex zerstört haben*. In: Frankfurter Allgemeine Zeitung, Nr. 295, 19. 12. 2006, S. 40.

Im Gefolge des heute längst zur globalen Jugendkultur gewordenen und lokal adaptierten Hiphop sickerten auch Diskurse über *Afrocentrism,* Erörterungen über die *Nation of Islam* oder das Für und Wider elitär-revolutionärer Orden wie der religiösen *5-Percenter* in die subkulturellen europäischen Zirkel durch. Das war neu und exotisch – und durch die verführerische Macht der Beats auch an ein Hier und Jetzt des Genusses anschließbar. Die Hauptschwierigkeit bestand in der Art und Weise der Aneignung des Anderen. Denn Hiphop erzählte damals sowohl in den Rap-Codes als auch in seinen musikalischen Ausformulierungen zwischen afrofuturistischen Sounds und Sample-Bezügen auf afroamerikanische Musiktraditionen von Verhältnissen, mit denen man sich hierzulande nicht identifizieren konnte. Man war ein Anderer und nicht gemeint. Schon gar nicht, wenn als oder über »Nigger« gerapt wurde.

Represent! war damals im Hiphop-Jargon ein Schlüsselwort, doch wie konnte man als weißer Mitteleuropäer diese Repräsentation des Fremden verstehen geschweige denn sich von ihr angesprochen fühlen? Wie geht man mit der Dialektik aus großkotziger Selbstermächtigung und Selbststigmatisierung um, die im Unterschied zu weißen Indie-Gepflogenheiten des »I'm a loser, baby«-Credos weniger das individuelle Leid als die kollektive Erfahrung einer Ethnisierung meint?

Fan-Kritiker wie Diederichsen wollten in ihren Exegesen einerseits nicht in die Falle eines farbenblinden Exotismus tappen, der das Andere als Anderes einfriert und dieses in paternalistischer Gönnerhaftigkeit als Appetithappen namens Weltmusik zur Degustation feilbietet. Andererseits hatte man seine liebe Not, die separatistischen und teils selbst rassistischen Tendenzen des politisierten Hiphop-Flügels als legitime Reaktion auf erlittenes Unrecht zu deuten. Um etwa antisemitische Ausfälle von Public Enemy verhandelbar zu machen, mussten schon mal Begriffsrochaden wie der »strategische Rassismus der Rassismusopfer« herhalten. Ähnliche Verrenkungen kennt man noch heute, etwa in den Debatten um die Homophobie von Teilen der jamaikanischen Raggamuffin- und Dancehallszene oder um die tatsächliche oder bloß parodierte Sexismusaffirmation der hochgetunten weiblichen Popstar-Personas.

Bei aller Street-Credibility-Hermetik wollen MusikerInnen freilich auch universell verstanden werden. Der Versuch, dem Bewusstsein afroamerikanischer Musik Rechnung zu tragen und gleichzeitig sein eigenes, hedonistisches Begehren mitzureflektieren, mündete bei Diederichsen Anfang der neunziger Jahre in kollaborative Arbeiten. 1992 diente sein diesbezügliches, archivarisches Interesse als Inspirationsquelle für die Arbeit »Import-Export: The Funk Office« der afroamerikanischen Künstlerin Renée Green. 1993 und 1997 erschienen Sammelbände mit den Titeln »Yo! Hermeneutics« und »Loving the Alien«, die sich im Austausch mit afroamerikanischen Autorinnen den vielfältigen Lesarten schwarzer Kultur zwischen traditionellem Trickstertum, Feminismus, Diaspora-Spurensuchen und Science-Fiction-Metamorphosen widmen.

Im Bezug auf die PC-Debatte erscheint dieses hartnäckige Insistieren auf die befreiende Kraft der Alterität symptomatisch. 1995 hatte Diederichsen anlässlich des 15-jährigen Jubiläums von »Spex« einen Grundsatzartikel zu PC als produktiver »Polarisierungsmaschine«[2] verfasst. Darin fasste er PC als Mittel zur Revolte auf, das aus einer Position der Schwäche zum Einsatz kommt. Im Gegensatz zu den heute gängigen Bestimmungen, die PC zum Diskurs einer als hegemonial postulierten linken Deutungsmacht erklären, der Gesinnungstyrannei ausübe und als Instrument der Normierung diene, sieht Diederichsen in den damaligen Angriffen von PC auf herr-

2 Diedrich Diederichsen, *Wer ist die Gehirnpolizei?* In: Spex. Köln, Oktober 1995, S. 53.

schende Sprech- und Repräsentationsmuster eine Nähe zum Punk. Es gehe in einem emanzipatorischen Verständnis von PC wie bei Punk darum, »Leute zum Sprechen zu bringen und zuzulassen, die vorher ausgeschlossen waren« und um die Mobilisierung »einer großspurigen Behauptungsrhetorik«[3], die Veränderungen als theoretische Praxis oder praktische Theorie durchsetze. Wie Punk sei PC ein Tool zur Herstellung von (Gegen-)Öffentlichkeiten, während die lautstark auf »ihre« Traditionen pochenden Anti-PC-Agenten umgekehrt den Wunsch nach der Wahrung ihrer diskursiven Besitzstände artikulierten.

PC wäre demnach also gerade nicht der Versuch, die Redefreiheit zugunsten einer Verhinderung von *hate speech* abzuschaffen, sondern im Gegenteil Freiheit erst durch die Einspeisung anderer, bislang anteilsloser Stimmen zu ermöglichen. Es ginge um die Demokratisierung der Anerkennungsansprüche, nicht um die Zensierung der Rede. Hinter dem Beharren auf althergebrachte, strukturell ungerechte Formen des Sprechens stecke ein letztlich autoritärer Versuch, Öffentlichkeit als Austragungsort von Widerreden und Widersprüchen abzuschaffen. Die sich als liberal ausgebende Abwehrhaltung gegen die »Umerziehung« durch PC verschleiere die Interessen derer, die herrschende Machtverhältnisse durch entsprechende Sprachverhältnisse einzementieren wollten.

Aus heutiger Sicht erweist sich das damals formulierte Verständnis von PC im Sinne eines ständig neu zu verhandelnden Einspruchs und Anspruchs der Unterprivilegierten als unvermindert anschlussfähig an aktuelle linke Demokratiediskurse. Diese bewegen sich im »postfundamentalistischen«[4] Raum, der sich durch die Verabschiedung von fundamentalen Letztbegründungen des Politischen wie Subjekt, Substanz, Ge-

3 Ebd., S. 54.
4 Vgl. Oliver Marchart, *Die politische Differenz*. Berlin 2010, insbesondere das Kapitel I: Grundlagen des Postfundamentalismus.

schlecht, kulturelle Identität, Markt oder Nation definiert. Wenn es aber keinen verbindlichen Urbegriff des politischen Denkens mehr gibt, so bedeutet das keineswegs, dass nicht ständig neue, vorläufige Gründungsversuche politischer Ordnungen geschaffen würden (zum Beispiel durch restrukturierte Klassenordnungen oder durch solche, die – wie etwa der radikale Islam – selbst als fundamentalistisch gelten). Deren Geltungsansprüche aber können in einer postfundamentalistischen Gesellschaft nicht einfach verordnet werden, sondern bleiben zwangsläufig strittig – auch deshalb, weil PC als interventionistische Praxis beständig Reformulierungen der Verhältnisse reklamiert und erzwingt.

Der Artikel Diederichsens erschien 1995 und wurde 1996 durch den Band »Politische Korrekturen« vertieft. Darin wurden die verschlungenen Wege des PC-Diskursimports aus den USA und seine meist im Mantel von abgeklärter Meinungsfreiheit und naserümpfendem Antipuritanismus gekleidete Denunziation als McCarthyismus von links nachgezeichnet. Die Abwehrhaltung der privilegierten Milieus wird als »Kastrationsangst« bezeichnet. Das Buch votiert, trotz vorsichtig eingestreuter Vorbehalte gegen den Furor einer PC-getriebenen Verbotskultur, klar für PC als Agent einer produktiven dissensstiftenden »Diskursvermehrung«[5]. Gestützt wird diese Argumentation durch diverse Gender- und Race-Dekonstruktivistinnen sowie auch durch kulturelle Selbstbegrenzungsmanöver wie die aus der Punkszene entsprungene Straight-Edge-Bewegung, die sich für die Abschaffung von Saufübergriffen und dumpfer Anmache starkmachte.

Um 1992/1993 entfaltete auch die immer selbstbewusster auftretende, sich aktivistisch und informationsdienstlich gebende PC-Kunst ihr kritisches Potential. Exemplarisch wurden deren Methoden und Ziele auf der umstrittenen Whitney-Biennale 1993 in New York durchgespielt. Der Künstler Da-

5 Diedrich Diederichsen, *Politische Korrekturen*. Köln 1996, S. 180.

niel J. Martinez etwa verkomplizierte das Verhältnis der Opferregister, indem er Buttons an das Publikum verteilte, auf denen der Satz »I can't imagine ever wanting to be white« zu lesen war. Das »Opfer« wurde nun nicht nur zum Akteur, sondern ließ sich in seinem selbstbewussten Handeln aus der ethnischen Stigmatisierung heraus nicht mehr auf eine Zugehörigkeit zu realen, symbolischen, gefühlten oder eingebildeten Opferfiguren festlegen.

Was in der detailgenauen Sichtung der PC-Diskurslage im deutschsprachigen Raum jedoch bislang auffällig ausgespart erscheint, ist die Fanbeziehung mancher Akteure zu politisch zweifelhaften und moralisch ambivalenten Unternehmungen. Zum Beispiel zum sich schlau saufenden Zoten -und Possenreißer Martin Kippenberger, dessen Kunst und Leben Diederichsen so akribisch und fasziniert verfolgt hat wie sonst nur wenige. Oder zu dem oft als Skandalkünstler gehandelten Fotografen Larry Clark, der mit Vorliebe die Objekte seiner Begierde, männliche Teenager, ablichtet. Eine dieser nudistischen Sexutopien aus dem Bildband »Teenage Lust« zierte noch das Cover von Diederichsens Buch »Freiheit macht arm« von 1993. Oder schließlich zu einem Schockautor wie Bret Easton Ellis, der für einen Diederichsen-Sympathisanten wie Martin Büsser zum Gewährsmann einer Inkorrektheit mit moralisch-aufklärerischem Anspruch wurde.

Die weiße Bestie

Bret Easton Ellis, der Autor von »American Psycho«, verkörperte die moralische Ambivalenz dieser Zeit. Man wusste nicht, ob er Teil des Problems oder Teil der Lösung war. Ähnlich wie Jeff Koons war er durch die Schule der Warhol'schen Verrätselung gegangen und wirkte so aufreizend oberflächlich, dass man dahinter die größte Tiefe vermuten wollte. Seine Affirmation interpretierten manche als Überaffirmation und damit als Kritik am Affirmierten. Während Ellis als smarter Verkäufer seiner selbst sogar die nach Coolness lechzenden Yuppies zu seinen Fans machte und das Monströse im Designeroutfit so nachhaltig glamourisierte, dass TV-Serien wie »Dexter« noch heute davon zehren, begann schon das Spiel des Outsmartens derer, die sich für zu cool für Coolnessbewegungen hielten. Ellis hätte vielleicht Anfang der achtziger Jahre, im Mief der verelendenden Sozialdemokratie, im szenigen SO 36 in Berlin eine gefeierte Schlitzerlesung halten können. Anfang der neunziger Jahre wäre es dafür zu spät gewesen, während es für den Erfolg bei einem Massenpublikum gerade der rechte Zeitpunkt war.

Massive Querschüsse kamen unterdessen von einer erstarkenden feministischen Bewegung, die Ellis zum Feindbild erkor. Man warf dem weißen Starautor Zynismus vor, attestierte ihm anlässlich seiner ostentativ ungerührten Erzählhaltung ein klammheimliches Einverständnis mit den sadistischen Demütigungsriten und Zerstückelungsorgien des Starbrokers Patrick Bateman, seines Protagonisten in »American Psycho«.

Gegen solche Einwände argumentiert Jahre später wiederum ein anderer, schon mit dem Wissen um Glanz und Elend von PC behafteter und sich ebenfalls als emanzipatorisch verstehender Strang der Kritik. Aus der Sicht des erwähnten Musik- und Kulturkritikers Martin Büsser etwa stellt der warenfetischistisch unterfütterte, mörderische und letztlich im Roman ungesühnt bleibende Nihilismus des Monsters im Maßanzug nichts anderes dar als ein Sinnbild für einen entfesselten, jeder Moral entkleideten Kapitalismus. Bateman ist für Büsser »das neue Amerika«[6] bzw. »nichts weiter als ein anderes Wort für New York«[7]. Dessen Erfinder Ellis betreibe, so Büsser in einer nachgerade adornitischen Wendung, in seiner obszönen Ungerührtheit radikale Aufklärung. So wird der

---

6 Martin Büsser, *Lustmord-Mordlust. Das Sexualverbrechen als ästhetisches Sujet im 20. Jahrhundert*. Mainz 2000, S. 100.
7 Ebd., S. 102.

Amoklauf eines Monsters zu einem sozialkritischen Unternehmen umgedeutet.[8]

Die sadistisch-nietzscheanische Lust an der Macht eines Souveräns von Wallstreets Gnaden, der über Leben und Tod entscheidet und für Gutmenschen nicht einmal mehr Zynismus verspürt, lässt keine Identifizierung des Antihelden Bateman als Opfer zu. Der Ekel-Yuppie kann als reiner Täter gelten, weil er auf der Seite der Macht steht und in seinen ästhetischen Vorlieben und seinem äußeren Erscheinungsbild als das gezeichnet wird, worauf sich sowohl materielle Aufstiegsfantasien als auch libidinöse Versprechungen einer sexuell definierten Marktwirtschaft richten: Bateman ist weiß, männlich, gutaussehend – ein Yuppie im Herzen des Kapitalismus. Seine politischen Ansichten stützen das neoliberale Projekt einer ökonomischen Deregulierung und sind liberal oder konservativ – je nachdem, was ihm mehr nützt. Der kaltblütige Profiteur der Finanzmärkte am Tag ist auch der abgründige Profiteur der gesellschaftlichen Teilungen zwischen Mann und Frau, Arm und Reich, Weiß und Schwarz in der Nacht. Bateman vergisst bei seinen Beutezügen in Bars und Restaurants weder gutgestreute rassistische Bemerkungen noch die Anbetung sexistischer Werbeästhetik oder die Demütigung von Obdachlosen und anderer Loser. An ihm müsste jeder PC-Erziehungsversuch abprallen wie der Regen an den getönten Scheiben einer Stretch-Limousine. Bateman ist, schreibt Büsser, der vom Rand in den Kern der Gesellschaft vorgerückte Perverse.[9] Bateman ist das Gegenteil von politisch korrekt, er ist das mustergültige Ekel – die maximal obszöne Abstraktion eines Opfers der Täter-Gesellschaft als die Konkretion ihrer Perversionen.

8 Vgl. ebd., S. 168.
9 Vgl. ebd., S. 167.

Der Ellis-Interpret Büsser wurde, im Gegensatz zum ver-
wöhnten Collegekid Bret Easton Ellis, in der Postpunk- und
Hardcore-Szene der frühen achtziger Jahre sozialisiert. Der
ethische Anspruch dieser Milieus war von Anfang an mit einem musikalischen Wertekonservatismus verbunden, der neu-
gierigen jungen Freigeistern wie Büsser schnell auf die Nerven
gehen konnte. In den Jahren bis zu seinem Tod 2010 galt Büsser
nicht nur als umtriebiger Musik- und Kunstkritiker, sondern
auch als Wegbegleiter der Antifolkbewegung und sympathi-
sierte mit queeren Anliegen zwischen Politik und Ästhetik.
Trotzdem konnte er sich mit großem Engagement dem Unternehmen widmen, den inkorrekten Exzess »American Psycho« vor dem vagen Zynismus seines Schöpfers in Schutz zu
nehmen: Während Ellis bis heute in Interviews jede Lesart seines Romans als Kritik amüsiert zurückweist, hatte Büsser
einen Weg gefunden, den ästhetischen Kitzel und die Lust am
Schock durch kritische Aufladung vertretbar zu machen.

Es scheint so, als tobte selbst in PC-bewussten Intellektuellen ein innerer Bürgerkrieg. Er manifestiert sich in der ko-
gnitiven Dissonanz zwischen Affekt und Diskurs, zwischen
ästhetischem Faszinosum und öffentlicher Moralität: Ich genieße – zumindest manchmal – etwas anderes als das, für dessen Genuss ich vorbehaltlos, also ohne größere Umdeutungs-
pirouetten, eintreten kann. Dieser Spalt erinnert der Struktur
nach zunächst an die alte bürgerliche Doppelmoral, beschreibt
jedoch gerade in dem Maß, wie er sich im Gegensatz zu dieser
(einfach stillschweigend praktizierten) als innerer Diskurs
manifestiert, einen neuen, heutigen sozialen Typus, der die
Gespaltenheit zum Fundament seines Selbst gemacht hat. Man
findet ihn im postkolonialistisch engagierten Kippenberger-
Fan ebenso wie im Horrorfilm-Aficionado, der kein Fleisch
isst. Oder in der Tierschützerin, die ihre renitente Putzfrau
entlässt. Diese Gespaltenheit kann, muss aber keineswegs in

die überkommene Scheinheiligkeit abgleiten. Sie könnte auch als politisch progressive Selbstentfremdung gelesen werden, die davon ausgeht, dass auch die Identität einer Identitätsdifferenz zur Zwangsjacke werden kann. Wird diese jedoch nicht als starres Korsett aufgefasst, sondern als Produktion von Differenzerzeugung, die den Gegenstand der Differenz gleichzeitig hervorbringt und verändert, kann sie emanzipatorisch wirksam werden.

Im Unterschied zu den wilden achtziger Jahren muss die provokative, bewusst »inkorrekte« Geste von heute immer schon auf ein Publikum rechnen, das sich zum Anforderungsprofil politischer Korrektheit verhält (was immer dann genau darunter verstanden wird). Wenn sich der PC-Diskurs tatsächlich nur in einer »Diskursvermehrung« artikulierte, dann hätte zumindest die linke, fortschrittlich-liberale PC-Kritikfraktion kein Argument mehr, PC als repressive Spießermoral zu denunzieren. Denn die Verfeinerung und Vertiefung eines politischen Problembewusstseins ist immer das Gegenteil von spießig und borniert. Die Diskursvermehrung muss aber nicht per se emanzipatorische Handlungsformen begünstigen; sie kann auch, wie etwa im Fall aktueller, auf das Individuum zielender Mäßigungs- und Verzichtsgebote, eine Einschränkung von Freiheit und Souveränität vorantreiben. Der moralische Reformismus von PC erzeugt eine Spannung zwischen einer problembewussten Diskursvermehrung und einer problematischen Lebensnormierung. Anschauliche Anhaltspunkte für die zunehmende Reflexion dieser Diskrepanz finden sich auf den populären Spielplätzen des gesellschaftlichen Imaginären – im Kino und im Fernsehen.

3. Kapitel
Opferbilder – auf der Leinwand und im Fernsehen

Breitenwirksame Filmstoffe arbeiten sich mit Vorliebe an der manichäischen Grundkonstellation zwischen Gut und Böse, David und Goliath, Unrecht und Recht, Schuld und Sühne ab. Einige der großen Filmerzählungen veranschaulichen dabei eine Tendenz der Gegenwartskultur, die man als Veranschaulichung des christlichen Erbes eines »Willens zum Leid« bezeichnen könnte. Auch wenn heutige Helden – von James Bond bis Batman – moralisch zwiespältig und als gebrochene Figuren erscheinen: Der Kampf der Opfer um Selbstachtung und Anerkennung erscheint in ungezählten heroischen Epen als gerecht und unterstützenswert. Die Sympathie gilt ihnen allerdings meist nur solange, wie die Opfer von gestern nicht genügend Macht erhalten haben, um nicht mehr als Opfer von heute gelten zu können und dadurch auch ihr Recht auf Fürsprechertum verwirkt zu haben.

Darin liegt die politische Perfidie der symbolischen Opferromantik, die sich in filmischen Zornabfuhrunternehmen nicht selten in ein befreiendes Racheszenario verwandelt. In der multikulturellen gesellschaftlichen Realität dagegen wird das wehrlose Opfer nur als solches geschätzt. Spike Lees Aufforderung »Do the right thing!« lässt sich nicht so einfach nachkommen. Denn Opfer müssen in den Augen derer, die gar nicht so viel verändern wollen, schwach bleiben, um als gut gelten zu können. Die Anbetung der Ohnmacht, die Projektion eines masochistischen Triumphs auf das Opfer, hinter der nach Nietzsche auch als Gerechtigkeitsanspruch getarnter Neid und Vergeltungsphantasien schlummern, treibt diese Logik bis zum Umkehrschluss: Gut ist nur, wer schwach ist.

Wer durch politische Teilhabe an der Macht, kulturelle Dominanz oder ökonomischen Aufstieg erstarkt, wird per se böse.

Exemplarisch wird die das Opfer als solches besiegelnde Opferkonstruktion unter dem ehrenwerten Banner von Empathie und Anwaltschaft in unzähligen Filmen über die Opfer der Naziverbrechen. In den hitlerverliebten Geschichtslektionen des Fernsehens wie auch in zahllosen Kinovariationen über Täter und Opfer in den deutschen Vernichtungslagern werden nicht nur gute pädagogische Absichten verfilmt, sondern zugleich auch Identitäten und soziale Verhältnisse eingefroren. Die Opfer sollen gefälligst an ihrem angestammten Platz bleiben, stumm und stimmlos. So werden sie im medialen Raum ein zweites Mal viktimisiert. Diese Paralysierung führt dazu, dass sich nicht nur das Bild der Leichenberge, sondern auch das Bild von den sich willfährig zur Schlachtbank führen lassenden Juden zum Trauma verfestigen konnte. Es bedurfte schon einiger markanter Querschüsse, etwa Claude Lanzmanns wiederholten Votums für ein militärisch starkes Israel, seines unmittelbar mit dieser realpolitischen Forderung in Zusammenhang stehenden Gedenkens an den heroischen jüdischen Widerstand gegen den Genozid oder auch der grellbunten Gewaltinversionen eines Quentin Tarantino, um sich zumindest auf einer akademisch-cineastischen oder popkulturellen Ebene gegen die vorherrschende Fixierung des Opfers als eines handlungsunfähigen Spielballs der Geschichte zur Wehr zu setzen.

Filme sind aber – glücklicherweise – nicht bloß Visualisierungen von Ideologie, sondern eigensinnige Wesen, deren widerspruchsreiche Wirkung oft die Intentionen ihrer Produzenten durchkreuzt und sich erst in der ästhetischen Erfahrung des Publikums vollendet. Die zwiespältigen, irritierten Reaktionen auf die hochgradig ästhetisierten und gleichwohl dokumentaristischen Spielfilme eines Ulrich Seidl etwa zeigen dieses zweite Leben der Bilder deutlich. Seidl hat in seinen Filmen eine Vorliebe für gemeinhin als Loser geltende

Figuren. Aber was er aus ihnen macht, ist nicht ausgemacht. Zwängt er sie in die Repräsentationsfalle des Opferseins oder erweitert er die Darstellungsformen der Wirklichkeit? Während Teile der internationalen Kritik Filme wie »Import Export« oder »Hundstage« als schonungslose und zugleich auch zärtliche Annäherungen an die *conditio humana* abfeiern, sehen andere unter der Tarnkappe des forcierten Realismus einen sozialpornographischen Zynismus am Werk. Seidl, so der wiederholte Vorwurf, würde seine aus unterprivilegierten Schichten stammenden Protagonisten vorführen wie Affen im Zoo. Der Filmemacher, der mit Laiendarstellern und Schauspielern arbeitet, kontert in der Regel mit dem Argument, dass sich seine Akteure keineswegs als vorgeführt empfänden. Das Unbehagen an der Komplizenschaft mit der Kamera ließe sich vielmehr durch den bereits in den Betrachterblick eingelassenen Klassendünkel des Gutmenschenpublikums erklären, dem die Konfrontation mit dem nur von diesem selbst als derb und roh Empfundenen unerträglich ist. In den Augen Seidls beklagen sich also Opferfürsprecher (die eine reale Opferrolle resolut von sich weisen würden) über die Ausbeutung der Darsteller, die das ihnen gespendete Mitgefühl weder wahrnehmen noch als solches anerkennen wollen. So entscheidet sich die Frage, ob Seidl nun eher als Voyeurist, Chronist oder vielleicht Konzeptualist problembehafteter Milieus zu bezeichnen ist, offenbar weitgehend im Auge des Betrachters. Die Dringlichkeit der Besorgnis über den Status seiner Filme ist jedenfalls ein Nachweis für deren verunsichernde Qualität: Weil eine eindeutige Moral der Geschichte nicht zu haben ist, schlägt das Korrektheitsbarometer umso heftiger aus, aber nicht in eine bestimmte Richtung, sondern zwischen allen Extremen oszillierend.

Sicher ist der filmische Eigensinn im Fall von Seidl auch dessen konsequenter Formsprache geschuldet. Im Allgemeinen aber rührt er immer auch aus der filmischen Aufzeichnungstechnik selbst. Der Film exekutiert quasi natürlich den in anderen, älteren Medien noch mühselig herbeikonstruierten Zusammenfall von automatisierter, an den Apparat delegierter Aufzeichnung zufälliger Bildelemente und intentionaler Narration. Die Passivität der Kamera registriert – im Unterschied zum Text eines Romans oder der Musik einer Symphonie – alles, auch das Nicht-Geplante und das Nicht-Gewollte. So können sich asignifikante oder gar die intentionale Sinnproduktion obstruierende Komponenten in den Film einschmuggeln: eine nervös aus dem Gesicht gestrichene Haarsträhne, ein gequältes Stöhnen, ein Detail einer Wohnzimmereinrichtung, auf das gar nicht gezoomt wird. Diese Schmuggelware im Korsett der Repräsentation produziert einen interpretatorischen Überschuss, der die Bilder des Films als Streitbilder erscheinen lässt – als durch ihre mediale Verfasstheit in besonderem Maß interpretationsoffene und damit besonders PC-kontroversenschwangere Zeichen.

Zudem sollten wir im Auge behalten, dass der Grad der Freiheit einer Deutung und ihre Prägung selbst schon milieugebunden sind. Denn das Ausmaß der »Korrektheit« einer öffentlichen Äußerung bemisst sich, auch wenn der Hinweis darauf trivial erscheinen mag, natürlich an dem Kontext, in dem sie getroffen wird. Auf Transgression abonnierte Teilöffentlichkeiten wie die internationale Horrorfilmgemeinde reagieren weit weniger allergisch auf Blut und Gewalt als eine PC-instruierte Arthouse-Community oder gar »die Frau von der Straße«, die unvorbereitet und womöglich unfreiwillig mit der Inszenierung prekärer weiblicher Rollenbilder konfrontiert wird.

Im Folgenden sollen exemplarisch einige sehr unterschiedliche Filme auf ihr PC-Verhältnis zu kurrenten Opferdiskursen untersucht werden. Wir wollen versuchen, anhand eines Horrorporno-Schockers, eines »Gutmenschen«-Arthouse-Hits über das Elend der Globalisierung in den Hinterhöfen Barcelonas, einer Gesellschaftskomödie über das multikulturelle Frankreich und eines antisemitischen Actionreißers die

Frontstellungen des Wettstreits um Viktimisierung und die Beweggründe für diese Sehnsucht nach Schwäche plausibel zu machen. Auch wollen wir genauer wissen, wozu diese Darstellung der Viktimisierung eigentlich jeweils dienen soll. Geht es um die politische Korrektur der Unterdrückung des Anderen, um rücksichtslose Selbstermächtigung oder um die narzisstische Selbsttäuschung des Gutmenschen?

Die 120 Tage von Belgrad

Der Titel klingt so unverbindlich, dass sich dahinter auch ein Werbefilm der Tourismusindustrie verstecken könnte: »A Serbian Film« aus dem Jahr 2010 ist aber keine Geschichtsstunde über die Entstehung und die aktuelle Lage eines jungen Staates; auch handelt er nicht von der Schönheit der Landschaft. »A Serbian Film« ist vielmehr ein aufwendig produzierter, um visuelle Schauwerte bemühter Torture Porn mit zwei der bekanntesten männlichen Schauspieler Serbiens in den Hauptrollen, der in bislang kaum gesehener Bestialität die Bandbreite der misogynen Verbindung von Sex und Gewalt ausreizt. Im Gegensatz zu den postmodernen, ironiegetränkten Splatter- und Horror-Sequels der letzten Jahre setzt er nicht in erster Linie auf mittlerweile zur Genrekonvention geronnene und in entsprechenden Milieus durchaus als Partyspaß genießbare Blutspritzorgien. Der Film handelt von einem Ex-Pornodarsteller und nunmehrigen Familienvater, der aus finanziellen Gründen das Angebot eines zwielichten Regisseurs annimmt, noch einmal einen letzten, ultimativen Porno zu drehen. Über dessen Inhalt soll er freilich nichts erfahren, das ist der Deal. Schon die ersten Dreharbeiten nach dem Abschluss dieses faustischen Pakts mit dem in Schwarz gekleideten Teufel in einem verlassenen, düsteren Waisenhaus mit dystopischer Gefängnisatmosphäre deuten an, wohin die Reise geht. Hier soll ein Snuff-Movie von quälender Monstrosität entstehen, in dem systematisch Schockwirkungen angehäuft und Tabus verletzt werden.

Der bislang weitgehend unbekannte Regisseur Srđan Spasojević inszenierte sein Spielfilmdebüt als von bohrenden, übersteuerten Industrial-Sounds angetriebene Tour de Force, die mehr und mehr in einen alptraumhaften Drogentrip zu münden scheint. Nun könnte man »A Serbian Film« als weiteres, aktuelles Beispiel jener spekulativen, affektzentrierten Überbietungslogik des Schocks abtun, wie sie etwa in amateuristisch verwackelten Reality-Horrorfilmen wie »August Underground« (2001), der delirant-ambivalenten Gewalthuldigung »Irréversible« (2002) oder den fortgesetzten Folterspielen in »Hostel 1« bis »Hostel 3« (2006-2010) durchexerziert wird. »A Serbian Film« erscheint im Kontext dieser drei Beispiele wie ein Konzentrat.

Der vor Schrecken und Schmerz taumelnde subjektive Kamerablick gaukelt nicht nur Kontrollverlust und psychische Verwüstungen vor, sondern referiert auch auf den Snuff-Realismus von Werken wie »August Underground«. Die nahezu systematische Auslotung der dunkelsten Phantasien von Sexualität und Gewalt im – hier auch noch die doppelte Tabugrenze inzestuöser Kinderschändung ausreizende – Modus des Torture Porn erinnert an die Racheorgie für eine Vergewaltigung in »Irréversible« und die sukzessive Steigerung der Angstlustorgien à la »Hostel«. Auf Grund dieser fast reißbrettartig entworfenen Inszenierung des Grauens ist »A Serbian Film« rasch zum Kultobjekt jener Hardcore-Horrorfans avanciert, die das ästhetische Korsett der politischen Korrektheit scheuen wie die Kettensäge einen leeren Benzintank. Der Umstand, dass der Film kaum öffentlich und auch in Festivalkontexten meist nur in zensierter Fassung zu sehen ist, trägt sicherlich zum wohligen Schaudern in einschlägigen Internetforen und Splatterfilmkreisen bei. Doch »A Serbian Film«, das verrät schon der ungewöhnlich ethnisierende und zugleich augenzwinkernde Titel, ist und will mehr.

Zunächst lässt sich das perfide Werk auch als Stresstest über Umgangsweisen mit brachialer politischer Inkorrektheit lesen. Denn der kommerzialisierten, de Sade'schen Hardcore-Pornographie stellt Spasojević die ebenfalls exzessive Gegengewalt des Hauptdarstellers Miloš entgegen. Dieser agiert im Film als Täter und Opfer zugleich. Im innerfilmischen Snuff-Movie und als mörderischer Racheengel, der gegen die Filmcrew in den Kampf zieht, ist er im strafrechlichen Sinn eindeutig Täter. Aber ist er nicht auch Opfer? Immerhin nimmt er den Job nur auf Grund schwerer finanzieller Nöte an, immerhin ist er nicht Herr über seine eigenen, ihn quälenden sexuellen Abgründe, und schließlich begeht er seine Monströsitäten teils unbeabsichtigt und im Drogenrausch, so dass er voller Schuld und nicht voller Lust mordet – oder morden muss.

Doch damit nicht genug: Miloš ist nämlich nicht nur reales Opfer, sondern soll auch als symbolisches Opfer der Brutalisierung Serbiens nach dem Krieg verstanden werden. Die Macher von »A Serbian Film« bemühen sich durch vage Andeutungen über den Zustand Serbiens sowie in diversen Stellungnahmen und Interviews darum, nicht auf einen platten Provokationsgestus reduziert zu werden. Mag dies auch dem plumpen Wunsch nach Nobilitierung geschuldet sein; dem Vorwurf einer zynischen Teilhabe am obszönen Genießen begegnen sie jedenfalls mit einer explizit politischen Agenda. Der Regisseur beharrt auf einen kritischen Gehalt der Bilder, die er als Allegorie für ein brutalisiertes und traumatisiertes Nachkriegsserbien auszuweisen versucht. So wird der nackte Horror zu einer neuen Version des Cinema of Transgression umgedeutet. Deren roher, sinisterer Desillusionismus trachtet danach, einen verqueren Wahrheitsanspruch über die unterstellte Deformiertheit der gesellschaftlichen Verhältnisse in Serbien aufrechtzuerhalten. Das amoralische, oder genauer: antimoralische Suhlen im Dreck wird durch einen zutiefst moralischen Beweggrund zu legitimieren versucht.

Anhand einer der abscheulichsten Szenen des Films, der Vergewaltigung eines neugeborenen Babys, identifiziert Spasojević die Opfer der filmischen Gewaltexzesse mit der Erfahrung, die er und seine Generation mit der serbischen Gesellschaft gemacht haben. In einem Interview mit dem US-amerikanischen Horrorfilm-Magazin »Fangoria« sagt er: »Wir wollten mit dieser Szene nicht provozieren, sondern nur unsere tiefsten und aufrichtigen Gefühle darüber ausdrücken, wie sehr wir uns verletzt fühlen. Das Baby repräsentiert uns und alle anderen, deren Jugend bzw. Unschuld uns von jenen genommen wurde, die uns heute mit undurchsichtigen Absichten regieren. Mit dieser Szene haben wir nur eine literarische Metapher für unseren Gefühlszustand auf die Leinwand gemalt. Das Bild ist so extrem, dass es eigentlich Gewalt ächtet und im Kern annulliert.«[1]

Wie gesagt: Der Kommentar des Regisseurs mag zunächst vor allem der Exkulpation vom Vorwurf rein spekulativer Gewaltverherrlichung dienen. Man könnte aber auch versuchen, ihn und seine filmimmanenten Entsprechungen hermeneutisch zu öffnen, könnte Film und Kommentar in die lange Tradition des transgressiven Kinos als subversive Kunst stellen, als Versuch einer »Subversion der Subversion«, wie sie von Amos Vogel bereits 1974 in seiner einflussreichen Werksichtung »Film als subversive Kunst« als historisches Wechselspiel von herrschenden Diskursen und ihrer Brechung beschrieben wurde. In diesem Sinn ließe sich die subvertierende Bewegung sowohl als provokativer Bruch mit jenen Konventionen deuten, die für Kindesmissbrauch und Gewalt in den legitimen Künsten gelten, wie auch als Bruch mit den apolitischen Konventionen der Exploitation in den illegitimen Künsten.

Der Filmemacher ist stolz darauf, dass sein Werk als »postmoderner« Film begriffen werden kann.[2] Was wohl in diesem

---

1 *Director talks »A Serbian Film«*. Zitiert nach: http://www.fangoria.com/ index.php?id=492:director-talks-a-serbian-film-exclusive-pics&option=com _content&catid=1:latest-news&Itemid=167 (Übersetzung durch die Autoren).

2 Vgl. David Harley: *A Serbian Film: Srđan Spasojević & Aleksandar Radivojević*. Zitiert nach: http://www.bloody-disgusting.com/interview/638

Fall meint: Man hat es mit einer unreinen, referenzgesättigten Narration zu tun. Bilder zitieren Genres, Figuren andere Figuren. Man spielt mit der Distanz zwischen Regisseur und Inhalt, Gezeigtem und Gemeintem, die eine eindeutige repräsentative Funktion verwehrt und gleichzeitig mit einem außerfilmischen Wirklichkeitsbezug liebäugelt. Alles kann »eigentlich« immer auch anders gemeint sein. Trotzdem wird immer wieder auf den moralischen Legitimationsbedarf der Bilder hingewiesen, ganz so, als ob das Gespenst der Political Correctness auch in den fiesesten Phantasien herumgeisterte. Zudem rechnet der selbstauferlegte Geständniszwang einer »korrekten Inkorrektheit« wohl schon mit den PC-beeinflussten Akzeptanzkriterien in diversen Festivalgremien.

Die wie auch immer im Einzelfall begründete Viktimisierung ist offenbar ein zentrales Element für die moralische Legitimation eines Anspruchs auf Teilhabe. Dieser kann, wie in diesem dubiosen Werk, als Freibrief für eine schwarze Ästhetik missbraucht werden; sie kann aber auch auf die Korrektur der Repräsentation von unterdrückten gesellschaftlichen Gruppierungen oder Einzelpersonen abzielen.

Der gute Mensch von Barcelona

Sieht man sich heutige Rekonfigurationen des Hollywood-Action-Heroismus wie etwa »World Invasion: Battle Los Angeles« (2011) an, so scheint es, als würde auch hier eine imaginäre PC-Kontrollinstanz darüber wachen, dass die Besetzung – in diesem Fall ist es ein bunt zusammengewürfelter Militärtrupp aus Latinos, Afroamerikanern, Asiaten und einer Frau – einem United Colours of Benetton-Multikulturalismus entspricht. Die Problematisierung von Repräsentationsfragen ist im Begriff, zum unhintergehbaren Standard zeitgemäßer Kulturproduktion zu werden. Diese Tendenz lässt sich nicht nur in jenen geschützten Echoräumen der globalisierten Kunst feststellen, die sich um den Nachweis von herrschenden Ein- und

Ausschließungsverhältnissen kümmern. Sie findet sich auch in einflussreichen Bühnenformaten zwischen dem antirepräsentativen Theater der sich asubjektiv über die Körper verteilenden Stimmen bei René Pollesch oder dem postmigrantischen Theater von Shermin Langhoff. Die situative Diskursformation PC hat auch die Massenkultur zwischen Kino und TV infiltriert, etwa diverse Fernsehserien, die wie »The Wire« die komplexen Machtlagen zwischen Schwarz und Weiß, Arm und Reich in einer pluralistischen US-Gesellschaft ausloten oder im *dirty talk* des TV-Postfeminismus für *comic reliefs* im Geschlechterkampf sorgen.

Eine diesbezüglich signifikante Schnittstelle zwischen hochdekoriertem Arthouse-Kino und Hollywood-Mainstream markiert das Werk des mexikanischen Regisseurs Alejandro González Iñárritu. Sein 2006 in Cannes für die beste Regie ausgezeichneter, über den Globus gespannter, megalomanischer Episodenfilm »Babel« arbeitete sich im Windschatten von 9/11 an Terrorangst, der Migrationsdebatte in den USA und den kulturellen Differenzen zwischen Mexiko, Japan, Marokko und den USA ab. 2010 legte Iñárritu mit »Biutiful« nach. Hier breitet der Regisseur seine politisch korrekten Opferkonstruktionen und den daran angeschlossenen Schulddiskurs nicht mehr horizontal zwischen Nord und Süd, West und Ost über die Kontinente aus, sondern schichtet ihn vertikal in seiner von Xavier Bardem gespielten Hauptfigur Uxbal. Uxbal trägt das Leid der Welt auf seinen müden Schultern: Er fühlt mit den Opfern der Globalisierung genauso wie mit seinen Kindern und seiner unberechenbaren Frau. Sein Gesicht kündet vom nichtendenwollenden Schmerz über das Schicksal der Entrechteten und Verzweifelten. Er ist der kleinkriminelle Nutznießer der globalisierten Migrations- und Warenströme, profitiert mehr recht als schlecht von illegalen chinesischen Arbeiterinnen und afrikanischen Straßendealern. In seinem Körper nistet eine tödliche Krebskrankheit. Dazu hat er eine durchgeknallte Exfrau *under the influence* am Hals, die ihn mit seinem mafiösen Bruder betrügt. Obendrein muss er noch seine zwei entzückenden Kinder versorgen und vor den manisch depressiven Schüben der Mutter beschützen. Auch sonst hilft er, wo er kann, nimmt eine nach der Abschiebung ihres Mannes alleinerziehende Mutter auf und kümmert sich um die Beschaffung eines Gasofens für die frierenden chinesischen Arbeiterinnen.

Uxbal lädt in bester Absicht kaum erträgliche Schuld auf sich. Der Ofen ist defekt und löst eine tödliche Massenvergiftung im Schlaflager der chinesischen Arbeiterinnen aus. Uxbal erscheint in »Biutiful« mehr und mehr wie ein moderner, weil mit kleinen, ihn vermenschlichenden Fehlern behafteter Heiliger. Er wird auf seinem Leidensweg durch das fremdverschuldete Elend der anderen, durch eigene schicksalhafte Krankheitserfahrungen und selbstverursachte Schuld auch noch von visionären Transzendenzerscheinungen heimgesucht. Seine Prüfungen lassen sich wie ein Lackmustest für politisch korrektes Verhalten lesen: Wie begegnet man Migranten? Unterscheidet man zwischen »Legalen« und »Illegalen«? Wie verhält man sich als moderner, alleinerziehender Vater? Wie begegnet man als verständiger Mann seiner Exfrau und ihren finanziellen und familiären Ansprüchen?

Uxbal verhält sich in all den Fällen so (gut-)menschlich wie möglich. Und dennoch regte sich in der Kritik Unmut über den politischen Gehalt des Werks. In den Augen des Filmkritikers Lukas Förster tappt Regisseur Iñárritu in die gleiche Falle wie sein »durch und durch erlogene(s)«[3] PC-Demonstrationsobjekt Uxbal. Er will das Gute und schafft das Böse. Förster attestiert dem vielprämierten und als engagiert geltenden Gutmenschenkino des Mexikaners nämlich nicht nur ein kitschverdächtiges Schielen auf die Affekte, sondern sogar eine Nähe zum Rassismus[4]. Diese erschließe sich laut Förster

3 Lukas Förster, *Freigestellte Attraktion*. Zitiert nach: http://www.perlen taucher.de/artikel/6787.html
4 Ebd.

aus dem Kontrast zwischen der Inszenierung des auf glamouröse Gebrochenheit zurechtgeschminkten und pathosverliebt abgetasteten Starkörpers von Xavier Bardem und seiner Umgebung: »Als Kontrastfolien um ihn herum angelagert: *seedy locations* sowie Menschen mit nicht-weißer Hautfarbe und/oder dezidiert nicht-hollywoodtauglichen Physiognomien.«[5] »Biutiful«, so Försters Pointe, sei trotz aller vorgeschobenen politischen Korrektheit von einer perfid-antidemokratischen Filmästhetik geprägt. Diese betreibe letztlich nicht das Geschäft einer ästhetisch-politischen Gleichheit, sondern im Gegenteil die Fundierung einer Hierarchie zwischen dem Schmerzensmann und dem nur als Plausibilitätsmarker für dessen Entwicklung eingesetzten Restpersonal.

Verkehrte Welt also: Ein Exploitation-Horror-Machwerk wie »A Serbian Film« meint, auf seine moralische Integrität pochen zu dürfen, so als sprächen durch die stumme Sprache der Gewalt, wie Bataille in Verteidigung von de Sade gemeint hat, tatsächlich die Stimmen der Opfer. Umgekehrt muss sich ein mitleidsheischender, engagierter Hollywoodschinken über das Elend der Welt wie »Biutiful« den Vorwurf des systemstabilisierenden Rassismus gefallen lassen.

So fern beide Filme einander ansonsten sein mögen: Was ihre Extrempositionen eint, ist die PC-informierte Abarbeitung an moralischen Herausforderungen. Beide Filme deklinieren die Handlungsanleitung dessen durch, was als gutes oder böses Leben gilt. »A Serbian Film« offeriert dem Zuseher auf der einen Seite eine klammheimliche Komplizenschaft mit der Jouissance im Sinne Lacans, dem obszönen Genuss einer gesteigerten Inkorrektheit, die in Empathie und Einsicht umschlagen kann. Die zwischen Race und Gender ausbalancierte Weihrauchmoral, die der gute Engel von Barcelona über die Opfer streut, kann dagegen auf der anderen Seite als Ausdruck der narzisstischen Weltsicht des Filmemachers gelesen wer-

5 Ebd.

den, als Exerzierfeld für Askeseübungen und den Wunsch nach moralistischer Selbsterhöhung. Beiden Ansätzen ist gemeinsam, dass der Lustgewinn mit Hilfe von fragwürdigen psychischen Kompensationsangeboten erzielt wird: über die Machtlust deliranter Gewaltorgien oder als maskierter Triumphalismus des besseren Menschen über die Macht des Schicksals.

Der masochistische Triumph der Grande Nation

Eine dritte Variante, die den Opferdiskurs weder als Feigenblatt ausbeutet noch zur Ausstaffierung des selbstgerechten Mitleids benutzt, findet sich in »Der Namen der Leute« von Michel Leclerc. Der Eröffnungsfilm der Filmfestspiele von Cannes 2010 wählt nicht den tragischen Ton der Klage, sondern das Register der Komödie. Er handelt von einer unwahrscheinlichen Liebe zwischen einem unterkühlten, angesichts von Vogelgrippefällen stets zur Vorsicht mahnenden Ornithologen und einer temperamentvollen Französin mit algerischen Wurzeln. Die Exposition stellt den krassen Gegensatz der beiden auch auf der Ebene ihrer – im besten Fall Singularität und Geschichte verbürgenden – Namen heraus: Arthur Martin ist ein Allerweltsname, »Bahia Benmahmoud« gibt es nur einmal. Die Vergangenheitsbezüge von Arthur und Bahia sind aber beide in der Krise – und zwar gerade deshalb, weil sie ihr Leben nicht als klar fixierte Identitäten, als eindeutig verbürgte Opferidentitäten erfahren. Beide haben eine linke Gesinnung: Arthur ist überzeugter Jospin-Wähler, Bahia vögelt – als Parodie des Sixties-Freudomarxismus – mit »Faschos«, um diese politisch zu bekehren. Als Nachweis ihres Linksseins würde sie gern ab und zu das Kreuz der Viktimisierung tragen.

Beide, und das macht den Witz des Films aus, leiden darunter, dass sie nicht mehr so intensiv und authentisch leiden und leben können wie ihre Vorfahren. Der verschwiegene Arthur,

Sohn einer Holocaust-Überlebenden, fühlt nichts Tragisch-Jüdisches mehr in seiner Mittelschichtsexistenz. Die aufgedrehte Bahia, Tochter einer französischen Hippiemutter, verfügt nicht mehr über das Helfersyndrom ihres algerischen Einwanderervaters. Sosehr sie sich bemüht: Sie kann sich nicht mehr als Fremde im eigenen Land gebärden. Einmal sagt Bahia, fast eifersüchtig auf die leidvolle Geschichte des anderen: »Auschwitz? Das ist doch genial!« Eine Rückblende im Film zeigt, dass sich Arthur schon in der Pubertät bei den im wahrsten Sinn des Wortes schulmäßig betroffenen Mädchen durch die Erwähnung der Deportation seiner jüdischen Großeltern interessant machte.

Bahia hingegen verarbeitet ihr tatsächliches Trauma eines sexuellen Missbrauchs durch den Klavierlehrer offenbar dadurch, dass sie sich eine sexualpolitische Mission verordnet und so ihr schwieriges Verhältnis zur eigenen Sexualität zur gesellschaftlichen Arbeit umdeutet. Im Genre der Komödie ist es möglich, über zentrale Obsessionen der französischen Gesellschaft wie den Holocaust, den Algerienkrieg, das koloniale Erbe und den Rassismus in einer Weise zu sprechen, die niemanden denunziert und nicht bloß die Positionen im multikulturellen Stellungskrieg der realen und gefühlten Opfer nochmals darlegt.

Regisseur Michel Leclerc, der bei der Entwicklung des Films aus den Erfahrungen mit seiner algerischen Frau geschöpft hat, schneidet etwa zwei Szenen gegeneinander, in denen die jeweiligen Familien der beiden gemeinsam vor dem Fernseher sitzen. Auf dem Schirm der Familie Martin sind auf sämtlichen Kanälen nur Nazi- und Holocaustdokumentationen zu sehen, die verdrängt, also weggezappt werden müssen. Auf dem Schirm der Familie Benmahmoud sieht man hingegen ausschließlich Bilder, die auf sexuellen Missbrauch von Kindern anspielen. Auch hier schaltet die Fernbedienung hastig weiter, bis man endlich bei einem unverfänglichen Thema landet – natürlich ausgerechnet dem Schicksal der Juden.

Mit diesem Wettstreit des Leids ist die Sackgasse jeder nicht nach links und rechts schauenden *Single-Issue*-Politik markiert. Das Tabu der einen hat für die anderen keine Bedeutung und umgekehrt. Man könnte diese verfahrene Situation auch als Beleg für den mit der Postmoderne assoziierten Werterelativismus deuten. Dieser aber nivelliert die Werte nicht zwangsläufig oder macht sie etwa austauschbar, wie es die konservative Kritik an ihm behauptet und die Übertreibungslogik der Komödie in diesem Fall nahelegt. Er schafft vielmehr Skalierungen von Werten, deren Abgleich beständig neu ausverhandelt werden muss. Die Pointe liegt dabei darin, dass sich in diesem Prozess die Differenz selbst differenziert. Das Wertesystem einer Gesellschaft besteht nicht aus monadenhaften, absoluten Differenzen, sondern aus Unterschieden, deren Bedeutungen als Unterschiede permanent umgewälzt werden.

Die Wahrnehmung z.B. einer Burka oder einer Kippa ist eben nicht die einer apriorischen Differenz, sondern diese wird als Differenz erst diskursiv hergestellt. Ist sie einmal hergestellt, kann sie freilich auch verändert, auf- und abgewertet werden. Michel Leclerc meint dazu: »In Frankreich spricht man von einer *concurrence de memoire*, von einer Erinnerungskonkurrenz – sie ist unerträglich, das will ich so ungeschützt sagen. Ich halte es für unzulässig, Vergleiche zu ziehen und zu behaupten: Ich habe mehr gelitten als du, unser Schicksal ist furchtbarer als eures etc. Solche Behauptungen kommen zudem meistens nicht von den Betroffenen selbst, die ja sehr oft ums Leben gekommen sind, sondern von den Angehörigen, die Auschwitz oder Algerien oder Ruanda oder was auch immer gar nicht erlebt haben.«[6]

Das spezifisch Komödiantische an der Darstellung dieser Erinnerungskonkurrenz liegt im Moment der Verstellung. Weder Arthur noch Bahia sind das, was sie vorgeben. Wäre

6 *Michel Leclerc im Interview mit Bert Rebhandl.* Zitiert nach: http:// www.tip-berlin.de/kino-und-film/ein-interview-mit-michel-leclerc-0

»Der Name der Leute« eine Tragödie, dann würden die beiden tatsächlich heroisch leiden und nicht nur für uns so tun als ob. Die Pointe, die der Philosoph Robert Pfaller aus der unterschiedlichen Beobachterfunktion in Tragödie und Komödie ableitet, lautet: Seit Schiller redet uns der Idealismus der Tragödie ein, dass wir freier sind, als uns bewusst ist. Wir müssten nur die gesellschaftlich aufoktroyierten Masken abwerfen und als diejenigen handeln, die wir angeblich im Innersten sind. Die Tragödie kreist um die beschädigte Selbstachtung des Menschen und verfehlt die grundsätzliche Dezentriertheit des Menschen. Der Materialismus der Komödie sieht das dagegen genau umgekehrt. Er sagt: Wir sind nur das, was die anderen glauben – und nicht das, wofür wir uns halten. Wir sind also, und das ist die erhellende, befreiende Botschaft der Komödie, gerade nicht so frei, wie wir uns einbilden.

Die Komödie fühlt sich der objektiven Erscheinung verpflichtet, die ihre Richtigkeit durch die soziale Beglaubigung erhält: Alle denken, dieser Mann mit der Perücke sei eine Frau. Also ist er eine – und wird in dieser Rolle sein Schicksal in die Hand nehmen. Die Tragödie hingegen verachtet die Lüge der Erscheinung und verbohrt sich in das subjektive Sein des Einzelnen. Sie nimmt die Perspektive der Verkannten ein: Keiner weiß, dass dieser Bettler hier der verstoßene Sohn eines Königs ist, keiner kennt das diesem Missverständnis innewohnende Unrecht, das gesühnt werden muss. Die Tragödie staffiert dieses Leid aus, bis jemand im besten Sinne daran glauben muss.[7]

Das Lachen der Spaßbremsen

Die Unfreiheit, über die die Komödie befreiend lacht, hat sich indes gewandelt. Wo Jacques Tati noch die Fallhöhe zwischen

---

7 Vgl. Robert Pfaller, *Wofür es sich zu leben lohnt. Elemente materialistischer Philosophie.* Frankfurt am Main 2011, S. 72 ff.

dem Automatismus der technischen Umwelt und der Anti-
quiertheit des Menschen auslotete, Loriot sanft den Spießer-
muff bespöttelte und das anprangernde Politkabarett in den
70er Jahren zum kollektiven Gutmenschentum einlud, zeigt
das Handwerk vieler Komödianten zwischen Film und TV
seit Mitte der 80er Jahre bis heute eine auffällige Tendenz zum
Spiel mit der »Inkorrektheit« und lustvoller Gutmenschen-
provokation. Das Feindbildrepertoire zwischen bellenden Mi-
litaristen und zugeknöpften Zwänglern aus der Disziplinargesellschaft erscheint heute antiquiert. Es wird von allglatten
Karrieristen und aufgeknöpften Neozwänglern aus der Kontrollgesellschaft überlagert, die sich in den Fallstricken politischer Überkorrektheit verheddert haben.

Der Hang zur Tabuverletzung ist der Mainstream einer sich
als ironisch rückversichernden Popkultur. Im Zweifelsfall ist
eben alles doch nicht so gemeint. Gleichzeitig überbringt der
Schlagertechno am Ballermann feixende Botschaften wie »Du
willst immer nur ficken« an die Frauenwelt, während auf You-
Tube hunderttausende Zugriffe vom Vergnügen an österreichischem Dialektrap mit Zeilen wie »Wir wollen pudan im
Club« künden. Wenn früher die Erregung durch schlüpfrig-
verschwitzte Andeutungen angestachelt wurde, so wird nun
die kollektive Enthemmung mit infantiler Freude am Explizi-
ten und Prolligen stimuliert. Comedy-Superstar Mario Barth
sekundiert mit live am Samstagabend auf RTL übertragenen
Strippokerrunden der reetablierten Geschlechterordnung. Er
macht sich zum Sprachrohr derer, die endlich mal wieder laut
hören wollen, dass Männer nicht quatschen wollen und Frau-
en nicht einparken können – und holt sich damit in gut gefüll-
ten Stadien und im Hauptabendprogramm die Lacher von der
Stange.

Comedians erzeugen das Lachen zumeist auf Kosten von
Dritten. Im TV ist Lachen oft gleichbedeutend mit Auslachen.
Exemplarisch dafür steht das Dauergrinsen von Stefan Raab
über die Vertrotteltheit derer, die sich vor (s)einer Kamera zum

Affen machen – von der Kanzlerin abwärts bis zu arglosen Opfern peinlichkeitsgeiler Interviewer. Bei anderen Comedians, die sich ebenfalls längst vom engagierten Gutmenschenkabarettismus der siebziger Jahre und der sanften Süffisanz des Loriot-Humors verabschiedet haben, aber gleichwohl Minderheiten zur Zielscheibe ihrer Satiren machen, wird die Sache indes komplizierter: Wenn Harald Schmidt im »Unterschichtsfernsehen« Polenwitze macht, weiß man nicht mehr so genau, ob sein Grinsen dem rassistischen Witz oder eher jenen gilt, die sich über das Stereotyp der stehlenden Polen amüsieren – oder sowohl das dumpfe Ressentiment als auch dessen ironisches Genießen bedient.

TV-Serienstars wie der US-Amerikaner Larry David (»Curb Your Enthusiasm«) oder der Brite Ricky Gervais (»Extras«, »The Office«) zelebrieren den zielsicheren Tritt in sämtliche Fettnäpfchen als endlose Verwechslungskomödie. Ständig wird man falsch verstanden oder deutet selbst die Anführungszeichen falsch. Die Berichtigung macht freilich alles noch viel schlimmer – und komischer. Gervais' neue Serie »Life's Too Short« widmet sich, nach sporadischen Ausschlachtungen der *vertically challenged people* in »Extras«, einem Mann mit 107 Zentimeter Körpergröße, der im Trailer auch noch als Frosch verkleidet herumhopsen muss. Zwar wird hier fraglos der Schauwert der Kleinwüchsigkeit ausgebeutet, doch der Schluss, hier werde bloß simpel auf Kosten einer Unterprivilegiertheit gelacht, wäre vorschnell. Schauspieler wie Gervais oder David wissen genau, dass nur jenes Publikum ihre Geschmacklosigkeiten vollständig genießen kann, das den Verhaltenskodex von PC verinnerlicht hat. Produzenten und Konsumenten teilen eine gemeinsame Lachkultur, die sich auf wenn nicht verbindliche, so doch zumindest vergleichbare Peinlichkeitsstandards geeinigt hat.

Der Auschwitz-Komplex:
Vom Schweigen zum Kaputtlachen

Lange Zeit galt es im deutschsprachigen Raum als verpönt, wie in »Der Name der Leute« den industriellen Massenmord in Auschwitz und den antikolonialen Befreiungskampf in Algerien in einem Atemzug zu nennen oder gar gegeneinander aufzurechnen. Der Holocaust galt als singuläres Verbrechen, das sich aus Gründen der historischen Korrektheit nicht mit anderen politisch motivierten Geloziden des 20. Jahrhunderts vergleichen ließ, ohne dass man sich dem Verdacht der Relativierung oder Verharmlosung der spezifisch nationalsozialistischen Ideologie und der Shoah aussetzte. Die Erinnerung an Auschwitz war viele Jahre von der Behauptung seiner Unmöglichkeit geprägt, die in Adornos berühmtem Verdikt »Nach Auschwitz ein Gedicht zu schreiben ist barbarisch«[8] seinen wirkmächtigen Ausdruck fand.

Während bestimmte neomarxistische Philosophien und ihre postmodernen Ableger sich das Unvorstellbare als monströsen Fluchtpunkt einer rabiaten Moderne imaginierten, stand eine um Korrektheit bemühte Ästhetik vor dem Problem der Angemessenheit ihrer Mittel. Wie kann man vom Holocaust überhaupt sprechen, wenn man von ihm nicht schweigen will oder kann? Wie kann man das Undenkbare denken, wie kann man das Undarstellbare darstellen und wie kann diese Darstellung sich sowohl gegen den Vorwurf einer Ausbeutung des Leids wie auch einer Verharmlosung durch eine Normalisierung des Verbrechens oder die Verkitschung der Geschichte(n) verwahren? Dabei blieb stets unklar, ob die Tabuisierung einer Ikonographie dazu beiträgt, die monströse Singularität der Vernichtungslager als Prototyp einer Welt im Ausnahme-

8 Theodor W. Adorno, *Kulturkritik und Gesellschaft. Prismen. Ohne Leitbild.* In: Gesammelte Schriften 10/1, hg. von R.olf Tiedemann unter Mitwirkung von Gretel Adorno, Susan Buck-Morss und Klaus Schultz, Frankfurt am Main 1977, S. 30.

zustand zu bewahren oder ob diese nicht vielmehr zu einer kollektiven Verdrängung führt.

Radikale Positionen der Nachkriegszeit waren der Auffassung, dass jede Verbildlichung die Relativierung der Ereignisse und damit den politischen Revanchismus unterstütze. Gleichzeitig jedoch konfrontierten die Alliierten in ihren Entnazifizierunsgprogrammen die Bevölkerung mit den Bildern der ausgemergelten Überlebenden und der Krematorien. Die Frage, ob das politisch korrekte Bilder waren, stellte sich damals nicht. Die Bilder aus Auschwitz sollten nicht nur über die Untaten des Regimes und seiner Vollstrecker aufklären, sondern wie ein Impfstoff wirken. Aus der Saat des »Niemals vergessen« sollte die Ernte des »Niemals wieder!« erwachsen.

Im Lichte heutiger PC-Diskurse dagegen kommt man um Fragen wie die folgenden kaum mehr herum: Wie kann man die Opfer und ihre Geschichten ins »korrekte« Licht rücken, ohne sie über die mediale Ausschlachtung ihres Leids ein zweites Mal zu Opfern zu machen? Welche Bild- und Sprechakte bzw. welche Sprachspiel-Arten garantieren den größten Abstand zu der – obszönerweise selbst in Kultur eingelassenen – Barbarei, die man zugleich thematisieren, erinnern, sühnen und für alle Zukunft verhindern will? Und, angesichts der heutigen popkulturellen Aneignung des Holocaust und dessen Spektakularisierung: Sind Bilder, Töne und Worte, die sich vom Gebot der Stille und der Rhetorik der Betroffenheit absetzen und einen dubiosen Pakt mit dem Entertainment schließen, aber trotzdem nicht das Geschäft des Revanchismus betreiben wollen, automatisch geschmacklos, verharmlosend, oberflächlich, unangemessen, also kurz gesagt: inkorrekt?

In den letzten Jahren ist das (im Massenmedien-Mainstream bereits mit der gleichnamigen TV-Serie Ende der 70er Jahre erstmals gebrochene) Gebot der Holocaust-Undarstellbarkeit jedenfalls merklich weiter ausgehebelt worden. Die unablässige, in die stumpfe Obszönität des Bösen verbohrte Archivarbeit des internationalen TV-Geschäfts überschwemmt die Fernsehzuschauer. Sie bietet einander ähnelnde Narrationsformen und zumeist unbefriedigende Deutungsangebote zur Spektakel-Faszination des Nazi-Grauens und den immer veralteter und unverständlicher erscheinenden ideologischen Anrufungen des Nationalsozialismus. Mit den antipsychologistischen Annäherungen an das kaum zu Begreifende durch einzelne, herausragende Filmemacher wie Alain Resnais, Romuald Karmakar oder Claude Lanzmann haben diese Bilder nichts gemeinsam.

Begnadete Nazis

Die Bilderindustrie nach 1945 war als Teil der Kulturindustrie immer daran interessiert, auch den Holocaust konventionell erzählbar zu machen, seine Ungeheuerlichkeit auf identifikations- und empathieheischende Plots herunterzubrechen. Exemplarisch dafür ist Spielbergs Blockbuster »Schindlers Liste« mit seinem Erziehungsanspruch für die Massen. In den letzten Jahren zehren auch andere Medien der globalen Popkultur immer stärker von der Nazivergangenheit: Comics, Computerspiele und diverse YouTube-Phänomene wie etwa die der Hitlerrede/Gerhard-Polt-Mashup scheren sich wenig um etwaige Tabus des Sag- und Sichtbaren.

Auch immer mehr Spielfilme wenden sich vom Einfühlungsparadigma ab und knüpfen an die hierzulande verschütteten chaplinesken und anarchischen Traditionen der Naziverhöhnung an. In der Anverwandlung von Helge Schneider etwa schrumpft der große Führer zur plärrenden Schmalzlocke, während das an den Zionismus anknüpfende Credo Claude Lanzmanns für ein wehrhaftes Judentum von Quentin Tarantino zur knallpoppigen Rachephantasie umgedeutet wird. Beispiele wie diese verdeutlichen, dass die Erosion der Holocaust-Bildgebote nicht zwangsläufig in der sentimentgeladenen Trivialisierung der Kulturindustrie münden muss. Sie kann sich, im prinzipiellen Credo »Niemals wieder!« durchaus mit den als seriös geltenden Gedenkformen einig, auch den anarchisch-humorvollen Gestus einer Provokation zulegen, der sich selbst als Reaktion auf die hegemoniale Stellung ebendieser Gedenkformen versteht. Die »politische Korrektheit« der TV-Spielfilme und Denkmalroutinen wird aus diesem Blick als sinnentleertes, verkitschtes Beglaubigungsritual einer billig zu habenden, richtigen Gesinnung verstanden, deren Selbstgerechtigkeit und falschen Gewissheiten die Anmaßungen einer in der Sache solidarischen »politischen Unkorrektheit« zur Kenntlichkeit verhelfen.

Gedenk- und Erinnerungskultur als Ganzes sind folglich nicht mehr ohne die selbst schon ihre Tradition ausbildende Kritik daran zu haben. Ohne den Kitsch von »Schindlers Liste« kein Borat, ohne die Hitlerverliebtheit von Guido Knopp, dem »Spiegel« und dem deutschen Mainstreamkino kein Helge Schneider. »Hitler muss man kaputt reden« – so formuliert Christoph Schlingensief den Anspruch auf Entdämonisierung des Schreckens in einem Interview zu seinem Theaterstück »Begnadete Nazis« von 1996.[9] Vom verklärenden Geschwätz der Hitlerverliebtheit führt ein Weg zur subversiven Vertrashung der Überwältigungsästhetik.

Es lassen sich aber auch radikale, nicht-trashige Gegenpositionen zum adornitischen Verstummen benennen, die auf die Zeugenschaft des Ästhetischen insistieren und diese zum Sprechen bringen wollen. Exemplarisch sei an dieser Stelle die Haltung von Georges Didi-Huberman zur Frage der Darstellbarkeit des Holocaust genannt. Didi-Huberman votiert in seiner anlässlich der Ausstellung »Mémoire des camps. Photographies des camps de concentration et d'extermination nazis (1933-1999)« im Jahr 2000 erstmals publizierten Studie über vier Fotografien aus Auschwitz für »Bilder, trotz allem«

---

9 Claus Philipp, *Hitler muss man kaputtreden.* In: Der Standard, Wien, 21. Mai 2011, S. 34.

und nennt sein 2007 auf Deutsch erschienenes Buch daher auch programmatisch so.[10] Die von Häftlingen unter Lebensgefahr mit einer vom polnischen Widerstand eingeschmuggelten Kamera produzierten vier Fotografien zeigen das Innere einer Gaskammer, das von Häftlingen durchgeführte Verbrennen der Leichen, nackte Frauen auf dem Weg zur Gaskammer und einige offenbar unabsichtlich aufs Bild geratene Baumwipfel. Der französische Kunsthistoriker würdigt die Dokumente des Schreckens nicht nur in ihrer Funktion als Zeugenschaft, die sich in ihrer zwischen Intention und Kontingenz angesiedelten Momenthaftigkeit als Fetzen und Risse gegen die Metaphysik eines einzigen, eines absoluten Bildes wenden. Er sieht in den Fotografien auch Ressourcen einer historischen Einbildungskraft. Die Zufallsfunde einer visuellen Archäologie künden, so spekuliert Didi-Huberman voller Empathie für die Opfer, von der Evidenzerfahrung der Realitätsfragmente und der Unmöglichkeit einer visuellen Totalisierung eines einzigen Bildes, einer einzigen Vorstellung von Auschwitz.

In der französischen Öffentlichkeit wurde, trotz der hehren Absichten, die Beschwörung der intimen Bilder als Tabubruch, der das vielfach wiederholte Credo für die Undarstellbarkeit der Shoah untergräbt, scharf kritisiert. Die Bilder, so der Vorwurf, würden die realen Opfer nochmals beschädigen und sie auf ihre symbolische Opferfunktion reduzieren. Zudem warf man Didi-Huberman auch Voyeurismus und eine parareligiöse Fetischisierung des Materials vor. Ist Didi-Hubermans Vorgehen tatsächlich obszön, hat er sich tatsächlich unredlich, politisch inkorrekt verhalten?

Sein Plädoyer für die Relektüre der dem Terror entrissenen Dokumente lässt sich, selbst wenn das nicht seine Intention war, auch als Zurückweisung eines dogmatischen Korrektheitsanspruchs auffassen, der in absolutistischer Manier das

10 Vgl. Georges Didi-Huberman, *Bilder trotz allem*. München 2007.

richtige Bild immer schon zu kennen glaubt und den stummen Chor der Vielen weder als Weg und schon gar nicht als Ziel von Korrektheitsbemühungen anerkennen will.

Der Korrektheitsanspruch scheitert also nicht an einem Mangel an Bemühen um Sensibilität und Präzision, sondern an einer Überfrachtung der diesen Erinnerungs- und Darstellungsformen attestierten Sinnstiftung. Es kann keine »politische korrekte« Fassung der Darstellung des industriellen Massenmords geben, weil der Anspruch einer alle verschiedenen Anerkennungs- und Achtungswünsche austarierenden Korrektheit an die Repräsentation der Ungeheuerlichkeit schlechthin vermessen, oder überspitzt formuliert: selbst inkorrekt ist. Man kann an Auschwitz, im Unterschied etwa zur Lage der Geschlechterverhältnisse, nichts mehr moralisch reformieren oder in Zukunft besser machen. Und man kann auch den Abgrund in den kulturellen Repräsentationen der Vernichtung nicht wegretouschieren – weder im Zuviel des Schockbilds noch im Zuwenig des Schwarzbilds. Ein Nullpunkt der Geschichte (bzw. wie in den Meditationen Didi-Hubermans: die einfühlende Referenz auf diesen Nullpunkt) lässt sich nicht so einfach in einem Sprachspiel dynamisieren.

Auschwitz selbst ist und bleibt vor allem das monströseste Beispiel der Vernichtung von realen Opfern durch reale Täter und seiner traumatischen Folgewirkungen. Unser Begriff von PC konzentriert sich hingegen auf jene gegenwärtigen, stillschweigend auf einen unvergleichlich höheren Zivilisierungsgrad als den von Groß-Nazi-Deutschland bauenden Debatten resp. Sprachspiele, die in erster Linie von gefühlten, symbolischen und eingebildeten Opfer und Tätern handeln und/oder von diesen ausgehen und sich so verzweigen und ausweiten. Entsprechend können auch kulturelle Werke, Äußerungen und Produkte, die sich an den dominanten Vorstellungen von politischer Korrektheit reiben, im Auschwitz-Kontext – und zumal im deutschsprachigen Raum – erst in dem Maß überhaupt PC-relevante Positionierungsfragen aufwerfen, wie sich die Rede über Auschwitz im historischen Prozess selbst mehr und mehr zu einem Sprachspiel verwandelt hat, das von anderen Reden unter der Einbeziehung verschiedener politischer Perspektiven handelt und kündet. Und diese anderen Reden erzählen eben meist nicht mehr nur vom historischen Fall Auschwitz, sondern verweisen in komplexen, teils strategischen Symbiosen auch auf andere Exklusions- und Inklusionsdiskurse wie den neuen Antisemitismus, die Pro-Israelhaltung der Antideutschen, die Imperialismuskritik der propalästinensischen Linken bzw. der antiamerikanisch-antijüdischen Rechten und vieles andere mehr. Das hat ganz allgemein zur Folge, dass die Shoah, obwohl selbst *kein* PC-Thema, als Opfer-Archetyp in fast allen PC-Debatten nach wie vor einen vermeintlich »naheliegenden« Bezugs- bzw. Fluchtpunkt bildet – quasi den immer letzten, egal wie falschen Trumpf im Ärmel. Je inflationärer er gespielt wird, desto unschärfer werden die Debatten. Und umso größer der Spielraum für jene, die entweder außerhalb jeder denkbaren PC-Auseinandersetzung angesiedelte Positionen wie die Holocaust-Leugnung zur PC-Frage ummodeln oder umgekehrt etwa den PC-Streit um den persönlichen Fleischkonsum als Holocaust-Debatte führen wollen. So leicht es bei einiger Besinnung zwar fällt, solche Grenzüberschreitungen zu diagnostizieren, so schwer ist es dagegen doch, die historisch und soziokulturell beweglichen Grenzen der PC-Sphäre – selbst an einem eigentlich so eindeutigen Paradigma – jeweils deutlich zu markieren.

Du sollst dir ein Bild machen!

Unter Fetischismus verstehen Religionssoziologen die Aufladung eines Objekts mit Bedeutungen, die ihm ursprünglich nicht zukommen. Das bei Didi-Huberman in aufklärerischer Absicht aufgestellte Gebot »Du sollt dir ein Bild machen« enthält insofern einen fetischistischen Aspekt, als es auf dem

Glauben an eine dem Bildmedium innewohnende Suggestionskraft basiert, die sich gerade in der Umkehrung des religiös begründeten Bilderverbots manifestiert. Es ist die immer wieder attestierte »Macht der Bilder«, deren magische Qualität der Sichtbarmachung des bislang Ungesehenen, welche die an das Bild herangetragenen Begehrlichkeiten nährt.

Der Glaube an die Macht der Bilder fördert auf der einen Seite den ikonoklastischen Furor, der in politisch und religiös motivierten Bilderstürzen und -verboten seinen Ausdruck findet, auf der anderen Seite den Götzendienst der Idolatrie, der die imaginäre Verführungskraft der visuellen Dauerpräsenz feiert. So zeigen sich die beiden gegensätzlichen Umgangsweisen mit der »Bilderflut«, also Ikonophobie und Ikonomanie, als zwei Seiten derselben Medaille.

»Bilder«, schreibt der deutsche Kunsthistoriker Hans Belting, »verlangen nach unserem Glauben, aber sie werden nicht dazu gemacht, um uns zu überzeugen, sondern sie sind dafür bestimmt, uns zu beeindrucken.«[11] Wir wissen zwar, was wir durch die Bilder nicht wissen können, produzieren und konsumieren sie aber trotzdem in Permanenz. Warum? Weil wir an sie, trotz aller Skepsis vor den falschen, lügenden Bildern, glauben wollen, weil wir in parareligiöser Weise nach dem echten, uns überzeugenden Bild suchen, welches uns Wahrheiten jenseits eines platten Symbolismus oder Dokumentarismus eröffnet.

Der US-amerikanische Bildtheoretiker W. J. T. Mitchell, der 1994 mit dem Begriff des »Pictorial Turn« eines der zentralen Stichwörter zur Analyse der visuellen Kultur lieferte, verschob in seinem Buch »What do pictures want?« den Fokus seiner Überlegungen von den häufig gestellten Fragen nach der Wahrheit der Bilder auf deren libidinöse Besetzung. Ausgehend von unseren Bildwünschen und -ängsten, interessie-

11 Hans Belting, *Das echte Bild. Bildfragen als Glaubensfragen*. München 2005, S. 25.

ren ihn dabei nicht die Wirkungen visueller Produktion beim Publikum. Stattdessen geht Mitchell von der kollektiven Empfindung eines Ausgeliefertseins an das Eigenleben der Bilder, der Simulation der »lives of their own«, aus. Er begreift die uns anrufenden Bilder nicht als Ausdruck eines planvollen Imagineerings, sondern gesteht ihnen eine ureigene animistische Qualität zu: »Images are like living organisms; living organisms are best described as things that have desires (for example, appetites, needs, demands, drives); therefore the question of what pictures want is inevitable.«[12] Als Beleg für diese wundersame Aufladung verweist er gern auf den Widerstand der Studierenden in seinen Seminaren, seiner Aufforderung zum Zerschneiden eines Fotos der eigenen Mutter nachzukommen.

Diese rhetorische Als-ob-Anthropomorphisierung der toten Pixel, Farben und Formen dient Mitchell dazu, seine These vom mythischen Verhältnis unserer Gesellschaft zum Bild – das nicht nur im engen, objekthaften Sinn »Pictures«, sondern auch im weiteren Sinn die immateriellen, mental gerahmten Vorstellungen und Bilder, die »Images«, meint – zu pointieren. Die Antwort auf den von den Bildern suggerierten Wunsch fasst Mitchell zunächst sehr allgemein in der Formel vom »Geliebtwerden« zusammen, das unter den angeheizten Konkurrenzbedingungen der Aufmerksamkeit meint: beachtet und geachtet, betrachtet und angebetet oder gefürchtet – wahr- und ernstgenommen zu werden.

Ein historisches Beispiel für ein solches starkes, übermächtiges Bild ist Auschwitz: die Baracken, die Gaskammern, der in seinem Zynismus kaum zu überbieten Schriftzug »Arbeit macht frei«. Kann man, soll man, darf man dieses Bild ebenso kaputtreden oder gar kaputtlachen wie Hitler? Und welchen Zweck hätte ein solches Unterfangen?

---

12 W. J. T. Mitchell, *What do pictures want? The lives and loves of images.* Chicago 2005, S.11.

Schon in den sechziger Jahren wurde die Shoah zum Set für popkulturelle Nazi-Exploitation. Die sogenannten Stalag-Comics – benannt nach dem NS-Kürzel für »Stammlager« – handelten in grellen Farben von dunklen Phantasien. In der Regel ging es um deutsche Wärterinnen in Vernichtungslagern, die ihre männlichen Gefangenen sadistisch quälten und vergewaltigten. Am Ende kam es meist zu einer Täter-Opfer-Umkehr, und die Männer erniedrigten, demütigten und vergewaltigten ihre Peinigerinnen. Die Pornocomics wurden von Autoren verfasst, die ihre Namen hinter einschlägigen Pseudonymen wie Ralph Butcher oder Mike Longshot verbargen.

In Israel überschwemmten sie den Markt eines Landes, in dem viele bislang über den Holocaust geschwiegen hatten, nicht wie in Deutschland oder Österreich aus schuldhafter Scham oder karrieristischem Kalkül, sondern weil sie noch zu direkt davon betroffen waren. Wie lässt sich dieses erotische Genießen des Traumas erklären? Auf den ersten Blick wirkt das Wiederholen der historischen Tragödie als sinistre Farce unverständlich. Möglicherweise dient es aber einer psychischen Entlastung, indem die Bilder den Opfern von damals beweisen, dass sie ihre Erniedrigung als Pulp-Erzählung banalisierend verarbeiten und so, wie später in Tarantinos zu einem Popmärchen umgeschmolzener Rachephantasie, selbst zu symbolischen Tätern werden können.

In der Dokumentation »Pornographie & Holocaust« von Ari Libsker aus dem Jahr 2008 behauptet ein Therapeut, es handele sich bei dem Rollenspiel um eine perverse Identifikation mit dem Aggressor, durch die man aus der Rolle des wehrlosen Opfers in die Rolle des dominanten Schurken schlüpfe. Auf den ersten Blick könnte man daher meinen, man habe es hier mit einer Inversion der bekannten masochistischen Neigung von (Nazi-)Männern am Machtpol zu tun: Die Opfer bewältigen ihre Ohnmacht als Exzesse sexueller Macht. Der entscheidende kategoriale Unterschied liegt aber in der Verschiebung des realen, körperlichen Erlebens auf die symbolische Ebene der Zeichen. Das Genießen des Rollenspiels nur als Symptom einer kollektiven, psychischen Deformation aufzufassen greift zu kurz, weil damit die popkulturelle Dimension dieser Sublimierung aus dem Blick gerät. Das frivole Spiel mit den schweren Zeichen ist auch ein früher Testfall für PC, sofern es nämlich die Relativität von Korrektheitszuschreibungen demonstriert. Die Comics machen darauf aufmerksam, dass man PC nicht essentialistisch erklären kann. Es gibt keine Repräsentation, die an sich und in jedem Fall inkorrekt wäre. Die Frage danach erhält immer erst in der Verkettung der Signifikanten, im Fluss der Bedeutungsproduktion situativ ihren Sinn. Wären die Comics etwa im deutschsprachigen Raum entstanden, wären sie wohl zu Recht skandalisiert worden. Im israelischen Kontext der durch die von der Dialektik aus Shoah-Erinnerung und Neuerfindung des israelischen Selbstbewusstseins geprägten sechziger Jahre können sie aber als bizarre Artefakte verstanden werden, die die Erfahrung historischen Leids in einen Antrieb zur popkulturellen, Tarantino vorwegnehmenden Selbstermächtigung umdeuten. So dienen sie nicht nur der Abwehr der elterlichen Trauerarbeit sowie der protopunkigen Lust an der doppelten Überschreitung von Tabus, in dem Fall des Holocaust und der Pornographie. In ihrem Trashcharakter befestigen sie zudem den schmutzigen Rand der zionistischen Ideologie eines mannhaften, neuen israelischen Menschen, der das Leid der Vergangenheit abgeschüttelt hat.

Ähnlich wie der militante afroamerikanische Hiphop zwei Jahrzehnte später pocht diese Haltung der Selbstermächtigung angesichts allzu realer Feindbilder auf eine Position der Stärke und Selbstachtung. Sie kümmert sich aber – verständlicherweise – (noch) nicht um die in fortgeschrittenen PC-Debatten wichtiger werdenden Ansprüche der Achtung und Anerkennung Anderer, wie sie zum Beispiel in den aktuellen Videoarbeiten Yael Bartanas zur fiktiven »jüdischen Renaissance-Bewegung« artikuliert und in eine prekäre Balance gebracht werden. In Bartanas Verfremdungen von martialischen Gesten und nationalistischen Anrufungen (vor dem impliziten Hintergrund palästinensischer Ansprüche und unter Zuhilfenahme expliziter zionistischer Versatzstücke) wird hier für die Rückkehr der jüdischen Bewohner Israels in das von den Nazis verheerte und zugleich selbst mit einer üblen antisemitischen Tradition behaftete Polen geworben.

Ich darf das – ich bin Jude

Ein Buchtitel von Oliver Polak von 2008 bringt die vorausgesetzte soziale Verabredung zwischen Publikum und Autor hinsichtlich der heutigen Transgressionserwartung im deutschsprachigen PC-Sprachspiel auf den Punkt: »Ich darf das – ich bin Jude«. Der Humorist hat im PC-Schattenboxen des 21. Jahrhunderts einen Wettbewerbsvorteil, wenn er sich als gebranntes Kind des 20. Jahrhunderts ausweisen kann. Wie kaum ein anderer hat das der britische Comedian Sascha Baron Cohen in seinen Rollen als streetwise Gangsterrap-Karikatur Ali G, als schwuler, die antisemitischen Ausfälle John Gallianos vorwegnehmender österreichischer Modereporter Bruno und vor allem als Borat in dem gleichnamigen Kinofilm vorgeführt. In Kasachstan, sagt Cohen in der Rolle des TV-Reporters Borat Sagdiyek stolz gleich zu Beginn des kuriosen Road Movies, rangierten Frauen in der Hierarchie der Lebewesen nur knapp hinter Männern, Pferden und Hunden – und sogar noch vor den Ratten!

Borat ist der reine, Schnauzbart gewordene Tor aus dem Wilden Osten. Er überaffirmiert die westlichen Klischees über den rückständigen Osten derart, dass sie eher auf die Urheber zurückfallen als das rassistische Verdikt einer kulturellen Unterlegenheit tatsächlich zu bestätigen. Ähnlich verhält es sich mit Borats penetrantem Sexismus, Rassismus und Antisemitismus. Borats schulterklopfende Kumpanei mit der westlichen Herrenmenschenmentalität – in ihren Spielarten zwischen dumpfem Nationalismus beim Rodeo, repressiver Toleranz der Liberalen und verzopftem Konservatismus – ist ein als solcher ausgestellter Trick und kein Indiz dafür, dass sich Cohen mit ihr gemein machen würde.

Insofern agiert dieser zotige Till Eulenspiegel im Bush-Amerika gewissermaßen korrekt inkorrekt. Nur in einem versteht Cohen offenbar keinen Spaß. Selbst Jude, überzeichnet er nicht nur das anlässlich des Filmstarts 2006 von der kasachischen Regierung verzweifelt dementierte Hinterwäldlertum des Osteuropäers, sondern auch den hirnrissigen Antisemitismus Borats. So kann letztlich kein Zweifel an Cohens solider Gegnerschaft dazu bestehen – auch wenn sich die Jewish Anti Defamation League im Vorfeld über mögliche gegenteilige Lesarten des Films besorgt zeigte.

Tanz den Adolf Hitler!

Die Folge 39 aus der vierten Staffel von Larry Davids Comedy-TV-Serie »Curb Your Enthusiasm« heißt »The Survivor«. Sie erzählt von der naturgemäß hochnotpeinlichen Zusammenkunft eines Holocaust-Überlebenden und eines jungen, unbedarften Mannes, der sich ebenfalls »Survivor« nennt, da er in der gleichnamigen Reality-Show mitgemacht hat. Zwischen den beiden entsteht ein grotesker Streit darüber, wer denn in seinem »Camp« nun Schlimmeres durchgemacht habe. Die Komik in diesem – in anderem Zusammenhang nur obszön zu nennenden – Wettstreit um das schwerere Leid entsteht dabei aus der Fallhöhe zwischen dem Schrecken des Lagers und der Trivialität heutiger Extremerfahrungsinszenierungen im TV-Scheinwerferlicht: Auch im Dschungelcamp hätten sie schließlich »no snacks« gehabt, insistiert etwa der junge Mann in aufreizender Ahnungslosigkeit. Der Alte kann es nicht glauben und wird immer wütender, der Rest der Tischgesellschaft in der Szene macht einen Intensivkurs in Sachen Fremdschämen, und wir vor dem TV-Schirm dürfen dazu auch noch ein wenig über die Selbstviktimisierungsmanie der US-Gesellschaft lachen: »I'm a survivor! – No, I am a survivor!«

»I will survive« heißt auch ein Hit aus dem Jahr 1978. Gloria Gaynors Disco-Hymne sorgte in den letzten Dekaden für so manche Buchhalter-Ekstase auf dem Dancefloor und steht auch im schwulen Nachtleben nach wie vor hoch im Kurs. 2010 tauchte der Stomper jedoch in einem Zusammenhang auf, den man noch vor wenigen Jahren für undenkbar gehalten hätte. Ein sehr alter Mann mit einem »Survivor«-T-Shirtaufdruck tanzt dazu in rührigen Bewegungen, flankiert von seiner Tochter und drei Enkelkindern. Die Kulisse zu dem Song über erlittene Demütigung und gloriose Wiederauferstehung ist die Kulisse des industrialisierten Massenmords: Theresienstadt, die Gleise, die zu den ehemaligen Vernichtungslagern führen, eine Synagoge und ein Viehwaggon, aus dem der betagte Adolek Kohn mit freundlicher Miene hervorlugt.

Das von Kohns Tochter, der australischen Künstlerin Jane Kohn, gedrehte Video haben sich im Internet mittlerweile einige hunderttausend Menschen angesehen. Besonders in Deutschland und Israel wurde die Frage diskutiert, ob man Auschwitz derart wegtanzen darf. Wo endet die künstlerische Herausforderung unseres Geschichtsverständnisses und wo beginnt die ästhetisierte Entwürdigung der Opfer? Die Empörung über die Respektlosigkeit des Videos und dessen Verteidigung als später Triumph des Lebens über den Willen zum Genozid reihen sich ein in die traditionsreiche Debatte über die Möglichkeiten und Unmöglichkeiten, sich ein angemessenes Bild von Auschwitz zu machen.

Dabei setzen die Befürworter dieses popkulturellen Toleranztests auf das Moment der Selbstermächtigung. Niemand darf den Opfern verbieten, ihren Blick auf die eigene Geschichte auf eine Weise zu variieren, die ihnen etwas anderes bietet als die ständige Bestätigung ihres eigenen Traumas. Dabei wird freilich vorausgesetzt, dass wir es hier auch mit einer korrekten Repräsentation zu tun haben. Das vermeintlich oder tatsächlich Authentische des Falls scheint die Legitimität der Darstellung zu begründen. Der 89-jährige Survivor, ein echtes, beglaubigtes Opfer, spielt sich im Video schließlich selbst; er darf das, weil er es selbst erlebt hat und somit für sich selbst spricht. Das Unterfangen würde als weniger legitim angesehen werden, stellte sich heraus, dass Jane Kohn für ihr Video x-beliebige Schauspieler angeheuert hätte. Der Film würde dann, weil sich eingebildete und symbolische Opferrhetoriken über die realen schieben würden, wohl rasch zum Lackmustest für das Erregungspotential politischer Korrektheit.

Auf der Suche nach dem verlorenen Antisemitismus

Auch der israelische Regisseur Yoav Shamir entschied sich in den Eingangspassagen seiner Doku »Defamation« (2009) für eine demonstrative Unangemessenheit von Ästhetik und Gegenstand. Zu einer jeden Betroffenheitsgestus abweisenden, dahinperlenden Begleitmusik spielt er zunächst das über die Rätselhaftigkeit der Welt staunende Kind, das eine simple Frage anzutreiben scheint: Ist der neue bzw. der alte Antisemitismus ein Gespenst (wie nicht nur in arabischen Ländern, sondern auch hierzulande wieder behauptet wird)? Oder ist der Antisemitismus tatsächlich so weit verbreitet in der Welt, wie die heimischen israelischen Medien (und der Mainstream der als politisch korrekt geltenden Europäer) behaupten? Und wenn ja, wie und wo zeigt er sich? Das naive Kind in Yoav Shamir weiß es nicht oder tut zumindest so. Und befragt seine Großmutter nach ihrer Erfahrung mit der Diskriminierung. Die fällt prompt aus der Rolle und ergeht sich in diversen aberwitzigen antisemitischen Klischees – etwa: »Juden sind habgierig« – und sorgt beim Kinopublikum so für die ersten Lacher. Später wagt sich »Defamation« mehr und mehr aus der Deckung der Naivität und erkundet die Erscheinungsweisen des kollektiven Wahns und die politischen Instrumentalisierungen des Antisemitismus.

Dabei zeigt sich, dass der Antisemitismus im heutigen Israel nicht nur eine identitätsstiftende Funktion hat, sondern möglicherweise sogar wichtiger ist als in den zionistischen Gründerjahren Israels, in denen die Überwindung des Opferdiskurses und die Schaffung eines Neuen Menschen im Zentrum der ideologischen Bemühungen standen. Die eindringlichsten Momente von »Defamation« finden sich freilich weniger im Wettstreit der Argumente über die Instrumentalisierungen des Antisemitismus als vielmehr in der Offenbarung persönlicher Desorientiertheiten.

Im Jahr 2010 verzeichnete die Gedenkstätte Auschwitz einen Besucherrekord. Über 1,4 Millionen Menschen besuchten das ehemalige Vernichtungslager, davon waren über eine Million Schüler. Auch Regisseur Shamir begleitet eine Gruppe israelischer Schüler nach Auschwitz. Deren Reaktionen auf die Konfrontation mit dem exemplarischen Ort der Vernichtung schwanken. Sie reichen von der als schockierend erfahrenen, mangelnden Empathie über die Relativierung des palästinensischen Leids angesichts der Gaskammern bis zu dem Wunsch nach Rache an den Tätern der Großelterngeneration. So kehrt die Geschichte wieder, in jedem Fall problematisch und als offene Wunde. Ihr Einbruch in den Alltag stellt Fragen, die man kaum beantworten kann: Ist der Mangel an Empathie, die Überforderung durch den Appell an die Wiederkehr des Traumas möglicherweise gar nicht so pietätlos? Dann wäre diese Reaktion ein Zeichen dafür, dass die Neuerfindung der Enkelgeneration im Sinne einer selbstbewussten Identität gelungen ist. Sind diese Enkel vielleicht sogar der »gesunde«, nicht-neurotische Gegenpol zum distinktionsversessenen Adel der Opferabkömmlinge ohne verbürgtes Leid, wie er auf dem komödiantischen Reißbrett von »Der Name der Leute« persifliert wird? »Defamation« kann und will darauf keine letztgültige Antwort geben, macht aber deutlich, dass Auschwitz nicht nur ein grauenhafter realer Ort, sondern auch ein symbolischer Ort ist, an dem verschiedenste Diskurse der Gegenwart (vom deutschen »Nie Wieder!«-Pazifismus bis zum wehrhaften israelischen »Nie Wieder!« zur Vorstellung vom zur Schlachtbank geführten Opferlamm) ihren Ausgang nehmen und sich auf Grund der politisch umstrittenen Inanspruchnahmen notwendig angreifbar machen. Aus der frivolen Eingangsfrage nach der Existenz des Antisemitismus ist eine Erörterung über das politische Selbstverständnis der Israelis geworden. Die Konflikte über die Bedeutung und die Funktion des Antisemitismus lassen sich aber nicht so einfach über den Kamm der Political Correctness scheren. Unversöhnt stehen die Antisemitismusleugner den Antisemitismusjägern gegenüber – sie entweder als korrekt oder als inkorrekt zu bezeichnen, erschiene unangemessen. Warum?

Weil es sich hier letztlich um außerhalb der PC-Sphäre liegende, d. h. prinzipiell nicht durch Anerkennungsumverteilungen lösbare, und somit quasi klassische ideologische Antagonismen handelt, die sich in aktuellen realpolitischen Konflikten manifestieren. Sie beziehen sich, in einem fundamentalistischen Sinn des Politischen, auf unhintergehbare Gegnerschaften. Die Antisemitismusleugner in »Defamation« verfolgen eine antizionistische Agenda, die das Existenzrecht des Staates Israel in Zweifel zieht. Die Antisemitismusjäger vertreten dagegen die Sache Israels bzw. der Juden. In beiden Fällen ist nicht nur (wie in den meisten PC-Manövern) der symbolische, auf Anerkennung zielende, sondern auch der reale Einsatz existenziell: Denn anders als der unsensible Rüpel zur korrekten Sprachregelung oder der Fleischesser zum Vegetarismus kann der Hamas-Anhänger nicht ohne völlige Selbstaufgabe zum Zionismus oder umgekehrt der Zionist zum Jihadisten konvertieren. Außerdem: Was wird in Zukunft mit Jerusalem, Israel, Palästina und der Region passieren?

Solche Existenzfragen konturieren die Grenze zum Sprachspiel der Political Correctness. Denn die *tendenziell* symbolischen (obschon real womöglich durchaus folgenreichen) Kämpfe der Political Correctness stehen im Dienst eines demokratischen Reformismus, dessen Befürworter nach Egalität der Stimmanteile und einer Ausweitung der Achtung für ihre jeweilige Interessengruppe streben, diese Achtung jedoch (zumindest nominell) nicht gleichzeitig anderen streitig machen wollen. Das real nie zu erreichende, als leitende PC-Utopie aber zu erstrebende Ziel einer absolut gerechten Verteilung der Achtung steht dagegen nicht an erster Stelle der Agenda eines mit einem essentialistisch fixierten Gegenüber operierenden Denkens. Insofern geschieht die auch hier allseits gängige Selbststilisierung zum Opfer nicht oder allenfalls taktisch mit Bezug auf einen universal einlösbaren Anerkennungsanspruch, sondern primär als Legitimation für vergangene oder künftige Vergeltungsaktionen. Political Correctness arbeitet (wenn man rabiat-rechte, im Kern undemokratische Anti-PC-Positionen außer Acht lässt) im Regelfall in Konkurrenz zu anderen sich als konservativ, liberal oder auch links verstehenden Vorstellungen vorrangig an der Differenzierung und Komplettierung von demokratischen Wertvorstellungen und Repräsentationsformen *innerhalb* eines sich selbst als demokratisch verstehenden Spektrums. Das Sprachspiel PC operiert daher in aller Regel nicht in absoluten Begriffen von Freund und Feind, sondern in relativen von zu viel oder zu wenig Macht bzw. Anerkennung.

4. Kapitel
Die unendliche Leichtigkeit
der Beschwerde

Opfer und Opferfürsprecher fordern bis heute in Bezug auf Auschwitz verbindliche kulturelle Umgangsformen und Gegenbilder zur Verkitschung der Shoah, die von diffusen moralischen Geboten wie Demut über den ästhetischen Bruch mit dem Regime der Repräsentation bis zur systematischen Politisierung und Verwissenschaftlichung der Verbrechen reichen. Die Wirklichkeit der gegenwärtigen popkulturellen Geschichtsrekonstruktion hält sich aber schon deshalb nicht daran, weil sie selbst schon auf die sich die Hände schmutzig machende Historie dieser Geschichtsaufarbeitung reagiert. Ein Motiv für die teils provokanten Lockerungsübungen der Bilder und Töne liegt in der Wahrnehmung einer vielfach zur sinnentleerten Routine geronnenen Gedenk- und Geschichtspraxis der Kulturindustrie, die vorgibt, etwas zu bewältigen, das sie nicht bewältigen kann.

Was wird von wem dabei eigentlich erinnert? Die Denkmäler und Mahnmale erinnern nicht nur an die Schrecken der Vergangenheit, sondern auch daran, dass die Generationen nach der Tätergeneration die Opfergeneration in moralische Geiselhaft nahmen. Die beflissene und scheinbar so selbstlose Opferidentifikation deutscher wie österreichischer Nachgeborener bestärkt die Fiktion, dass man doppelt mitleide: am Leid der Opfer und am Trauma der vererbten Schuld – während man in Wahrheit im Regelfall zu beiden Leidformen ein vergleichsweise distanziertes Verhältnis hat. Vielleicht wäre es daher sinnvoller, die Denk- und Genussformen der Täter, Profiteure und Sympathisanten (wie etwa in William H. Gass' Formel des »Faschismus der Herzen« in seinem Roman »Der

Tunnel«) zu erinnern, anstatt durch das routinierte Abwickeln des Betroffenheitsbusiness der jungen Generation nahezulegen, tatsächlich zu vergessen, was es zu erinnern und zu verstehen (oder gar stellvertretend für die tatsächlich Traumatisierten zu bewältigen) gälte. In jedem Fall bestärkt das routinierte Dealen mit dem harten Stoff einen Verdacht, mit dem, so lauter die Absichten dahinter auch sein mögen, jede Ästhetisierung, jede Formgebung in Bezug auf traumatisches Leid umzugehen hat. Der gegen die drastischen Bilder und Erzählungen gehegte Argwohn zielt auf die politisch umstrittene Instrumentalisierung der über die Opfersemantik mobilisierten Affekte und auf die moralisierende Dimension der herzergreifenden Darstellung von Leid. Diese kann dazu benutzt werden, sich gegen öffentliche Kritik an der Art und Weise dieser Darstellung zu immunisieren.

Man mag in der Abwehr gegen die Ästhetik der Viktimisierung die Zurückweisung eines moralischen Automatismus erkennen. Denn wer schwach ist, sprich: wer sich als Opfer darzustellen weiß, scheint derzeit automatisch recht zu haben – und zwar unabhängig davon, dass die von Gayatri Chakravorty Spivak in der Formulierung »Can the Subaltern speak?« pointierte Frage nach dem Repräsentationsraum der Marginalisierten nach wie vor ungelöst ist. Aktenkundige Benachteiligung fungiert oft als diskursives Privileg, das identitätspolitische Anliegen überhaupt erst in den Raum des Verhandelbaren treten lässt. Im Bezug auf politische Konflikte und asymmetrische Kriege neigen viele Beobachter dazu, per se für die schwächere Seite zu votieren – als ob das Faktum der Unterlegenheit die moralische Überlegenheit schon garantieren würde.

Die Verquickung einer Position der Schwäche und moralischer Integrität ist nicht neu und kann in ihrer Gönnerhaftigkeit einen rassistisch-kolonialen Glutkern bergen, wie er sich etwa im Bild des »edlen Wilden« manifestiert. Die Kritik daran entkräftet aber nicht die Anliegen von Political Correctness im Sinn einer demokratischen Neugewichtung der Stimmverhältnisse. Sie macht die zivilisatorischen Grundregeln der öffentlichen Rede, die das Respektable vom Beleidigenden und Hetzerischen scheiden, geltend. Besonders einflussreich wurde die These von der herrschenden Kongruenz von Schwäche und Güte bereits im 19. Jahrhundert im Zuge der Religions- und »Sklavenmoral«-Kritik vertreten: »Die *Schwäche* soll zum *Verdienste* umgelogen werden«, empörte sich Nietzsche in seiner Streitschrift »Zur Genealogie der Moral«.[1] Nietzsche fühlte sich, wie später Legionen von angeblich tabubrecherischen, dandyesken Anti-PC-Heroen mit hoher Denkerstirn, verpestet von der »schlechten Luft«[2], der Zudringlichkeit des Elends und des penetranten Lobs der Machtentsagung. Für Nietzsche, den Apologeten eines unumstößlichen Willens zur Macht, konnte das zirpende Klagelied der Entrechteten nur ein Hinweis auf die Verlogenheit einer Moral sein, die sich gegen den schmetternden Trompetenklang des Vornehmen, Herrisch-Starken – heute würde man sagen: des Patriarchal-Eurozentristisch-Hegemonialen – wendet, um in Wahrheit selbst dessen Platz einnehmen zu können.

Für Nietzsche war der Wille zur Machtabstinenz nur vorgegaukelt. Die Idee einer nicht dauerhaft gebündelten und institutionell auskristallisierten Macht, wie sie in heutigen postoperaistischen Vorstellungen auftaucht, lag in weiter Ferne. Ihm ging es daher um die Analyse und die Neuverteilung, nicht aber um die Auflösung der Macht. Oder um im christlichen Bild der Nächstenliebe zu bleiben: Wenn irgendwann die Letzten die Ersten sind, dann sind die Ersten umgekehrt die Letzten – sie verlieren sich in einer von Nietzsche diagnostizierten, zur Macht gekommenen Kultur vorgetäuschter Machtentsagung.

Das Ressentiment gegen den Anderen kommt im Verständnis Nietzsches also nicht von oben, sondern von unten. Im

1 Friedrich Nietzsche, *Zur Genealogie der Moral (1887)*, a. a. O., S. 40.
2 Ebd., S. 41.

Fall des von Nietzsche als lebensverneinende Einübung in den Zwang zur Askese denunzierten Christentums trachtet dieses Ressentiment nicht nach dem hohen Gut der Freiheit der Wenigen, sondern will Unfreiheit für alle. Seine Missionare streuen die Saat in allen neuen Christen, die notwendig lebenslang in der Schuldfalle leben. So sieht es zumindest Nietzsches boshafte Häme über die Rituale der Demut, die Feier der Larmoyanz und den Kult der Verzärtelung, die freilich ihrerseits voller Ressentiments gegen ein die narzisstische Disposition überwindendes soziales Engagement und ein politisches Gerechtigkeitsstreben steckt, das nicht die Privilegierung des heldischen Einzelnen und seiner amoralischen Willkür im Schilde führt.

Heute scheint sich der nietzscheanische Triumphalismus des Willens weitgehend überlebt zu haben. Die Enkel und Urenkel der Herrenmenschen sind, zumindest an den führenden PC-Akademien westlicher Metropolen, offenbar demütiger geworden. PC leitet sie systematisch dazu an, ihr Ego einzuhegen, sich kleiner zu machen und den Anderen zu hören. Auf jeden Fall erscheint ihr Narzissmus gut getarnt.

Die Anderen wirken dafür umso größer, je mehr sie auf die Anerkennung ihrer Unterprivilegiertheit vertrauen können. Das moralische Gütesiegel, das der Position der Ohnmacht taxfrei attestiert wird, funktioniert etwa im Kontext heutiger Debatten zur Multikulturalität nicht nur als verdientes Zeichen der Anerkennung, sondern auch als taktisches Mittel zur Durchsetzung partikularer Interessen – und so als ungewolltes Instrument zur Verhinderung tatsächlicher Gleichheit. Gerade weil Schwächere in ihrer Differenz zum herrschenden »Universalismusterror« – der seinerseits schon vielfach als Maskerade von Partikularinteressen des weißen heterosexuellen Mannes enttarnt wurde – gewürdigt werden sollen, bleibt diese Differenz auch im wohlmeinenden Modus der Anerkennung bestehen.

Die Kritik am Multikulturalismus und seinem Werterelativismus kommt daher inzwischen nicht mehr nur von rechts, sondern auch von radikalen Linken wie Slavoj Žižek, exemplarisch formuliert in seinem »Plädoyer für die Intoleranz«. Der differenzvernarrte Kulturbegriff, so Žižek, fixiere den Anderen, den Schwächeren, den Fremden als eben den Anderen, Schwächeren, Fremden, anstatt ihn zu befreien. Man toleriere ihn nur, solange er gefälligst auch schwächer, anders und fremd bleibe. Sobald er aber im Sinne eines linken Projekts universalistische Ansprüche an eine fundamentale Gleichheit und eine antikulturalistische Teilhabe am Gesellschaftlichen erhebe, entfremde er sich von sich selbst.

Diese Kritik trifft den paternalistischen Blick auf den Dönerladenbesitzer, der plötzlich auch Pizza anbietet und frecherweise noch Gemeinderat werden will, ebenso wie den tourismuskritischen Blick auf den Tiroler Ex-Bergbauern, der seinen russischen Hotelgästen beim Schuhplattlerabend Wodka kredenzt. Im Verhältnis zum Konfliktpotential einer angeblichen Islamisierung Europas erscheinen solche Ungereimtheiten freilich als Nebensache. PC-Scharmützel neigen in einer Gesellschaft, die Individuen insofern vereinheitlicht, als sie sie als Kapitalverhältnis denkt, dazu, zur Folklore zu degenerieren. Die heitere Gelassenheit, mit der das Schattenboxen des Bergbauern zwischen Identität und Alterität mittlerweile von vielen bedacht wird, sollte allerdings nicht davon ablenken, dass touristische Codes der Differenz mit wenigen Handgriffen zu Abzeichen feindlicher Armeen umfunktioniert werden können. Aus dem Multikulti-Karneval wird dann unversehens ein Stellungskrieg im *Clash of Cultures*. Im Folgenden soll daher das ressentimentgeladene Verhältnis zwischen den Ansprüchen auf kulturelle Andersheit, genderpolitischer Emanzipation und universalistischer Gleichheit erörtert werden. Der Anlass ist ein Stück Stoff, welches das Abendland zu verdunkeln droht: das Kopftuch bzw. die Burka.

»Man ist bereit, Gespenster zu sehen«, schreibt Patrick Bahners, der konservative, katholische Feuilletonchef der FAZ.[3] In seinem Buch »Die Panikmacher« zeichnet er nach, welche Deutungsangebote des Kopftuchs sich nach dem 11. September 2001 durchsetzten. Sie bilden die Grundlage für das in mittlerweile acht von sechzehn deutschen Bundesländern geltende Kopftuchverbot für Lehrerinnen.

Vieles an diesem Reizthema ist verblüffend. Zunächst einmal die schiere Vehemenz, mit der über die Zumutbarkeit des Kopftuchs in der Öffentlichkeit gestritten wird. Als ob es nicht das zentrale Kennzeichen einer zivilisierten Öffentlichkeit wäre, permanent mit oft penetranten Zeichen konfrontiert zu sein und deren Sinnbedrängungen schlicht zu ertragen, ohne sich sogleich von ihnen beleidigt zu fühlen. Das Kopftuch birgt seit der Ausbreitung einer antiislamischen Paranoia in Europa viel mehr Zündstoff als etwa der Anblick einer Nonne in Arbeitskleidung. Von der Nonne fühlt sich niemand bedroht, keiner fürchtet eine Remissionierung des Abendlandes, und kaum jemand sieht darin ein in die Gesellschaft ausstrahlendes Symbol der Unterwerfung der Frau unter die frauenfeindlichen Keuschheitsgebote der katholischen Kirche. Umgekehrt muss freilich gleich betont werden, dass Religionskritik ebenso selbstverständlich wie gegen das Christentum auch gegen den Islam in Stellung gebracht werden können muss, ohne dass Islamgegnern gleich ein rassistischer Dünkel attestiert wird.

Das islamische Kopftuch erregt die Gemüter. Wer trägt es und warum? Wer ist reales Opfer patriarchaler Repression? Wer benutzt es aus symbolisch-religiösen Gründen? Wer will

---

3 Patrick Bahners, *Die Panikmacher. Die deutsche Angst vor dem Islam. Eine Streitschrift*. München 2011, S.101.

damit seine mitfühlende Solidarität mit anderen Muslima zum Ausdruck bringen? Eine Lehrerin an einer baden-württembergischen Schule trägt die Verhüllung wahrscheinlich aus anderen Gründen als eine Hausfrau in einem Arbeiterbezirk in Teheran. Auch junge Frauen in Istanbul, Berlin oder Paris, die hippe Klamotten tragen und sich schminken, tragen ein Kopftuch. Manche bekennen sich öffentlich dazu, sogar ohne dass ihr Ehemann oder Vater mit strengem Blick daneben steht und Gehorsam einfordert. Wie passen all diese Widersprüche zusammen?

Rasch waren Erklärungen bei der Hand, schnell füllte viel heiße Luft das Vakuum der Deutung auf. Die Ereiferung über das Kopftuch führt zu kuriosen Allianzen zwischen links und rechts. So entdeckten konservativ-liberale Männer, die sich ansonsten gern als Opfer des Tugendterrors sehen und unter einem vorgeblichen Matriarchat leiden, ihr feministisches Herz und forderten vehement ein Verbot dieser »Flagge des Islamismus«,[4] zumindest im öffentlichen Dienst. Quer durch das Parteienspektrum zeigten Politikerinnen Flagge und warfen sich für Frauenrechte in die Bresche. Als ungefragte Fürsprecherinnen der Kopftuchträgerinnen scheinen sie genau zu wissen, warum sie sich heute für jene Frauen engagieren, deren teilweise ebenfalls verhüllte und verschleierte Mütter als Gastarbeiterinnen von der Mehrheitsgesellschaft meist noch einfach ignoriert wurden.

Erstens gilt ihnen die Verhüllung als anstößiges Symbol eines Zwangs, der sich gegen die prinzipielle Liberalität individueller Lebensstile wendet. Zweitens exekutieren Kopftuch und Burka eine frauenfeindliche Haltung, die den Körper der Frau besetzt, sie im öffentlichen Raum in ihren Möglichkeiten des persönlichen Selbstausdrucks beschneidet und ihre Sichtbarkeit reglementiert. Drittens, und das ist neu, werden Kopf-

4 Alice Schwarzer im Interview mit Frank Schirrmacher, *Die Islamisten meinen es so ernst wie Hitler*. In: Frankfurter Allgemeine Zeitung vom 4. 7. 2006, S. 45.

tuch und Burka vermehrt als Symbole einer aggressiven, auf Welteroberung ausgerichteten, religiös legitimierten Ideologie sowie einer damit einhergehenden demographischen Offensive verstanden. In solcher Sicht mutiert die Bedeckung zum unverschämten Victory-Zeichen eines längst auch bei uns operierenden Guerillatrupps im finalen Showdown der Kulturen.

Patrick Bahners stellt die semiotische Vergiftung des Kopftuchs dar und zeigt, wie in der Öffentlichkeit die Vorstellung bedrohlicher Andersartigkeit erzeugt und genährt wird.[5] Er seziert den Wortlaut der juridischen Begründungen des Verbots und findet darin den Bodensatz kulturalistischer Vorurteile aus der – selbst wieder phantasmatischen – Sicht einer »deutschen Leitkultur« bestätigt. So wurde das Kopftuch der in Afghanistan geborenen Lehrerin Fereshta Ludin 2003 erst zu dem Fetisch erklärt, dessen Fetischhaftigkeit dann entzaubert werden musste. Das Kopftuch dürfe keinesfalls mehr ein (analog zum Kruzifix der Taufscheinchristen) nicht weiter zu beachtendes Schattendasein fristen, sondern müsse mit düsteren Projektionen verschmutzt werden, deren Glaubwürdigkeit weniger vom Glauben der Trägerin als vom Glauben der Interpreten an die Unterwerfung der Trägerin unter den Glauben künde. Das derart fetischisierte Kopftuch störe die implizit vorausgesetzte Homogenität der umweltverträglichen Zeichen. So werde es als »provozierendes und herausforderndes Verhalten« und als Ausdruck kultureller Separation interpretiert, wo doch, wie Bahners zu Recht anmerkt, gerade das Kopftuch ursprünglich ein Requisit der persönlichen Zurücknahme im öffentlichen Raum ist und seine Verwendung eher den Charakter der schamhaften Bedeckung einer Blöße trägt.[6]

Nicht das Kopftuch der einzelnen Trägerin verletze die Gefühle und Rechte des damit konfrontierten Publikums, son-

5 Bahners, S. 120f.
6 Ebd., S. 104f.

dern das Kopftuchverbot verletze umgekehrt die Gefühle und Rechte der Trägerin. Bahners erkennt in ihm nicht nur einen unzulässigen Eingriff in die persönlichen Freiheitsrechte auf der Basis einer kulturellen Konstruktion von Andersheit und eine Ungleichbehandlung kulturell-religiöser Semantiken im öffentlichen Raum, sondern auch einen »Akt der seelischen Gewalt«[7].

Aber worin genau liegt die Provokation? Die Verhüllung, die noch markanter durch die große Teile des Gesichts bedeckende Burka gewährleistet wird, kann zugleich als Äquivalent etwa zur Selbst-Anonymisierung realpersönlichkeitsbefreiter Netzflaneure gesehen werden. So wie man im Netz nicht weiß, wer einem als Poster oder Date gegenübertritt, weiß man auf der Straße nicht, wer zurückblickt. Die Aufkündigung der visuellen Rückversicherung der körperlichen Identität verunsichert den Passkontrolleur im Gegenüber. Die Einschätzung dieser Desidentifikation variiert. Was heute oft als befremdend und sogar unheimlich empfunden wird, würde ein Apologet der Distanziertheit im öffentlichen Raum möglicherweise als wohltuende Unterbrechung des Zwangs zur Personalisierung der Beziehung, des »Terrors der Intimität«, wie Richard Sennett sagt, begrüßen.

Die demonstrative Geste des Entzugs hat zudem eine erotische Dimension, weil sie die gewohnte Objektivierung des Begehrens durchkreuzt.[8] Für den altmodischen Playboy ist es ein Affront, wenn das Fleisch nicht appetitlich verpackt ist. Für den popaffinen Softie, der die keimfreie Hypersexualität von Lady Gaga und die bauchfreien »I am a Pornstar«-T-Shirts ihrer 13-jährigen Fans als selbstbewusste Artikulation körperlicher Souveränität zu deuten gelernt hat, ist sie ein Rückschritt in die Zeit des Schlabberpullifeminismus. Erfrecht sich hier

7 Ebd, S. 106.
8 Vgl.: Clemens Pornschlegel, *Wem gehören die Töchter? Zum sexuellen Machtanspruch der Konsumgesellschaften.* In: Porno Pop. Sex in der Oberflächenwelt, hg. von Jörg Metelmann. Würzburg 2005, S. 19 ff.

etwa eine Frau, nicht zu ihrer postfeministisch gewendeten, also offensiven Sexualität zu stehen?

Eine vielbeachtete künstlerische Reflexion des Zusammenspiels von weiblich-muslimischer Verhüllung und Entblößung für ein überwiegend nichtmuslimisches Publikum spielt mit dieser Deutung. Olaf Metzels Skulptur »Turkish Delight« aus dem Jahr 2006 zeigt eine klassizistisch anmutende, nackte Frauenfigur auf einem Sockel. Nur der Kopf ist mit einem Kopftuch bedeckt. Die Skulptur wurde mit schwarzer Farbe überzogen, die den Exotismus im Blick auf den Anderen und die undurchdringliche Glätte der Minimal Art assoziieren lässt. Der Titel »Turkish Delight« bezeichnet ein landestypisches Konfekt, den türkischen Honig, und erzählt sowohl von der Objektivierung der Frau im patriarchalen Blick, von ihrer assoziativen Nähe zum »süßen Ding« als auch von den westlichen männlichen Phantasmen über die süßen Geheimnisse »orientalischer« Sexualität.

Die Skulptur lässt sich als Kommentar zur Rolle der Frau und der weiblichen Sexualität in islamischen Staaten und in den islamisierten Regionen Europas verstehen. Die nach unten gezogenen Mundwinkel und die geschlossenen Augen legen nahe, dass die abgebildete Frau mit etwas nicht einverstanden ist, sich entweder ihrer nackten Abbildung oder dem Kopftuchzwang verweigern will. Oder verhält es sich genau umgekehrt, und das Kopftuch bietet den symbolischen Schutz vor der Zudringlichkeit des männlichen Blicks? Es bleibt offen, ob die Nacktheit den Körper einer züchtigen Muslimin entweiht oder ob das Kopftuch die sexuelle Unerreichbarkeit der muslimischen Frau für den begehrenden Nicht-Muslim signalisiert.

Die durch entsprechende Pressearbeit an manchen Orten skandalisierte Skulptur Metzels wurde in mehreren Städten Europas im öffentlichen Raum präsentiert. Dabei wurde das zum Einspruch gegen den Opferstatus im Islam reduzierte Werk mehrmals selbst zum Opfer vandalistischer Akte. Warum? Für die Kunstkritik in der »Bild-Zeitung«, die sonst täglich für das Recht des Lesers auf Bilder nackter Frauen kämpft, ist die Sache jedenfalls klar: Das kritische Potential von »Turkish Delight« bezieht sich, so »Bild«, ausschließlich auf die Unterdrückung der Frau in der islamischen Gesellschaftsordnung: »Wie gezuckerte Nachspeise, wie Freudenmädchen müssen sich Frauen dort jederzeit bereithalten für die Lust des Mannes – ohne das Recht, selbst über ihren Körper zu bestimmen.«[9] Waren es also vielleicht feministische »Bild«-Leser, die die Skulptur als Symbol der Unterdrückung attackierten?

In der westlichen Gesellschaft herrscht mittlerweile eben nicht nur das Recht, sondern nachgerade die Pflicht, über seinen Körper zu bestimmen. Der propagierte Individualismus zieht einen Lebensstil nach sich, der sich immer auch als Bild ausdrücken muss. Zum Beispiel auch den Lebensstil der »Autonomen«, die das höchste Ziel linksradikaler Dissidenz bereits im Namen tragen. Die Autonomen vermummen sich wie die Musliminnen, und auch ihnen droht man mit dem Vermummungsverbot. Was im Schwarzen Block aber im Gegensatz zu den Burkaträgerinnen unbestritten bleibt, ist die Freiwilligkeit der Verhüllung – eben die Autonomie der Autonomen. So liegt der Verdacht nah, dass das Verschwinden des individuellen Looks im schwarzen Block der Burkaträgerinnen auch ein Abweichlertum vom vorherrschenden Verständnis des Individualismus signalisieren könnte. Dann würde der Skandal der Verhüllung in einer verweigerten Selbstbestimmtheit liegen, von der man nicht weiß, in welchem Ausmaß diese selbst wiederum autonom ist. Die Ausradierung des individualistischen Befehls »Express yourself!« ist eine Kränkung der narzisstischen Gesellschaft, in der man sich zwar auch beherrschen, aber eben zugleich ausdrücken können soll – und muss.

Sich beherrschen *und* sich ausdrücken: Darum geht es auch

9 Peter Iden, *Olaf Metzel Turkish Delight*. http://www.bild.de/news/60jahre-bundesrepublik-deutschland/delight/olaf-metzel-turkish-delight-8654858.bild.html

in den seit 2011 weltweit stattfindenden Slutwalks. Anlass für diese Demos im und pro »Schlampenoutfit« war die Äußerung eines Polizeibeamten in Toronto, der vor den Studierenden der York-University meinte: »Mir wurde gesagt, ich sollte das nicht sagen. Wie auch immer: Frauen sollten es vermeiden, sich wie Schlampen anzuziehen, um nicht zum Opfer zu werden.«[10] Auf diese Empfehlung hin formierte sich erwartungsgemäß Protest. Man warf dem Polizisten vor, Vergewaltigungsopfer mitverantwortlich für die ihnen angetane Gewalt zu machen. Der Polizist entschuldigte sich zerknirscht für seinen Fauxpas. Offizielle Stellen der Polizei beeilten sich zu versichern, dass eine etwaige Rechtfertigung von Vergewaltigung durch »aufreizende« Kleidung in klarem Widerspruch zu ihrer Ausbildungsdoktrin stünde, die die Schuld ohne jeden Zweifel beim männlichen Täter verorte.

Doch die Lawine der Empörung war bereits losgetreten. Der erste Slutwalk fand am 3. April 2011 in Toronto mit dem erklärten Ziel statt, jeden Anflug einer Täter/Opfer-Umkehr zu bekämpfen und für das Recht auf Souveränität in erotischen Begegnungen zu demonstrieren. Der Aufmarsch mit viel nackter Haut wurde von den Medien dankbar aufgenommen und erwies sich als Exportschlager. Mittlerweile gibt es mehr und mehr lokale Ableger weltweit – und eine innerfeministische Diskussion darüber, ob die Aneignung des pejorativen Slut-Begriffs der Sache der Frauen diene oder der Pornographisierung des weiblichen Körpers Vorschub leiste.

Kehren wir noch einmal zum Stein des Anstoßes zurück. Was hat der Polizist gesagt und gemeint? Die vorausgeschickte Formulierung, wonach es wohl besser wäre, das Folgende nicht zu sagen, lässt vermuten, dass er schon ahnte, dass seine Warnung als politisch nicht korrekt verstanden werden würde. Trotzdem sprach er sie aus, wohl aus pragmatischen, gut-

10 Curtis Rush, *Cop apologizes for sluts remark at law school*. In: thestar com, 18. 2. 2011. Zitiert nach: http://www.thestar.com/news/article/940665--cop-apologizes-for-sluts-remark-at-law-school (Übers. durch die Autoren).

gemeinten Gründen, einer Empfehlung vergleichbar, bei Nacht bestimmte Gegenden zu meiden. Trotzdem wurde dieser Ratschlag von den Slutwalk-Initiatorinnen nicht als solcher verstanden, sondern als Griff in die sexistische Mottenkiste. Erster Vorwurf: Der Sager wärme die alte Mär von der Täter/Opfer-Schuldumkehr auf. Dass diese hier erzählt worden sei, ist freilich selbst eine interpretatorische Konstruktion, die aus dem Ratschlag zur Vergewaltigungsprävention darauf schließt, implizit würde damit auch die Ansicht gutgeheißen, dass sich Frauen mitschuldig machten, wenn sie nicht vorsichtig seien. Aber der Polizist hatte zu dieser vor allem juristisch relevanten Verharmlosungsmethode weder etwas gesagt, noch wäre seine Aussage in seiner exekutiven Funktion maßgeblich. Zweiter Vorwurf: Die Äußerung sei faktisch falsch. Sie trage dazu bei, einen Zusammenhang von Kleidungsstil und der Wahrscheinlichkeit einer Vergewaltigung zu suggerieren, der schon oft widerlegt worden sei.

Was wäre nun aber, wenn es diesen Zusammenhang doch gäbe? In diesem Fall würde der dritte, in Bezug auf die Slutwalks wirksamste Vorwurf allein ins Zentrum rücken. Er lautet: Selbst wenn es empirisch nicht ratsam wäre, sich schlampenartig zu kleiden, muss man die Einschränkung der modischen Selbstbestimmtheit – und der damit verbundenen Souveränität bei der Zustimmung zu und Ablehnung von Sex – vehement zurückweisen. Die Transparente der Slutwalk-TeilnehmerInnen sprechen eine klare Sprache. Sie sagen: Ich bin vielleicht gar keine Schlampe, sondern tue nur so als ob und solidarisiere mich so mit jeder Frau, die für sich entscheidet, in BH und High Heels durch die Stadt zu laufen. Mit der Wunderwaffe des Gendernahkampfs, der Performancekunst, im Handtäschchen lässt sich behaupten: Mögen BHs und High Heels auch zurecht als sexualisierte Modeteile gelten, so berechtigt das dennoch keinen Betrachter zu einer Reaktion, die mir unangenehm sein könnte – wobei ich als »Slut«-Performerin bestimme, wo Belästigung beginnt: zum Beispiel

beim Hinterherpfeifen. »It's my hot body I do what I want«
heißt es kurz und bündig auf einem Transparent.

Diese Argumentation ist zugleich unanfechtbar und narzisstisch. Entsprechend findet sich das Beharren auf uneinge-
schränkter Selbstachtung in allen multikulturellen Revierkämp-
fen wieder, wo die absoluten Setzungen einzelner Gruppismen
permanent gegeneinander ausverhandelt werden müssen. Es
geht dann zum Beispiel um die Forderung nach dem Verzicht auf
eine »schlampenmäßige« Kleidung vor einer Kirche oder einer
Moschee, die als unzumutbare Reglementierung der persönlichen Autonomie empfunden werden könnte. Die Slut-Provo-
kateurinnen müssten ihre Meinung, wonach die Art der Kleidung niemanden etwas angehe, gegen jene durchsetzen, die den
Schlampenlook als Provokation religiöser Gefühle empfinden.
Ein Lichtbandschriftzug der Künstlerin Jenny Holzer antwor-
tet auf *I do what i want,* diesen absoluten Imperativ des Begehrens, mit dem Satz: *Protect me from what I want.*

Gewiss soll mein Körper mir gehören. Aber ebenso gewiss ist,
dass der kulturalisierte, symbolische Körper für andere und zu
anderen spricht. Würde der vergleichende, nach Interpretation
suchende Blick der Anderen auf das eigene Performen in der
Öffentlichkeit nicht mitkalkuliert, hätten Mode und Selbstausdruck gar keinen Reiz. Und hoffte man nicht auf den Effekt der
Provokation, wäre ja auch das Insistieren auf den Schlampenlook bloß Karneval und nicht das, was angestrebt ist – nämlich
die subversive Umdeutung eines diffamierten, modischen Zeichensystems im Dienste sexueller Autonomie. Die fürsprecher-
ische Maskerade des Slutwalks spekuliert bewusst auf die Aus-
reizung sexistischer Klischees des für den männlichen Blick
zurechtgemachten Sexobjekts, um die Grenzen der Souveränität zu verschieben. Der Anspruch auf Souveränität mündet in
einem absoluten Autonomieanspruch, der als Konsequenz die
Legitimität der Deutung von Kleidung als Entwürdigung, Be-
schämung, Verletzung der Gefühle *anderer* bestreitet. *I do what
i want*: Das ist einerseits der berechtigte Einspruch gegen patri-

archale Machtstrukturen, andererseits aber das Mantra einer Erziehung, die das totale Selbst zum obersten Prinzip erklärt.

Ich mache, was ich will: Ist das nicht auch das Credo der Frauen, die in der Fußgängerzone lieber Burkas statt bauchfreier Tops tragen? In diesem Konformismus der Stigmatisierten liegt auch ein Moment des Nonkonformismus, der sich in einer Strategie des Entzugs, in einem Akt des Unlesbarmachens äußert. Viele Feministinnen und Liberale verstehen Burka- und Kopftuchträgerinnen als Opfer männlicher Unterdrückung, als Ausgeschlossene und wollen sie befreien. Doch scheint die Botschaft nicht anzukommen – auch nicht im aufkeimenden »islamischen Feminismus«, der laut der US-amerikanischen Imanin Amina Wadud ausgerechnet den Koran als Grundlagentext für eine Gleichstellung von Frau und Mann heranzieht.[11]

Die Gründe für die mangelnde Emanzipation der Sitten liegen also nicht nur in der patriarchalen Repression weiblicher Selbstbestimmtheit, sondern auch darin, dass die seit 9/11 sich radikalisierende Islamkritik selbst dazu beigetragen hat, dass auf einem sichtbaren, »islamischen« Lebensstil beharrt wird. Das vermutet jedenfalls der Berliner Filmemacher Neco Celik, einer der über dreißig Autoren und Autorinnen mit überwiegend muslimisch-türkischem Hintergrund, die zu dem als Antwort auf Sarrazins Thesen konzipierten »Manifest der Vielen. Deutschland erfindet sich neu« beigetragen haben. In einem Radiointerview im Februar 2011 beschreibt er, wie Menschen auf der Straße die ihnen zugeschriebene, religiöse Zwangsrolle vom Feindbild zum selbstbewussten Selbstbild umcodieren und möglicherweise auch ironisch überaffirmieren: »Durch die perverse Islamophobie werden Menschen zu Muslimen, denen Religion früher völlig egal war.«[12]

11 Vgl.: Ulrike Hummel, *Was wir tun, heißt islamischer Feminismus*. In: taz. Berlin, 17. 8. 2011, S.15.
12 Thomas Edlinger, *Neues Deutschland*. Zitiert nach: http://fm4.orf.at/sto ries/1677449/

Was aber tut man, wenn dem Angebot zum Sturm auf die Bastille der Parallelgesellschaft kaum Folge geleistet wird, auch dann nicht, wenn der tyrannische Ehemann gerade in der Moschee weilt und das Ergreifen der solidarischen Hand nicht verhindert? Eine der Konsequenzen daraus, dass das gefühlte Opfer zurückgewiesen wird, ist der autoritäre Ruf der Antiautoritären nach einem Vermummungsverbot, um so den Ausgang aus der angeblich fremdverschuldeten Unmündigkeit auszuleuchten. Dass die Autonomie von Frauen mit Migrationshintergrund aber auch darin liegen könnte, sich den äußerlichen Selbstbestimmungsvorgaben, die letztlich auf den Zwang zur Verwestlichung hinauslaufen, zu verweigern oder sie, etwa in Form der Applikation von Accessoires und der modischen Ausdifferenzierung der Verhüllung, zu hybridisieren, erscheint undenkbar. Es könnte ja auch sein, dass die Burkawalks ebenso Rollenspiele mit variierender Rollendistanz darstellen wie die Slutwalks.

Die queeren, weiblichen und Transgender-Sluts betreiben offensive Rollenspiele auf karnevalistischen Demos, die die Gender-Bandbreite als kollektive Option in einer Uniform der Dissidenz ausloten. Im Bezug auf die männlichen Reaktionen auf die Maskeraden der sexuellen Provokation wird die spielerische Uneindeutigkeit der Referenz auf die reale Akteurin aber auch auf Kosten ihrer eigenen Handlungs- und Sprechoptionen zurückgenommen. Nein heißt nein – und niemals und unter keinen Umständen: vielleicht. Diese Option ist in diesem Diskurs nicht mehr opportun und steht beiden Seiten nicht mehr zur Verfügung, selbst dann nicht, wenn das Vielleicht von der Sprecherin selbst angestrebt wird. Die Burkaträgerinnen hingegen vollführen auf der Bühne des Alltags, ob freiwillig oder nicht, defensive Rollenspiele, die die Möglichkeiten der Abweichung von einer Uniform als individuelle Notwendigkeit testen. Das Provokationspotential beider Selbstdarstellungsformen ist unbestritten. Sowohl die Entblößung als auch die Verhüllung, die »Slut« und die Burkaträgerin, sind Projektionsflächen von kulturalistischen und sexistischen Ressentiments. Müsste man ein Objekt benennen, das zu beide Praktiken eine Verbindung herstellen könnte, dann wäre das wohl der Burkini: ein Stück Stoff, das schützt und zugleich enthüllt, das begehrliche Blicke anzieht und sie gleichzeitig zurückweist.

Bürgerpflicht Beleidigung: der Karikaturenstreit

Im Zuge des Karikaturenstreits von 2006 gab es vermehrt Angriffe auf das Feindbild Islam, mit denen man, meist unter dem Vorwand eines als unideologisch getarnten Votums für absolute Meinungsfreiheit, mit offenkundiger Lust an der Erregung Tabuzonen des muslimischen Glaubens ausreizte. In Österreich provozierte die Grazer FPÖ-Politikerin Susanne Winter im Wahlkampf für die Nationalratswahlen 2009 mit der Behauptung, der Prophet Mohammed sei ein Kinderschänder gewesen. Sie wurde für diese Aussage wegen Verhetzung verurteilt. Umstritten ist auch das im steirischen Landtagswahlkampf eingesetzte und von der lokalen FPÖ-Fraktion mitentwickelte Computerspiel »Moschee Baba«, in dem es um das Wegklicken und Verabschieden (österreichisch: »Baba«-sagen) islamischer Bauten geht. Das Argument der Meinungsfreiheit, wonach der Islam so wie das Christentum auch ungerechte und überzogene Kritik und Verspottung aushalten müsse, erscheint im theoretischen Verständnis einer liberalen Demokratie zunächst plausibel, zumal gerade im arabischen Raum mit bizarren Verschwörungstheorien und nicht zuletzt mit rassistischen Karikaturen massiv üble antisemitische Hetze betrieben wird.

In der Praxis erweist sich aber der Hinweis auf die Redefreiheit und die Zurückweisung jeglicher Zensur als zu formalistisch. Denn die Karikaturen wollen, so wie die Moschee-Vernichtungsspiele und ähnliche ressentimentgeladene

Erzeugnisse, nichts aufdecken oder auf einen bislang unterbelichteten Sachverhalt hinweisen, sondern vor allem eines: belei-
digen. Die Beleidigung kalkuliert mit dem Beleidigtsein, um
die höhere Demokratiefähigkeit des Beleidigers zu beweisen.
Umgekehrt gilt freilich auch für die fanatisierten Ankläger der
westlichen Verderbtheit, dass ihnen wohl nichts ungelegener
käme als eine ernstgemeinte Entschuldigung, die als ungenü-
gend auszuschlagen allzu verräterisch wäre.

Die Empörung über den massenmedial gut befeuerten Flä-
chenbrand in der islamischen Welt anlässlich der angeblich so
harmlosen dänischen Mohammed-Karikaturen war im Sinne
einer Zensurzurückweisung zweifellos gerechtfertigt. Sie war
aber zugleich auch heuchlerisch, denn die Empörung der muslimischen Welt war ja genau der Sinn der Übung. Man hatte
dadurch bewiesen, was man erhofft hatte: Der Islam ist humorlos, militant und unfähig zur Selbstkritik. Die TV-Bilder,
so heißt es, lügen nicht: Die arabische Straße tobt, die westlichen Fahnen brennen, hasserfüllte Parolen werden skan-
diert. Hassprediger verteufeln die westliche Gottlosigkeit und
rufen zum Dschihad auf. Und schließlich sieht man es auf
allen Bildschirmen: Die arabischen Medien verbreiten übelste
antisemitische Paranoia.

Dieser im Zuge des Karikaturenstreits vielzitierte Sachverhalt diente dann aber weniger als Anlass zur Debatte über den
tatsächlich weitverbreiteten Antisemitismus in islamischen Gesellschaften als vielmehr vor allem zur Legitimierung eines
Anspruchs auf die Verunglimpfung Mohammeds. Der antiis-
lamische Diskurs verwandelte die Muslime pauschal in antisemitische Geiferer, die ihr Recht auf Würde und Respekt durch
ihre diesbezügliche Täterschaft verwirkt hätten – ganz so,
als ob man alle Adressaten der islamophoben Schmähung mit
den Agenten des Antisemitismus identifizieren könnte. Das
Rechtfertigungsprinzip lautet jedenfalls: Weil die anderen ja
auch nicht besser sind, darf man plötzlich nicht nur, was man
sich sonst eigentlich selbst verbieten würde, sondern ist gera-

dezu dazu verpflichtet. Es wird zu einer Frage der Ehre, die Ehre des Anderen zu beschmutzen.

Wie kaum anders zu erwarten, kehrte die Teheraner Zeitung »Hamshari« den Spieß prompt um und rief noch im Februar 2006 zu einem Test westlicher Meinungsfreiheit auf. Dieser bestand in einem Zeichenwettbewerb zum Thema Holocaust, der – stramm auf Regierungslinie – antisemitische Bilder prämierte, die die Shoah relativieren oder überhaupt leugnen. Nicht nur die deutschen Medien waren erwartungsgemäß empört.

Der Streit um die Instrumentalisierung des Karikaturenstreits erfuhr bald noch eine weitere, ironische Wendung. Der Karikaturist Amitai Sandy aus Tel Aviv rief noch im Februar 2006 Juden in aller Welt auf, Vorschläge für einen »israelischen antisemitischen Cartoon-Contest« einzusenden. »Wir werden aller Welt zeigen, dass wir die besten, schärfsten, schlimmsten, antijüdischen Cartoons aller Zeiten machen können. Kein Iraner wird uns auf unserem eigenen Feld schlagen können«, hieß es auf seiner Website. Die besten Karikaturen sollten mit Geldpreisen und »unserem großartigen Mazzen-Brot, gebacken mit dem Blut christlicher Kinder« prämiert werden.[13]

Das frivole Spiel mit Schmähungen des religiösen Kraftzentrums der Kulturen unter dem Schutzschild der Redefreiheit rüttelt an der Sollbruchstelle kollektiver Identitätskonstruktionen und eignet sich daher hervorragend zur Provokation des Anderen. In diesem speziellen Fall kommt hinzu, dass die im Karikaturenstreit ausgetragenen Anerkennungskämpfe den neuralgischen Punkt heutiger geopolitischer Konfliktbegründungen ins Visier nehmen.

Gleichwohl entfalten sich in diesen Wendungen auch Glanz und Elend von PC. Der Glanz liegt in diesem Fall in der Perspektive eines maximal liberalen PC-Verständnisses, das sich

---

13 Ivo Bozic, *Achtung, hier kommt ein Cartoon*. In: Jungle World 8, 22. 2. 2006. Zitiert nach: http://jungle-world.com/artikel/2006/08/16971.html

trotz der tonnenschweren Last realer Opfer- und Täterzuschreibungen nicht vom Gängelband von Zensur und Rede-
unterdrückung führen lässt und sich statt in einem verheeren-
den Wettstreit des Gutmenschentums, im symbolischen Duell
des Schlechtmenschentums auf der Höhe gegenseitiger Zu-
mutungen und Schmähungen auszupegeln und auszuhebeln
versucht. Die sich von den realen politischen Einsätzen mehr
und mehr abkoppelnden symbolischen Operationen könnten
so nach und nach als Form eines PC-affinen Sprachspiels von
sich wechselseitig hochschaukelnden Provokationen mit ein-
gebauter Selbstdistanzierung begriffen werden. Dessen Logik
lautete – statt »Wie du mir, so ich dir« – im besten Falle so:
Das, was ich dir zumute, muss aufgrund dieser Als-ob-Rheto-
rik auch mir zugemutet werden können. Die Beleidigung wird
durch den Gegenschlag nicht einfach vergolten, sondern in
den nächsten Zug eines Spiels verwandelt, das die in dessen
Verlauf notwendig zunehmende Selbstentfremdung des un-
terstellten überidentifizierten Gegenübers *ebenso wie die eigene* immer schwerer ignorieren kann. So wie du nicht nur ein
verbiesterter Muslim/Araber bist, bin auch ich nicht nur ein
verbiesterter Jude/Israeli. (Und am Ende unserer immer ab-
struseren Schlechtmenschen-Athletik wartet im Idealfall ein
befreiendes Gelächter, in dem sich zwar nicht unser realer
Dissens, wohl aber unser wechselseitiger, jeden Ansatz zu
dessen Diskussion blockierender Anerkennungskonflikt auf-
löst.)

Das Elend läge hingegen in der Zurückweisung einer emanzipatorischen, durchaus auch humoristisch-ironischen Sprach-
spieldimension und der fatalen Rückbindung an den Terror der
Unmittelbarkeit. Diese Lesart folgt dem Muster: Deine reale Täterschaft wiederholt sich als symbolische. Deine reale
Verweigerung einer Anerkennung historisch-territorialer Ansprüche durch eine Politik der Feindschaft zeigt sich als Kurzschluss deiner symbolischen Verweigerung der Achtung im
Feld der Kultur, die nicht mehr Spiel, sondern tödlicher Ernst

ist. So wie im genuin Politischen erschienen dann auch im Raum der symbolischen Verteilungskämpfe kein Kompromiss und keine Lösung möglich. Der durch den Sprachspiel-Charakter der Political Correctness im Prinzip eröffnete Freiraum dient dann einzig seiner Selbstabschaffung.

5. Kapitel
Opfer als Täter, Täter als Opfer.
Der sehr nahe Osten

Die politischen Leidenschaften bündeln sich im Verhältnis von Israel zur arabischen Welt und dem Westen wie auch in der religiös-kulturellen Konkurrenz der drei monotheistischen Weltreligionen um die Deutungshoheit der »heiligen« Stadt Jerusalem. Es ist wohl kein Zufall, dass die letzte Intifada 2000 nicht durch einen unmittelbaren Akt der Gewalt, sondern durch eine symbolpolitische Verletzung der Gefühle, nämlich den Besuch Ariel Sharons auf dem Tempelberg, ausgelöst wurde. Diese Emotionen entzündeten sich spätestens seit dem 11. September 2001 weltweit. Inzwischen scheint die ganze Welt zum Staat Israel und zu den Palästinern eine Meinung haben zu müssen. 9/11 schwor die westliche Staatengemeinschaft auf einen dauerhaften Ausnahmezustand, auf einen im Prinzip niemals beendbaren *war on terror* ein.

Dieser Krieg wird, mit wechselnder Intensität und Beteiligung, auch im Inneren westlicher Staaten gegen die islamistische Bedrohung durch Dschihadisten geführt. Die Motivation dafür will politisch begründet und gefühlt werden – zum Beispiel im Befremden über Kopftücher, in der Angst vor dem Dunkel der Moscheen, in der Ethnifizierung von »muslimisch-arabischen« Riots zwischen Paris und London oder in der Belustigung über die voraufklärerische Mohammed-Verehrung.

Der Schürung des Feindbilds Islam setzte zu einem Zeitpunkt ein, in dem das Ende der großen Erzählungen nicht nur der Titel eines philosophischen Befunds war, sondern auch als kollektive Stimmung nach der Wende der politischen Systeme erfahrbar war. Mit dem Wegfall des Konflikts zwischen Kapitalismus und Realsozialismus schaltete, wie von Francis Fukuyama in seinem einflussreichen und zugleich vielbelächelten Essay »Das Ende der Geschichte« diagnostiziert, der Weltgeist in den Leerlauf. Das bedeutete nun nicht, dass es etwa keine Kämpfe und Konflikte mehr gegeben hätte – ganz im Gegenteil. Nur die visionäre Bannkraft säkularer Heilsprogramme und ihre welthistorische Dialektik waren offenbar erschöpft. Der Kommunismus hatte durch den Kollaps des Realsozialismus seine mobilisierende Anziehungskraft verloren, während man von einem Kapitalismus, der sich angesichts des Wegfalls seines Gegenübers rasch seiner wohlfahrtsstaatlichen Zähmung entledigte, nur dessen beschleunigte Expansion, aber keine gesellschaftlichen Utopien mehr erwarten konnte.

Was und wer konnte nun also den Entrechteten, Deklassierten, überflüssig Gemachten, den realen Opfern und all denen, die sich zumindest so fühlten, Versprechungen machen? Das messianische Vakuum, das hier in welthistorischer Perspektive entstanden war, ist einer der Gründe dafür, warum der politische Islam als neuer *global player* des Widerstands solchen Zulauf erhielt. Denn die Probleme kultureller, nationaler und religiöser Anerkennung und die damit sich intensivierenden PC-Folgeprobleme, die im sich als antiideologisch tarnenden Ideal eines globalisierten Neoliberalismus bereits überwunden schienen, waren in Wirklichkeit nicht gelöst. In den globalisierten Multikulti-Städten der Gegenwart offenbarten sie sich in neuer Vehemenz.

Der europäische Diskursdauerbrenner »Ausländerproblematik«, der sich von der herrischen Ignoranz in der Rede vom Gastarbeiter auf die Verquickung von Migration und latenter Kriminalisierung in Form der Asyl- und Bleiberechtsdebatten verlagert hatte, wurde nun um die Komponente der kulturellen Leitdifferenz erweitert: hier Feminismus, dort Frauenfeindlichkeit, hier Freiheit, dort Unterdrückung, kurz: hier Aufklärung, dort islamischer Fundamentalismus.

Der »Kampf der Kulturen«, den man lange Zeit als US-amerikanische Simplifizierung im Gefolge der publizistischen Karriere des Begriffs von Samuel Phillips Huntington 1993 belächelt hatte, wird nun mit dem Diskurs über den islamischen Fanatismus tatsächlich beschworen. Ein dogmatisch verhärteter Islamismus dient einerseits als willkommenes Feindbild für sich aufklärerisch gebende Rassismen, die in Teilen der extremen Rechten zu einer Verschiebung der Hetze gegen Juden auf eine Hetze gegen Muslime bzw. Araber geführt hat. Andererseits steht er tatsächlich nicht nur im Kontrast zu liberalen und emanzipatorischen westlichen Haltungen, sondern auch zu der hierzulande immer noch unterbelichteten arabischen Moderne. Schließlich hätte der arabische Frühling zehn Jahre nach 9/11 deutlich darauf hinweisen müssen, dass die Massen in den arabischen Staaten nicht in erster Linie in Moscheen die Messer gegen den dekadenten Westen wetzen, sondern vor allem demokratische Rechte erlangen und persönliche Perspektiven entwickeln wollen.

Ungeachtet dieser gesellschaftlichen Umbrüche bildet der drohende Rückfall in das Mittelalter der Minarette und unter das Schwert der Hassprediger nach wie vor kuriose bis bedenkliche, unfreiwillige Allianzen zwischen Feministinnen und Wehrchristen, Liberalen und Atheisten, Antisemitismus-Gegnern und Rassisten aus. »Hurra – wir kapitulieren! Von der Lust am Einknicken« nannte Henryk M. Broder seinen abendländischen Sammelruf.[1] Selbst jemand wie Anders Breivik fühlte sich – außer von zahlreichen anderen, äußerst heterogenen Quellen – von Broders rhetorischem Säbelrasseln inspiriert und ermutigt, den Aufstand gegen die Diktatur der »Arab Masters« über die »European Slaves« in seinem Patchwork-Internetmanifest herbeizuschreiben und später herbeizubomben.[2]

1 Vgl. Henryk M. Broder, *Hurra – wir kapitulieren! Von der Lust am Einknicken*. Berlin 2006.
2 Anders Breivik, *A european declaration of independence*. Zitiert nach: http://www.bullion-investor.net/2011/07/original-manifest-des-oslo-attentaeters-anders-behring-breivik-im-wortlaut-a-european-declaration-of-independence/, pdf, S. 112.

Noch schlimmer als das Schwert des Islam in »Eurabia«[3] ist für ihn freilich der Feind im Inneren, der angebliche Verrat der Linken am Westen. Er hat einen Namen: Political Correctness, das schleichende Gift der Zersetzung aller Ideologien. Breivik begreift PC als krude Mischung aus Ideologiekritik und (postmarxistischem) Dekonstruktivismus, die er gleichwohl als »kulturellen Marxismus«, als Übersetzung der ökonomischen Klassenkämpfe in die Sphäre des Überbaus, beschreibt.[4] In der Tat scheint Breivik vor allem unter dem gesellschaftlichen Wunsch nach Gleichheit zu leiden. Er interpretiert ihn negativ als Drohung einer Gleichmacherei, die ihn, der doch in einer besseren Welt etwas gelten sollte, unsichtbar mache. Der weiße *invisible man* giert nach Achtung durch andere und Selbstachtung. Das hat er, ob er will oder nicht, mit zahlreichen PC-Bestrebungen gemeinsam. Aber der gekränkte Narziss will dafür nichts geben und schon gar nicht im Kommunitarismus der Minderheiten untergehen. Seine thymotischen Aufwallungen zielen auf die Wiederherstellung eines beschädigten Selbstwerts; seine Wut speist sich aus dem Verlangen nach gesteigerter Ehrerbietung, Würde und Anerkennung. Der Zorn des Einzelnen, der glaubt, dass ihm etwas genommen wurde, schäumt bei Breivik auf und wird öffentlich als Wortausfluss im Netz und im Terror, der sich immer erst in der öffentlichen Rezeption und ihren Nachbeben vollendet. Breiviks mörderisches Streben nach Achtung ist unilateral; es sucht nicht, wie bei PC, eine Vertragsfähigkeit mit anderen nach Anerkennung strebenden Stimmen, sondern eine Position der Überlegenheit, die als solche anerkannt werden soll. Insofern hat dieser Kreuzritter im Zeichen seiner selbst in diesem einen Punkt recht, wenn er PC in die Nähe des Kommunismus rückt: PC will tatsächlich nicht nur eine Gleichmacherei der Achtung, sondern auch eine Ausweitung und Ver-

3 Ebd., S. 270.
4 Vgl. ebd., S. 3.

gesellschaftung ihrer Diskurse, die niemand mehr besitzen soll.

Holocaust und Nakba, Trauma und Katastrophe

Widmen wir uns noch einmal dem Ausgangspunkt der nachträglichen PC-Überlagerungen, dem Komplex, der von Auschwitz nach Jerusalem reicht und daher auch von Deutschland und Österreich heute nicht zu trennen ist. Der Konfliktherd Israel/Palästina ist paradigmatisch für die Verkomplizierung des Verhältnisses von realen, symbolischen, gefühlten und eingebildeten Opferkonstruktionen und Täterzuschreibungen bzw. deren jeweiligen Instrumentalisierungen in einem nationalen und internationalen Kontext. Beide Seiten werden von der jeweils anderen beschuldigt, Täter zu sein – als rassistische Besatzungsmacht bzw. als terroristische Bedrohung, die nur darauf wartet, sich mit jenen arabischen Kräften zu vereinigen, die seit jeher »die Juden zurück ins Meer werfen« wollen. Auch im Widerstreit der radikalen externen Fürsprecherpositionen – etwa von den arabischen »Brüdern« oder den antideutschen Anti-Antisemitismus-Kämpfern – manifestiert sich das Buhlen um größtmögliche Viktimisierung.

Die Verkomplizierung der Lage beginnt schon bei den Benennungen in Anführungszeichen. Israel gibt es auf vielen arabischen Karten gar nicht. Die Region heißt dort stattdessen Palästina. Dafür gilt die israelische Hauptstadt Jerusalem für viele Araber als die palästinensische Hauptstadt. Die »besetzten Gebiete« meinen etwas anderes als »Westjordanland« oder »Palästina«. Die palästinensische Nation wurde erst nach der Staatsgründung Israels erfunden. Wie unterscheidet sie sich von der arabischen »Nation«? Und schließlich: Israel ist das Land der multiplen Identitäten. Dort leben Juden aus Europa und den USA, palästinensische Israelis und arabische Juden. Wer spricht also im Namen Israels, wer ist mit »Israeli« gemeint?

Obgleich wir uns bewusst sein müssten, dass die Gegnerschaft zwischen jüdischen Israelis und Palästinensern ein Resultat politisch instrumentalisierter Identitätsreduktionen ist, lassen sich die Mentalitäten mit dem israelischen Psychoanalytiker Avi Rybnicki etwa so beschreiben: »Beide Völker fühlen sich verfolgt, abgelehnt, alleingelassen, unverstanden und wiederholen ihre Traumata immer wieder. Beide Völker sind durch Traumata geprägt, die ihre Denk-, Gefühls- und Handlungsmatrizen immer noch sehr bestimmen.«[5] Beide Seiten reklamieren einen Opferstatus und sind auch ohne Zweifel reale Opfer der Geschichte. Gleichzeitig sind sie aber auch Handelnde und sitzen einander in unterschiedlichen Positionen am Verhandlungstisch gegenüber. Die attestierte Legitimität der Positionen hängt nicht zuletzt davon ab, wer sich mit welchen Argumenten zum Opfer des jeweils anderen machen kann und wer sein eigenes, leidzufügendes Handeln eher als legitime Reaktion auf zuvor erfahrenes Leid durch den anderen darstellen kann.

Israels Opferidentität speist sich aus dem Trauma der Shoah. Die Opferrolle der Palästinenser rührt von der Nakba (arabisch für Katastrophe) her, der Vertreibung im Zuge des Staatsgründung Israels. Eine der Konsequenzen der Traumatisierung des europäischen Teils der jüdisch-israelischen Gründergeneration liegt im Gebot der Erinnerung. Die Shoah war und ist der Angelpunkt der israelischen Selbstbegründung, auch wenn durch den wachsenden zeitlichen Abstand und die massiven demographischen Veränderungen durch die Immigration und den wachsenden Anteil palästinensisch-arabischer Israelis in Israel prozentual immer weniger Einwohner als Holocaust-Überlebende oder deren Nachkommen zu bezeichnen sind. Gleichwohl bauten die Flüchtlinge und Emigranten von damals einen funktionstüchtigen Staat auf, dessen Existenz von

5 Avi Rybnicki, *Trauma, die Wiederkehr des Verdrängten und immer wieder Krieg – gibt es einen Ausweg?* In: O.K Centrum für Gegenwartskunst Oberösterreich (Hg): Remaping the Region. Kunst und Politik in Israel/Palästina. Wien-Bozen 2003, S. 117.

Anfang an umstritten war und der auch militärisch angegriffen wurde. Aus Sicht vieler jüdischer Israelis schälte sich so eine historische Kontinuitätserfahrung von Bedrohung und Angst heraus. Die zionistische Ideologie der Gründerphase versuchte, die vergangenheitsorientierte Leidensrolle durch eine zukunftsorientierte Neuerfindung des israelischen Menschen abzuschütteln. Zugleich diente die Erinnerung an die übermächtige Shoah dem jungen, bedrohten Staat dazu, im zionistischen Anspruch auf »a land without people for a people without a land« die Tatsache ausblenden zu können, dass dieses zu besiedelnde, versprochene Land eben nicht menschenleer war. Auschwitz überlebte so als Anlass des Gedenkens und bis in die Gegenwart ausstrahlendes Trauma; im Zuge der Gasmaskenausgabe aufgrund der befürchteten irakischen Raketenangriffe im zweiten Golfkrieg 1991 oder durch die nukleare Bedrohung durch den iranischen Präsidenten Ahmadinedschad wurde und wird es immer wieder real aktualisiert.

Auschwitz überlebte aber auch als Fundament einer Strategie zur Erhaltung moralischer Unantastbarkeit. Diese ruft in Momenten politischer Ausnahmezustände, etwa während der Bombardements des Gazastreifens 2009 oder im letzten Libanonkrieg 2006, rhetorisch das Trauma des Genozids in Europa zur Hilfe, indem es die Prävention einer Neuauflage von Auschwitz zur Legitimation einer harten Linie im Palästinenserkonflikt benutzt und mit dem angedeuteten Rekurs auf die Existenzvernichtung in der Weltöffentlichkeit um Verständnis für israelische Hardlinerstrategien wirbt. Auf diese Weise wird Auschwitz als das Symbol des Opfertums schlechthin nicht nur nicht vergessen, sondern strahlt gleichsam als diskursive Kontamination in die Gegenwart aus. Zudem verschleift sich ein mit Maßnahmen gegen die Palästinenser verknüpfter Verweis auf das »Niemals wieder!« mit dem Versuch, Kritik an Israel prinzipiell als Antisemitismus zu diskreditieren und somit den öffentlichkeitswirksamen

Antisemitismus-Vorwurf als »Herrschaftsinstrument« einzusetzen.[6]

Auf palästinensischer Seite wird das Andenken an Auschwitz gleichfalls aktuellen politischen Zwecken unterworfen. Es besteht hier selbstredend nicht im mitfühlenden oder gar solidarischen Wachhalten, sondern im Aufzeigen der historischen Folgen des zur innereuropäischen Angelegenheit erklärten Genozids für das eigene Volk. Dazu kursieren mehrere Varianten: Neben der schlichten, antisemitischen Leugnung als »typisch jüdische« Erfindung oder Übertreibung existiert auch die verschwörungstheoretische Dämonisierung als zionistische Inszenierung zum Zweck der späteren Gründung von Israel. Drittens streben viele Kommentare nach einer Vergleichbarkeit, wenn nicht sogar nach einer Egalisierung der Leidenserfahrungen beider Völker: Was Auschwitz für die Juden war, sei die Nakba für die Palästinenser: eine reale Erfahrung, die zur symbolischen Opferbeglaubigung dient. Deutsche Ohren mag dieser Wunsch nach ebenbürtiger Viktimisierung an den »Historikerstreit« um die Vergleichbarkeit des Gulags mit Auschwitz erinnern.

Im arabischen Kontext spielen dagegen – bei aller faktischen Unangemessenheit des Vergleichs von Auschwitz mit dem Krieg von 1948 – die gegenwärtige Repressionserfahrung und die mitunter hysterische, gefühlte Opferidentifikation mit den Palästinensern eine zusätzliche Rolle. Der libanesische Politologe Gilbert Achkar legt in seiner Studie über das Verhältnis der Araber zum Holocaust nahe, dass »ignorante« und »halbgebildete« Araber die Lügen westlicher Holocaustleugner auch deshalb nachbeteten, weil sie Israels »Ausbeutung der Erinnerung an den Holocaust« als »Propagandainstrument« interpretierten, den Holocaust aus »Zorn« anzweifelten oder das Leugnen gar zu einem Akt von »hel-

6 Moshe Zuckermann, *»Antisemit!«. Ein Vorwurf als Herrschaftsinstrument.* Wien 2010, S. 181.

denmütigem« Widerstand gegen übermächtige Narrative um-
deuteten.[7]

Gleichwohl glauben viele jüdische Israelis an die tatsächliche Gefahr eines neuen Holocaust. Sie interpretieren die
Lehre des »Niemals wieder!« als Aufforderung, wachsam und
stark genug zu sein, um sich niemals mehr »wie Schafe zur
Schlachtbank« führen lassen zu müssen. Radikale Israelkriti-
ker meinen, dass dies, angesichts der ökonomischen und militärischen Machtverhältnisse Argumentationen von eingebildeten Opfern seien, die damit ihre Rolle als Mitläufer einer
restriktiven Palästinapolitik zu verharmlosen versuchten. Die
Überidentifizierung mit dem scheinbar auf ewig zu einem tragischen Schicksal verdammten eigenen Volk korrespondiert
mit einer weitgehenden Verdrängung dessen, was es heißt, als
palästinensischer Israeli oder als Palästinenser in den besetzten Gebieten zu leben. Seine Landsleute, empört sich der israelische Historiker und Philosoph Moshe Zuckermann, wollten
laut einer Studie der Tel Aviver Universität von der Unterdrückung der Palästinenser schlicht nichts wissen.[8] Umgekehrt
neigt der palästinensische Opferdiskurs dazu, jegliche palästinensische Gewalt und den antisemitischen Furor auf der
Straße oder in den Medien als bloße Reaktion auf israelische
Unterdrückung zu rechtfertigen, den Terror zum Wider-
standsakt zu verharmlosen und israelisches Denken und Handeln generell als Theorie und Praxis eines zynischen Rassismus zu diffamieren.

Aus palästinensischer Perspektive – und aus der Sicht mancher israelkritischer Juden wie zum Beispiel Zuckermann –
profitiert die heutige israelische Politik nämlich auf perfide
Weise von den Opfern des europäischen Antisemitismus,
indem sie sich im Bedarfsfall durch das Abrufen des Ausch-

---

7 Gilbert Achkar, *The Arabs and the Holocaust. The Arab-Israeli War of Nar-
ratives.* New York 2009, S. 275 f. (Übersetzung durch die Autoren).
8 Vgl. Moshe Zuckermann, *»Antisemit!«. Ein Vorwurf als Herrschaftsinstrument.* Wien 2010, S. 180.

witz-Traumas einen moralischen Freibrief ausstellt. Die Palästinenser wiederum versuchen, im Wettstreit um Anerkennung ihres Leids, die Singularität von Auschwitz zu relativieren. Die palästinensische Seite weist immer wieder darauf hin, dass sie das Opfer der Opferrehabilitierung sei: Israel gebe es infolge des Holocaust. Aber der Holocaust sei nicht das Werk der Palästinenser, die nun unter der Besatzung im Westjordanland, im abgeschotteten Gaza-Streifen oder in der Diaspora in Flüchtlingscamps leben. Auf dieser Grundlage werden die Opfer von damals zu den Tätern von heute erklärt – eine polemische und bei aller Berechtigung palästinensischer Ansprüche infame Gleichung, die nicht nur von vielen Israelis, sondern auch von israelsolidarischen, etwa auch »antideutschen« Positionen, zurückgewiesen wird. Die Sichtweise der Antideutschen geht dabei von einer untilgbaren deutschen Schuld am Holocaust aus, welche »deutsche« Kritik an Israel per se delegitimiere. Der antideutsche Blick auf die Nahostproblematik sieht die Israelis als Opfer des legitimitätsheischenden, palästinensischen Terrors und der latenten arabischen Bedrohung. Er verteidigt die israelische Militärpolitik als legitime Form der Existenzsicherung und betont den fanatischen Vernichtungswillen der Gegner, die den »Apartheids«-Staat lieber heute als morgen von der Landkarte verschwinden lassen und damit Auschwitz vollenden wollten.

Wenn die antideutsche Haltung mit einer narzisstischen Fixierung auf die eigene Schuld zusammenhängt, dann liegt der Narzissmus der palästinensisch-arabischen Unversöhnlichkeit in der Fixierung auf das jeweils eigene Leid und die weitgehende Ausblendung der Legitimität der Leiderfahrung des Gegenübers. Das Leid gebiert Vergeltungsphantasien und den Wunsch nach Wiederherstellung der Ehre. Diese Kräfte können als elementare Katalysatoren von politischer Mobilisierung fungieren. Sie stehen aber nicht unmittelbar im Dienst eines Political-Correctness-Diskurses, der den utopischen Horizont einer zu erreichenden Gleichheit auch beim Gegner voraussetzt: Wer das Binnen-I durchsetzen will, darf den darin implizierten Sprachspielregeln gemäß nicht die Männer diskriminieren oder ihnen das Existenzrecht verwehren wollen. Und wer sich aus PC-Gründen gegen stereotype Muslim-Darstellungen wehrt, kann, anders als erbitterte islamische Fundamentalisten, definitionsgemäß nicht gegen die prinzipielle Egalität von Muslimen, Christen und Juden sein. Eine konstruktive Metakritik der PC-Sphäre müsste folglich nicht zuletzt darauf abzielen, den mit ihrer Reichweite tendenziell zunehmenden Missbrauch von PC-Sprachformen für Non-PC-Zwecke selbst als inkorrekt zu indizieren und zu ächten. Liegt der Widersinn solcher Indienstnahmen doch nicht immer gleich so auf der Hand wie in einschlägigen Blödel-Slogans à la »AusländerInnen raus!«

Speziell aus deutschsprachiger Sicht scheint Political Correctness als Politik der Ästhetik und der Medien im Kontext Israel/Palästina immer dann relevant zu werden, wenn sich die Verantwortung für Auschwitz gleichsam als Filter über den Konflikt legt. Exemplarisch soll diese Überlagerung von realen, symbolischen und eingebildeten Opferkonstellationen sowie der Leidkonkurrenz-Narrative durch Binnen- und Außenperspektiven anhand eines türkischen, im deutschsprachigen Raum heftig attackierten Films über den Racheanspruch Palästinas dargestellt werden.

Die Lizenz zum Töten aus dem Tal der Wölfe

Das Zornabfuhrunternehmen »Tal der Wölfe« betreibt einen Hooliganismus der Opferfürsprecher. Die einer TV-Serie entsprungene, international erfolgreiche Actionreißerreihe handelt vom Wieder-Erballern der nationalen Ehre durch einen türkischen Superagenten. In »Tal der Wölfe – Irak« von 2006 mussten, sehr frei nach einem realen Anlass, US-amerikanische Soldaten zuerst eine idyllische Hochzeitsgesellschaft abschlachten und die Überlebenden in ein Foltergefängnis verschleppen, bevor bzw. damit der einsame Rächer auf den Plan treten kann. Bis die US-Imperialisten endlich erledigt sind, wird dem Zuseher auch noch die üble Karikatur eines jüdischen Geschäftemachers als Hassprojektionsfläche dargeboten, der in perfider Verhöhnung der buchstäblichen Verwertung der Holocaust-Opfer bis zum letzten Knochen mit den Organen der geschundenen Iraker Handel betreibt.

Der Nachfolger von 2010 heißt »Tal der Wölfe – Palästina«. Auch er nimmt einen realen Vorfall im selben Jahr, die Erstürmung des türkischen Gaza-Hilfsschiffs »Marmara« durch die israelische Armee, zum Anlass für die genussvolle, imaginäre Züchtigung Israels und, glaubt man den Beteuerungen der Filmemacher, zur Sensibilisierung des Publikums für das Leid der Opfer, was hier als Synonym für Palästinenser zu verstehen ist. Im Film leugnet der türkische Held Polat Alemdar voller Verachtung das Existenzrecht des »Täter«-Staats und trifft auf einen skrupellosen Gegenspieler, der für seinen zionistischen Traum von Groß-Israel palästinensische Kinder niedermetzelt.

Die Kritik betrachtete »Im Tal der Wölfe – Palästina« in Deutschland und Österreich – im Gegensatz zur Türkei – nahezu ausnahmslos als üblen Propagandafilm und antisemitische Hetze. In Europa fiel der Filmstart, was für ein Zufall, auf den Holocaust-Gedenktag am 27. Januar 2011 und musste deshalb in Deutschland auf Grund öffentlichen Drucks verschoben werden. In Israel führte er wegen der aus israelischer Sicht mangelhaften politischen Distanzierung der Türkei sogar zur Einbestellung des türkischen Botschafters ins Außenministerium.

Auffällig in unserem Zusammenhang ist, dass bei aller Skandalträchtigkeit der »Irak«- und »Palästina«-Folgen von »Im Tal der Wölfe« und im Unterschied etwa zu »A Serbian Film« hierzulande selten von politischer Unkorrektheit die Rede ist. Beide Folgen wurden zwar auf Grund ihrer menschenverachtenden antiamerikanischen und antisemitischen

Klischees massiv angegriffen. Man forderte sogar das Verbot der »Palästina«-Folge – was von den Befürwortern des Rächergemetzels wiederum als Beweis für die Verlogenheit des westlichen Liberalismus interpretiert wurde, der gestern noch die Publikation der Mohammed-Karikaturen verteidigt hatte.

Und doch bezieht sich die Debatte weniger auf die Correctness, auf erlaubte und unerlaubte Bilder oder Wörter, im Sinne eines implizit vorausgesetzten politischen Konsenses demokratischer Wertvorstellungen, sondern eher auf die Überzeugungskraft der verfochtenen politischen Standpunkte. »Im Tal der Wölfe« ist kein Minenfeld, in dem man ungewollt einen Sprengsatz lostritt; die Sprengsätze liegen offen dar. Es geht weniger um Fragen von Zumutbarkeitsbeschränkungen durch Gutmenschen, sondern um politische Bekenntnisse und Überzeugungen. Wie steht man zur israelischen Besatzung, was hält man vom Irakkrieg? Die formal PC-affine Benennungsfrage, ob Israel auch »Israel« heißen darf, ist kein Scharmützel, sondern ein Ausgangspunkt existentieller Auseinandersetzungen. Ist das Zufall?

Wahrscheinlich wird dabei auf die Anrufung oder die Verdammung von Political Correctness weitgehend verzichtet, weil hier die für PC-Aufwallungen sonst charakteristische Konstellation Gutmenschen versus Tugendterroropfer nicht herstellbar ist. Denn als engagierte, opfersolidarische Moralisten empfinden sich nicht nur die vom filmblutgeilen Antisemitismus und Antiamerikanismus Angeekelten, sondern auch die Proponenten der zum Widerstandsepos umgedeuteten Machwerke. »Sehr schön«, so soll Emine Erdogan, die Ehefrau des türkischen Ministerpräsidenten, die »Irak«-Folge und die dort betriebene Ehrenrettung der von den US-Soldaten misshandelten Muslime kommentiert haben.[9] Wenn aber die inkorrekten Zündler sich selbst nicht als Besitzstandswah-

9 Vgl. Michael Martens, *Die Rächer der türkischen Witwen*. In: Frankfurter Allgemeine Zeitung, Nr. 12, 15. 1. 2011, S. 37.

rer liberaler Privilegien, sondern als wahre Hüter der Moral begreifen, kommt man mit dem Inkorrektheitsvorwurf nicht weit: Das »Inkorrekte« ist für sie ja gar kein Übel, sondern ein kritisches Mittel, um der verblendeten Welt die Augen zu öffnen. Aus dieser Sicht erscheint es geradezu als ein Gebot der Korrektheit, inkorrekt zu sein.

Im Unterschied zu den diskursiven Political-Correctness-Brutstätten, in denen der gefühlte Opferstatus auch ohne direkten bzw. eindeutigen Täterbezug reklamiert wird, erscheinen die Täter im Fadenkreuz der Wölfe zudem ganz klar benannt. Ein israelischer Gefängnisdirektor rechtfertigt das Planieren von Palästinenserhäusern so: »Tiere (Ratten) lernen nur durch Schmerz.« Die Perfidie dieser Propaganda liegt in der Umkehrung der europäischen Nazimetaphorik über das »jüdische Ungeziefer«. »Ungeziefer« sind nun die Palästinenser, die als von entmenschten Wärtern gequälten Lagerinsassen porträtiert werden. In diesem Bild wird der Jude selbst zum Täter, ja zum Nazi.

6. Kapitel
Selbstachtung durch Selbstentfremdung

Der Nahostkonflikt verdeutlicht nicht nur, wie nationale und kulturelle Narrative zwischen Europa und dem arabisch-israelischen Raum anhand der Opfer/Täter-Dichotomie politische Leidenschaften mobilisieren. Er offenbart auch, dass die verkürzte Rede von kollektiven Identitäten die Wirklichkeit auf zumindest zwei Ebenen verfehlt. *Erstens* ist schon eine individuelle, geschlossene Identität eine Fiktion. Jede Identität ist immer schon gespalten. Niemand ist mit sich ganz identisch. Man ist immer auch etwas Anderes als das, als was man vom Anderen identifiziert wird. Und man ist immer etwas Anderes als das, mit dem man sich in den Kämpfen um Anerkennung freiwillig identifiziert, um bestimmte Rechte als genau dieser Gruppenidentifizierte einzufordern. Die Identität wird vielmehr erst im reziproken Akt der Identifizierung, zum Beispiel als »Israeli«, als »Jude«, als »Palästinenser« oder als »Araber«, aber auch als »Frau« oder »Muslimin« hergestellt und verfehlt grundsätzlich diesen Anderen, der in seiner Gesamtheit immer auch etwas anders ist. *Zweitens* ist die Anerkennung (von Opfern) also immer auch Verkennung (von Opfern) – und nicht bloß Akzeptanz einer fixierten Identität als gleichberechtigte Stimme. Oliver Marchart schreibt: »Das Ziel der Anerkennung ist nicht die Wiederherstellung eines ›affirmativen Selbstverhältnisses‹. (…) Angestrebt wird die anerkennende Affirmation des Mangels im Kern der eigenen Identität und des Antagonismus des ›generalisierten Anderen‹.«[1]

Die Anerkennung, die für die Gewährleistung des sozialen

---

1 Oliver Marchart, *Die politische Differenz*. Berlin 2010, S. 353.

Zusammenhalts zentral ist, ist also das Resultat eines performativen Akts einer Behauptung von Identität bzw. Alterität, die die antagonistische Stellung zu einem Anderen überhaupt erst ermöglicht. Die von rechts betriebene Schließung der Identität verleugnet den fundamentalen Mangel, das Nicht-Identische in ihrem Kern; sie reduziert das identifizierte Subjekt um das Potential des Andersseins bzw. Anderswerdens, um das Moment der Selbstentfremdung. Identitätsfixierte rechte, aber auch linksnationale oder essentialistische, multikulturelle Ideologien dringen auf die möglichst perfekte Abdichtung dieser Verkennung der Identität als Identitätsbehauptung.

Wir sind kein Volk

Postidentitäre, emanzipative Bewegungen betonen hingegen die Fluidität und Pluralität des gesellschaftlichen Standorts, von dem aus die jeweiligen Akteure sprechen und handeln. Entscheidend ist dabei die Einsicht in den konstitutiven Mangel der eigenen Identitätsbehauptung. Die konsequente Durcharbeitung der Selbstentfremdung wäre ein erster Schritt, um die Anerkennung der ebenfalls unhintergehbaren Selbstentfremdung des Anderen zu fördern. Denn ohne die Einsicht in die eigene Selbstentfremdung ist die Anerkennung des Anderen als gleichfalls Selbstentfremdeter unmöglich. So könnte dann auch eine offene Form von Solidarität entstehen, die erstens nicht auf die eigene Interessenlage beschränkt ist und zweitens nicht in einer fürsprecherisch-paternalistischen Weise den Anderen in ein für ihn vorgesehenes Identitätskorsett drängt. Das Opfer, für das oder in dessen Namen man sprechen und agieren will, sollte als so emanzipiert von seiner Opferrolle gedacht werden, dass es damit niemals zur Deckung kommt: Das Comedian-Motto »Du bist Jude, du darfst das!« meint dann eigentlich: Du bist immer auch jemand anderer als Jude.

Wenn aber schon ein einzelner »Israeli« oder ein »Palästinenser«, eine »Frau« oder eine »Muslimin« oder gar eine »nichtmuslimische Palästinenserin« mit dieser Identifizierung notwendig verkannt wird, wie sollen dann ganze Nationen, Staaten oder Ethnien homogenisiert werden? Verstehen sich arabische oder palästinensische Israelis als vollwertige Bürger, als Israelis zweiter Klasse, als nicht diasporische Palästinenser oder als etwas von all den genannten Optionen Verschiedenes? Kann es, soll es oder darf es überhaupt einen Meistersignifikanten für die Gleichzeitigkeit der Heterogenität von Subjektbildungen geben? Was »sind« zum Beispiel nichtmuslimische Burkaträger mit deutscher Staatsbürgerschaft?

Im beharrlichen Denken einer totalitären Identitätspolitik hingegen sind Juden Juden, Arbeiter Arbeiter, Studierende Studierende und Frauen Frauen. Sie bleiben das, was sie sind. Und sie sind das, wozu sie gemacht worden sind: formatierte Identitäten, deren unhintergehbare Gespaltenheiten verleugnet werden. Der Lärm, das Chaos ihrer Körper wird nicht gehört. Sie haben keine Chance auf Desidentifikation, auf die Besetzung von nicht für sie vorgesehenen Räumen: Opfer sollen und müssen Opfer bleiben, damit die Teilungen der Gesellschaft nicht neu verhandelt werden müssen und die Antagonismen nicht in Bewegung kommen.

Die Reduktion politischer Diskurse auf Opfer-Täter-Konstellationen zeigt sich deutlich im medienkulturell geprägten Bild des Naziopfers in Deutschland und Österreich. Die Anerkennung des Holocaust scheint im Zusammenhang der Erinnerungsindustrie nur unter der Bedingung möglich zu sein, dass »die Ermordeten den Status ohnmächtiger, reiner Opfer« zugewiesen bekommen, schreibt der Filmwissenschaftler Drehli Robnik.[2] Die organisierte Vernichtung werde so tendenziell zu einem Drama umgedeutet. Die Frage nach

2 Drehli Robnik, *Film ohne Grund. Filmtheorie, Postpolitik und Dissens bei Jacques Rancière*. Wien 2010, S. 100f.

politischen Interessen und Herrschaftsformen mutiere zu einer Frage der Betroffenheit, die mit moralischen Registern wie Schuld und Unschuld operiere. Betroffen soll man vom Anblick von Opfern sein, die wehrlos, passiv und traumatisiert sind – und im Bann der Verbrechen homogenisiert und mit ihrem Schicksal falsch versöhnt werden.

Robnik weist in diesem Zusammenhang auf ein Fragment aus dem Reeducation-Film »Memory of the Camps« der Alliierten aus dem Jahr 1945 hin, der von der Befreiung des Vernichtungslagers Bergen-Belsen handelt. Darin sprechen Zeugen frontal in die Kamera – unter anderem die ehemalige Chefärztin des Lagers. Sie berichtet mit fester Stimme und ohne Tränen, dafür mit wahrnehmbarer Wut und Empörung: ein ungebärdiges Bild, dass die fernsehübliche Einzementierung von NS-Opferinszenierungen torpediert. Die Frau kümmert sich als Sprechende nicht um den ihr zugewiesenen Platz in der Gesellschaft als viktimisierte Sprach- und Stimmlose, über die gemeinhin fürsprecherisch geredet und gefilmt wird. Die Ärztin nimmt ihr Schicksal als braves, gefälligst traumatisiertes Opfer nicht an, sondern stattdessen ihr Leben in die Hand.[3]

Entschlacken und Entgiften

Fassen wir nochmals zusammen: PC gründet sich in einer Phase der demokratischen Entwicklung, in der politische Partizipation auf dem Papier gewährleistet ist und gerade deshalb die einzelnen demokratischen Akteure überhaupt erst in die Lage der ständigen Vergleichung ihrer Ansprüche an die Gesellschaft bringt. Immerfort erscheint jemand anderer gleicher als man selbst. Die Wahrnehmung von Ungleichheit fördert aber nicht nur die Maßnahmen dagegen, sondern auch die Empfindung von Neid und Diskriminierung. Die Empörten und Beleidigten leiden nicht zwangsläufig unter realen Benachteili-

3 Vgl. ebd., S. 105 f.

gungen, immer aber unter Aufmerksamkeitsdefiziten. Im Leidwettstreit erscheint das Ideal des Opfers als ein Startvorteil: Das Opfer gilt per se als unschuldig, macht- und wehrlos. Daher gelten seine Anliegen und Machtansprüche eo ipso als legitim – zumindest so lange, wie sie nicht allzu sichtbar selbst aus einer Position der Stärke operieren.

Über Political Correctness verselbstständigt sich die politische Instrumentalisierung des Opferstatus in eine postautoritäre Moral. Im Rahmen von PC melden sich nämlich nicht nur reale Opfer konkreter Handlungen, sondern zunehmend auch gefühlte Opfer ohne Täter, Opfersolidarsprecher und eingebildete Opfer zu Wort. Weil die Täterschaft von der tatsächlichen Opfererfahrung abgekoppelt wird, tendiert die Beschwörung des Opfers dazu, zum anklagenden Ritual zu werden: Opfer ist, wer sich als Opfer fühlt und dies am lautesten vernehmbar macht – dies lässt sich eindrücklich am Beispiel von Opferbildern zeigen, wie sie etwa zeitgenössische Spielfilme und Cartoons, umstrittene Bildressourcen wie Kopftücher oder Repräsentationsformen wie die Slutwalks bereitstellen.

Dem Rückzug auf Parikularinteressen, multikulturellen Separatismus und das Pochen auf spezifische Identitäten, etwa als Frau, Afroamerikaner oder Migrant, wie sie etwa über die Lesart afroamerikanischer Musikstile wie Hiphop Anfang der neunziger Jahre starkgemacht wurden, wäre heute politisch das Moment der Selbstentfremdung zur Seite zu stellen. Setzten sich die rigidesten Campus-Regelwerke der Gegenwart, die jeden Flirt in der Cafeteria auf seine PC-Tauglichkeit abklopfen, nachhaltig und flächendeckend durch, würde der Gewinn der Eindämmung von sexistischen Herabwürdigungen um den Preis des Verlusts der Souveränität der potentiellen Sexismusopfer erkauft. Deren Freiheit besteht nämlich nicht nur im Recht auf Zurückweisung, sondern auch im spielerischen, selbstentfremdeten und schmutzigen Umgang mit sexuellen Avancen und Andeutungen. Selbstentfremdung kann also auch ganz unmittelbar Handlungsoptions- und damit

Autonomiezugewinn bedeuten. In den öffentlich verhandelten politischen Kämpfen erscheint sie nicht zuletzt deshalb geboten, weil das Einrichten im Opferstatus zunehmend eigene Verstricktheiten und problematische Komplizenschaften zu kaschieren droht.

Allerdings überwindet man den grassierenden Opfernarzissmus sicher nicht durch die Beleidigung des Anderen, sondern verhärtet ihn dadurch bloß. Stattdessen ginge es um Entgiftung und Entschlackung der heißlaufenden Maschine der Überidentifikation: Das Glas deiner spezifischen Identität ist immer halb leer, du bist immer schon gespalten und auch ein anderer – zum Beispiel Staatsbürger, Lohnempfänger, Arbeitsloser, Nachbar usw. –, auch wenn du dieser nicht vollständig und zu jeder Zeit bist und sein musst. Kurz: Du bist nicht immer und überall Opfer, auch wenn du in bestimmten Situationen ein Opfer sein kannst. Auch andere sind aus anderen Gründen in politische Kämpfe involviert. Mit diesen Akteuren würden sich Allianzen lohnen. Deren Verwirklichung aber wird durch den qua Single-Issue-Politik gebotenen Verzicht auf Solidarität mit denen, die nicht so sind wie ich, erschwert.

Political Correctness ist der Thronfolger des Systemstreits zwischen Ost und West. Sie wurde zur Obsession, seitdem behauptet wird, dass das Volk in der westlichen Demokratie so frei und selbstbestimmt sein soll wie die es formenden Individuen. Aber nicht nur besteht der Demos immer schon aus gespaltenen Individuen, sondern es gibt das Volk, die Nation oder den Staat strenggenommen gar nicht. Das Volk ist ebenfalls gespalten. Es ist immer nur die Anmaßung jener Teile, die in seinem Namen sprechen – und dabei notwendigerweise andere ausschließen. Keiner kann sagen, wen das »Wir« in der Behauptung »Wir sind das Volk!« genau meint oder nicht meint, weil sich in dem Wir die vielfältige Gespaltenheit des Kollektivs plus die Gespaltenheit des Individuums in einer Gemeinschaft aufheben lassen müsste.

Eine demokratische Utopie würde den heute bis ins Patholo-
gische wuchernden Essentialismus der Gruppenbildung hinter sich lassen. Die Selbstachtung würde dann niemandem
allein gehören, sondern müsste von allen geteilt werden. Die
Prozessualisierung dieser geteilten Selbstachtung wäre der
politische Anschluss an den moralischen Impuls einer politischen Korrektheit. Die wechselseitigen Anerkennungswün-
sche der partikularistischen Akteure müssten dafür allerdings
relativiert und von der Gefahr ihrer Totalisierung befreit werden. Diese Entlastung könnte durch die Stärkung einer Ethik
der Selbstentfremdung vorangetrieben werden.[4] Heute mehren sich die konkreten Anzeichen einer solchen Ethik sowohl
im Bezug auf die Individuen wie auch im Bezug auf die Vorstellungen der Gesellschaft. Zum Abschluss dieses ersten, primär dem gesellschaftlichen Spannungsfeld von PC gewidmeten
Teils wollen wir noch ein Beispiel anführen, das diese Perspektive einer Selbstentfremdung konkretisiert.

Zur Lösung des Dauerkonflikts um den politischen Status
von Jerusalem wird schon länger an Modellen einer entnatio-
nalisierten Symbolpolitik gearbeitet, die Selbstentfremdung
zur Bedingung von Selbstachtung machen. Könnte man nicht
Jerusalem, die de facto geteilte Stadt, ohne Gebietsaufteilung
zur gemeinsamen Hauptstadt von Israel und einem künftigen
Palästinenserstaat machen, ohne dass man die unrealistische
Option der »United States of Palestine-Israel« bemühen müsste? Beide Konfliktparteien hätten im Fall einer doppelten und
zugleich halben Hauptstadtlösung Anspruch auf ihre symbolische Identifikation und wären trotzdem von deren totalen
Erfüllung, die nur auf Kosten des Anderen praktikabel wäre,
genauso weit entfernt wie ihr Gegenüber. Die wechselseitige
Selbstentfremdung vor der Totalität eines Anspruchs wäre die

---

4 Vgl. Oliver Marchart, *Die politische Differenz*. Berlin 2010, S. 346f.

Voraussetzung für die wechselseitige Anerkennung. Jerusalem als geteilte und gleichzeitig doppelte Hauptstadt zweier in ihren Opferstigmatisierungen gefangener Gesellschaften – das wäre das halb leere und das halb volle Glas der Identität zugleich.

Gelänge das paradoxe Unternehmen, sich dem Ideal einer umfassenden Egalität anzunähern, ohne dabei die Autonomie des mit sich selbst nicht identischen Subjekts zu beschädigen, dann erschiene am Horizont die Arbeit der Political Correctness als ein »Kommunismus der (Selbst-)Achtung«. Political Correctness wäre dann eine Formel zur Versöhnungsarbeit der linken Utopie gesellschaftlicher Gleichheit mit der liberalen Utopie individueller Differenz, die nicht mehr an eine Letztbegründbarkeit des Sozialen glaubt. Sie hätte dann weder einen unhinterfragbaren, fundamentalen Wert zum Grunde, noch wüsste sie ein Ende ihrer Bemühungen zur Vermittlung der narzisstische Selbste zu benennen. Und sie hätte irritierenderweise umso mehr zu tun, je freier wir uns wähnten.

Zweiter Teil

Narziss als Gott und Dämon
der Political Correctness

1. Kapitel
Im Diesseits von Gut und Böse

In unseren bisherigen Ausführungen über die Konjunktur des Opfers war immer wieder von Identitätsentwürfen die Rede. Niemand sei nur »Palästinenser« oder »Transgender«. Im Beharren auf ein stolzes Selbst klingt jener existentielle Mangel an, den die Psychoanalyse auch als narzisstische Wunde bezeichnet – den Riss zwischen dem Ich und der Welt. Denn über den Verlust eines uferlosen Glücks, das man im uterinalen Urmeer einmal besaß, können noch so viele Ersatzobjekte und Antidiskriminierungsstellen letztlich nicht hinweghelfen. Auch war davon die Rede, dass die politisch korrekten Mäßigungen auch einem dem Zeitgeist geschuldeten, masochistischen Lustgewinn entspringen, der den notorischen Wunsch nach Transgression vergangener Jahrzehnte überlagert. Dieses Genießen erinnert an Jean-Jacques Rousseau, den vielleicht ersten politisch Korrekten, der den Grundsätzen einer vernünftigen Erziehung ein umfangreiches Werk widmete und in seiner Autobiographie die Wonnen beschreibt, die ihm die Züchtigung durch seine Erzieherin bereitete: »Ich hatte in dem Schmerz und sogar in der Scham eine Art Wollust empfunden, die mehr Lust als Furcht in mir zurückgelassen hatte.«[1]

Zeichnet sich in den asketischen Übungen der Zeitgenossen also eine Rückkehr zum Vergnügen des Triebverzichts ab, der in diesen gierigen Zeiten möglicherweise ein Gewinn wäre? Wäre man eine psychoanalytisch geschulte KulturkritikerIn, man läse aus den bisherigen Lagesondierungen in unserem Essay wohl den Typus von Intellektuellen mittleren Alters

---

[1] Jean-Jacques Rousseau, *Bekenntnisse* (1781). Aus dem Französischen von Ernst Hardt, Frankfurt am Main/Leipzig 1985, S. 49.

heraus, denen die Töne der Antifaschisten und Feministinnen alter Schule zu scharf im Ohr klingen, die sich aber auch nicht auf die plumpe Anti-PC-Rhetorik der institutionalisierten Grenzüberschreitung einlassen wollen. (Man hat ja gesehen, was für Typen aus der Charles-Bukowski- und Wilhelm-Reich-Schule hervorgegangen sind: ewiggestrige KommunardInnen, berufsinfantile Theatergurus und Gonzo-Reporter auf der Jagd nach den richtigen Tränen.) Man begegnet diesem neuen, smart austarierten, mit Popkultur sozialisierten Intellektuellen recht häufig im Kulturbetrieb, etwa als KuratorInnen auf der Suche nach einer palästinensischen Lesbe (die Identitäten der KünstlerInnen sollen ja nicht zu dualistisch und also reduktionistisch verteilt sein). Sie setzen das Ich unter Anführungszeichen, denn sie haben Angst, die Repräsentationsansprüche von jemand anderem verletzen zu können.

Im ehemaligen Expressionslabor Tanz etwa haben solche Diskursgewinner die Ballettausbildung abgeschafft und durch Vorträge ersetzt. Schließlich sei nicht nur der Körperausdruck, sondern auch jede sprachliche Artikulation performativ. Auf der Couch käme freilich wohl heraus, dass viele dieser heute den gehobenen Kulturbetrieb prägenden Ex-Indie-Kavaliere heimlich heterosexuelle Pornographie konsumieren und sich vor der feministisch engagierten Freundin fürchten, die den Dildo griffbereit am Bettrand deponiert. In ihrer Adoleszensphase haben sie sich womöglich noch den Oberkörper aufgeritzt, um ihre Punk- oder Industrial-Heroen nachzuahmen. Später haben manche von ihnen auch noch brav die antisemitischen Ausfälle einschlägiger Kult-Rapper verteidigt; das seien doch bloß mehrfach geloopte, aus den Jahrhunderten der Sklaverei in die Gegenwart hallende Codes. Und überhaupt: Der Rassismus der Rassismusopfer sei gar keiner. Als aber kurz darauf, Ende der achtziger Jahre, Regisseur Spike Lee in dem Film »Do the Right Thing« die asiatischen Migranten im Kampf der nachbarschaftlichen Ethnien besonders schlecht abschneiden ließ, verurteilten die umherschweifenden

Kulturproduzenten, die ihre Punk- und Industrial-Platten mit ihren provokativen Tabuverletzungs-Covern zwischenzeitlich aus Angst vor unangemeldeten BesucherInnen nach hinten geräumt hatten, dies als identitätspolitischen Gewaltakt. Bei den hippen Kolleginnen gab es für so viel Fingerspitzengefühl hundert Punkte. Jetzt, wo Political Correctness in aller Munde ist, ist das Thema für die meisten von ihnen freilich ein alter Hut; es hat seinen Avantgardebonus verloren, ist (zu) weit in den Mainstream vorgedrungen.

Mit diesem Mainstream-Phänomen PC hatte der Regisseur Roman Polanski – der es wohl bigotten Tugendterror nennen würde – jüngst noch ein Hühnchen zu rupfen. Der Holocaustüberlebende, der wegen einer Vergewaltigungsanklage seit 1977 nicht mehr in die USA einreisen darf, wurde 2009 in der Schweiz kurzerhand inhaftiert und sah sich mit einem Auslieferungsantrag in die USA konfrontiert. 2011 rächte er sich für diesen Übergriff durch den Spielfilm »Carnage«, der Adaption von Yasmina Rezas Erfolgsstück »Der Gott des Gemetzels«. Seine Intention, die Heuchelei der US-amerikanischen Gutmenschen zu entlarven, äußert sich darin, dass er das in Paris gedrehte Kammerspiel in einem gutbürgerlichen Brooklyner Apartment spielen lässt.

»Carnage« beginnt als Testfall für das, was wir bislang als postautoritäre Moral bezeichnet haben. Zwei Elfjährige geraten im Park in einen Streit, der »Täter« schlägt dabei dem »Opfer« zwei Zähne aus. Die Eltern des geschlagenen Jungen rufen nicht hysterisch nach der Polizei, sondern laden die Eltern des Aggressors zur Klärung der Sache zu sich nach Hause ein. Bereits in der Sprachregelung zur Rekonstruktion des Tathergangs entzünden sich, wie so oft in PC-Debatten, die ersten Auffassungsunterschiede.

Die Formulierung »bewaffnet mit einem Stock« muss auf Betreiben der Tätereltern in »einen Stock haltend« geändert werden. Zunächst erscheint die moralische Konstellation zwischen Gut und Böse aber noch überschaubar. Auf der einen

Seite finden wir die für Afrika und Kokoschka schwärmende, politisch engagierte Autorin Penelope und ihren hemdsärmeligen, jovialen Mann Michael Longstreet, einen Sanitärwarenvertreter, der auch sonst mit allem im Reinen zu sein scheint. Auf der anderen Seite stehen die kapriziöse, maskenhaft wirkende Börsenmaklerin Nancy und ihr Ehemann im Businessanzug Alan Cowan, der dauerhandytelefonierende Anwalt einer Pharmafirma; er kann und will sein Desinteresse für Kuchen, Kinder und Korrektheit nicht verhehlen. »I do whatever i want«, sagt der schnöselige Bruder im Geiste von Patrick Bateman und den Slutwalk-Narzisstinnen. Zu den sensiblen Themen Bubenrituale und Respekt für Afrika fallen ihm mordende Kindersoldaten im Kongo ein. Mit einem so abgebrühtem Zyniker und seiner zickigen Frau haben es die beiden liberalen Konsensstifter wirklich schwer: »Why can't things be easier«, stöhnt die zusehends aufgebrachte Penelope einmal und fragt entnervt, wie denn diese Horroreltern ohne Moral überhaupt leben könnten.

Doch auch die Longstreets haben ihre Leichen im Keller. Michael, der Wolf im Schafspelz, hat einen Hamster ausgesetzt! Oh my god! Schon zu Beginn ihres Treffens registriert Nancy diese beiläufige Beichte mit merklicher Irritation – und verwendet diesen klaren Fall von skrupelloser Tierweglegung später als Vergeltungswaffe im eskalierenden Verfehlungswettstreit, in dem die Hüllen der zuvor so kultiviert wirkenden PC-Moral fallen. Am Ende bieten die Gastgeber nicht mehr Kaffee und Kuchen an, sondern greifen – frei nach »Mad Men« – selbst als Erste unter lautem Gefluche über die »fucking political correctness« zu noch einem Whiskey und den Zigarren; Michael wird die ach so verwegen in den Mund gesteckte Rauchware freilich nie anzünden.

Auf dem Weg in die Zerrüttung parodieren wechselnde Neupeilungen von Verbündeten der Empörten die Stellungskämpfe von PC. Mal sind es für einen Augenblick die beiden Frauen, die sich im feministischen Wunsch nach selbstbestimmter Alkoholvergiftung solidarisieren, mal sind es die zigarrenphallischen Männerphantasien, die in der rührenden Sorge um das Wohl des Handys zusammenfinden. Sekunden später sind wieder die jeweils anderen Ehepaare die »Bitches« und »Assholes«; unterbrochen wird der zornbebende Empörungsschwall durch Anschuldigungen des anderen, »schon« elfjährigen Satansbratens und Inschutznahmen des eigenen, »erst« elfjährigen Unschuldslamms.

Polanski inszeniert das alles mit sichtlichem Vergnügen an der indirekten Abrechnung mit seinen Kritikern als schwarze Komödie der Sitten. Die Rolle des elfjährigen »Täters« hat er übrigens mit seinem Sohn besetzt. Dieser heißt Elvis Polanski – voller Größenwahn benannt nach dem Mann, der uns mit dem Hüftschwung aus der verklemmten Hüftsteifheit der 1950er Jahre gestupst hat.

Am Ende des Films dampft der Spötter Polanski den real zwischen Rede und Praxis oszillierenden PC-Diskurs auf die reine Sprachspiel-Dimension ein. Die zwei Jungen spielen längst wieder miteinander im Park, und auch der grausam ausgesetzte Hamster hoppelt zufrieden durch das Gras. Abgesehen davon legt das dämonische Walten des »Gotts des Gemetzels« jedoch auch einen skandalösen, uns genauerer Betrachtung wert erscheinenden Sonderfall des Verhältnisses von Autonomie und Anerkennung frei: Der Einzige nämlich, der tatsächlich mit sich im Reinen ist, ist Alan. Er ist von Anfang an ein Arschloch und weiß es auch. Er maskiert seine Interessen und Desinteressen nicht. Alan ist kein Heuchler, nie empört und nie selbstgerecht. Sein Ich-Ideal fällt mit dem Selbst zusammen. Er ist in diesem Sinne autonom. Aber zugleich verwehrt ihm eben sein narzisstischer Absolutismus die moralische Anerkennung der anderen. Die Longstreets hingegen zielen in ihrer Moral auf wechselseitige Anerkennung ab. Das aber führt zu inneren Widersprüchen und macht sie von der Anerkennung der anderen abhängig.

Mit »Carnage« ist die Perspektive freigelegt, die uns im folgenden Teil unserer Überlegungen leiten soll. Wir verlassen nun die Ebene der bewusst gewählten Identifikationen mit diversen Gruppismen und die daran angeschlossenen, öffentlich wirksamen und verhandelbaren Opferdiskurse und fragen nach deren Voraussetzungen im Individuum. Denn wenn es wahr ist, dass das Individuum über diverse Identitätsangebote immer »halb leer« ist, bleibt die Frage ungeklärt, woher eigentlich das offenbar unstillbare Begehren nach Anerkennung und die damit offenbar verbundene Selbstwahrnehmung eines beschädigten, verletzten Ich rühren. Mögen die Exegesen PC-grenzwertiger Splatterfilme oder paradoxer Burka-Debatten-Formationen einiges vom öffentlichen Schattenboxen mit Korrektkeitshaken und Inkorrektheitschwingern erzählen – über die unbewussten Motive und das Begehren der PC-Eiferer und -hasser, sprich: über eine mögliche Psychologie der Political Correctness geben sie nur indirekt und eher wenig Aufschluss.

Es erscheint uns daher angebracht, das Ringen um Selbstachtung anhand der Leidensgeschichten der an nicht heilbarer Selbstentfremdung laborierenden Individuen wie du und ich zu betrachten. Hören wir den überschwappenden PC-Diskurs auf seine Fehlleistungen und Aporien ab: Wie geht es einer Professorin, die mit dem queeren Close Reading eines Hitchcock-Films bei einer Studentin punkten möchte? Eine Affäre mit ihr würde vielleicht zu einer Entlassung aus dem Universitätsdienst führen, in den sie auf Grund einer Quotenregelung gekommen ist. Was geht in einem Raucher vor, dem nicht einmal mehr die Werbung das Gefühl von Souveränität verleiht? Oder ganz allgemein gefragt: Wie steht es um die innere Dialektik von Selbstachtung und Selbstverachtung?

Die Forderung nach einer gerechten Verteilung der Narzissmus-Ressourcen, nach einem »Kommunismus der Selbstachtung«, scheint gleichbedeutend zu sein mit dem Kampf um gesellschaftliche Demokratisierung. Wir möchten deshalb versuchen, diese Begriffe nun gewissermaßen noch einmal von innen her zu modellieren. Die Psychoanalyse machte die Leiden des Selbst salonfähig, die Soziologie machte sie justitiabel. Wir wollen die Frage klären, worauf der Narzissmus der Opfer gründet. Vor allem aber wollen wir untersuchen, inwiefern das Gebot Anerkennung mit jenem der Autonomie kollidiert. Denn die von den Gutmenschen, den Kommunisten der Selbstachtung, verteilte Liebe wird von den viktimisierten Wärmeempfängern manchmal auch als Übergriff empfunden. Umgekehrt räumen allzu aufgeplusterte Egos schnell einmal die Anerkennungsansprüche anderer vom Tisch – das sind die Kollateralschäden des narzisstischen Absolutismus.

Über das eitle Posing eines Klaus Kinski hat man einst mehrheitlich gelächelt. Heute dagegen läuft tendenziell jeder über seinen inneren Catwalk, sehnt sich nach den Blicken der anderen und erstarrt unter ihnen. Wer spricht in Zeiten des real existierenden Narzissmus noch über Transgression, Erotik oder Rausch? Der größere Spaß scheint gegenwärtig der Masochismus der Rauchverbote und Körperdressuren zu sein. Narziss, so behaupten wir, hat sich als verborgener und deshalb im Folgenden kenntlich zu machender Gott eines politisch korrekten Lebensstils inthronisiert – und als dessen Dämon.

Die Luxusmoral

1969 veröffentlichte der aus Siebenbürgen stammende Pariser Psychoanalytiker Béla Grunberger (1903-2005) gemeinsam mit seiner Frau Janine Chasseguet-Smirgel (1929-2006) unter dem Pseudonym André Stéphane die polemische Schrift »L'Univers contestationnaire ou les nouveaux chrétiens«, in der sie den Aktivisten des Mai 1968 eine totalitäre Verschmelzung zwischen Phantasie und Wirklichkeit vorwerfen. Grunberger setzt seine kulturkritische Betrachtung des Narzissmus dann in dem gemeinsam mit dem Kollegen Pierre Dessuant (geb. 1934) verfassten Buch »Narzißmus, Christentum, Antisemitismus»[2] fort. Die moralischen Aktivisten von 1968 werden diesmal indirekt angegriffen, indem die Autoren deren Verwandtschaft mit dem Narzissmus des Christentums aufzeigen. Sie berufen sich dabei auf Freuds Überlegungen zum frühkindlichen und pubertären Narzissmus.

Freud selbst hatte behauptet, die ozeanischen Gefühle, dieses ursprüngliche Gefühl von Allmacht, nie erfahren zu haben. Mit seinen Analysen kindlicher Sexualität und des Aberglaubens wollte er die Lüge der Religionen bloßstellen, die ein besseres Leben durch die kosmische Umarmung durch eine göttliche Übermutter versprechen. Den durch die Shoah traumatisierten Analytikern, die sich nach Jahren im kommunistischen Widerstand vom Stalinismus abgewandt hatten, erschien es unverständlich, dass die Generation Anti-Ödipus die Verschmelzung der Masse mit einer Ideologie oder einem Leader wir Mao Zedong unterstützte.

»Der Glaube kann Berge versetzen« oder »Selig sind die Armen im Geist, denn ihnen gehört das Himmelreich« sind typische Äußerungen von Jesus im Neuen Testament, deren rhetorisches Kennzeichen das Prinzip der Inversion und Übertreibung ist. Grunberger/Dessuant sehen eine Analogie zwischen der christlichen Rhetorik des Neuen Testaments und den Slogans der Pariser Revolte, die etwa lauteten: »Die Phantasie an die Macht!« oder »Einen guten Lehrer werden wir dann haben, wenn jeder sein eigener Lehrer sein wird.«

Die Aufwertung des Autodidaktischen, die feindselige Einstellung gegenüber der Wissenschaft und der systematische Gesetzesbruch sind – jenseits ihrer taktischen Funktion in konkreten sozialen oder Karrierekämpfen – Kennzeichen einer Moral, die sich weigert, ödipale Konflikte auszufechten, sprich: erwachsen zu werden. Das »Love & Peace« der Hippies entspricht der christlichen Nächstenliebe. »Die Suche

2 Béla Grunberger und Pierre Dessuant, *Narzißmus, Christentum, Antisemitismus*. Aus dem Französischen von Max Looser, Stuttgart 2000.

nach dem ozeanischen Gefühl durch die Droge, die Mystik und die Ideologien haben den viel längeren Weg ersetzt, den die Religionen anbieten, in denen man sein Paradies um den Preis kostspieliger Opfer gewinnen muß.«[3] Die Heiler der alten Schule sahen sich von Menschen umgeben, die den mystischen Ausnahmezustand der Pubertät zum Lebensstil erklärten und die Himmelfahrt ohne Führerschein antreten wollten. Und ihr Übervater Freud schrumpfte, weil er mit dem »Penisneid« und den »Kastrationsängsten« die begrifflichen Werkzeuge für ein angeblich scheißliberales Mäßigungsregime bereitstellte, zum rücktrittsreifen Dorfpolizisten.

Das von Jesus gepredigte, durch Gnade empfangene Gute – erinnert es nicht an die Verschmelzung zwischen Mutter und Neugeborenem? Er entwickelte ein moralisches Ideal, das vollkommener ist als die strenge Moral des Alten Testaments, etwa wenn er dazu auffordert, einem Aggressor auch noch die zweite Wange hinzustrecken und den Feind zu lieben. Oder den Letzten verspricht, die Ersten zu sein. Wir stimmen den französischen Autoren zu, wenn sie die von Christus und den 68ern gelehrte »Moral« eine ästhetisch-narzisstische nennen, so legitim deren Revolte gegen die Diktatur des Anstandes auch historisch sicher war. Grunberger/Dessuant setzen diese Moral unter Anführungszeichen, denn sie ist nicht anwendbar. Die christliche Moral ist großzügiger, barmherziger – schöner – als die herkömmliche Moral, aber eben nicht nützlich. Wenn etwa Papst Johannes Paul II. seinen Angreifer umarmt, ist das zwar eine schöne Geste, aber nicht unbedingt die Grundlage einer moralischen Ordnung, ebenso wenig wie das Mitleid der Veganer mit einem geköpften Blumenkohl. Die Umkehrungen und Übertreibungen von Jesus bilden – wörtlich genommen – eine Luxusmoral, der die Bürger in der Synagoge nicht folgen wollten. Nur einige Marginalisierte, Frauen

3 Janine Chasseguet-Smirgel, *Das Ichideal. Psychoanalytischer Essay über die »Krankheit der Idealität«*. Übersetzt von Jeannette Friedeberg. Frankfurt am Main 1987, S. 212.

und Intellektuelle ließen sich vom persönlichen Charisma ihres Verkünders blenden, das in der Formulierung »Ich aber sage euch …« noch nachhallt.

Wenn wir die gegenwärtigen Übungen PC-berichteter Lebensweisen betrachten, dann ist diese ästhetisch-narzisstische Komponente unübersehbar. Die Abschaffung der Schulnoten etwa ist eine schöne Geste, bewahrt die Schüler aber nicht vor der Matura bzw. dem Abitur. Die Entdisziplinierung des universitären Unterrichts – die sogenannte Transdisziplinarität – vergrößert de facto den Lernaufwand; der Student muss nun mehrere Fächer lernen. Slogans wie »Behinderungen gibt es nicht« oder »Behindert sind wir alle« helfen dem Rollstuhlfahrer nicht automatisch die Treppe hinauf. Die Luxusmoral fordert die Aufhebung der Generationenfolge, die Adelung des Opfers, verspricht den Anorektikern das beliebige Steuern des Körpergewichts, dem Junkie die Manipulation der Endorphine und dem PC-Menschen das triumphierende Gefühl, in einer von Aschenbechern, Tierleichen und Atomkraftwerken gereinigten Welt zu leben.

Grunberger/Dessuant schrieben über Jesus und meinten die romantische Moral nach 1968, deren populäre Fassung die softe Musicalfigur Jesus Christ Superstar war. Auch aus den Kirchen verschwand der historisch überkommene sadomasochistische, zornige Schmerzensmann. Reformtheologen entwarfen einen sandalentragenden, Jazzmessen zelebrierenden Gutmenschen als neue Erlöserfigur. So wird die Nostalgie der Ödipusveteranen nach der Vintagemoral rustikaler Autorität vielleicht erst dann verständlich, wenn man die Kollateralschäden einer personalisierten Moral in Rechnung stellt. Das auserwählte Volk blickte auf die tönernen Tafeln und wusste, wo es langgeht. Heute bekäme Moses, wie ein amerikanischer Cartoon erzählt, eine leere Tafel ohne zehn Gebote, aber mit einer Gebrauchsanweisung: »Do it yourself!« Im Supermarktregal müsste er zwischen zwanzig verschiedenen Müslimarken wählen.

Unbeeinflusst von einigen Über-Ich-Nostalgikern, denen ein härteres Durchgreifen in den Schulen und Familien – das Einziehen von Grenzen – gar nicht so abwegig erscheint, haben jene, die sich in den schönen Gesten der Luxusmoral wiederfinden, ihre Forderungen deutlich formuliert. Ohne große Widerrede schaffen sie den Militärdienst und die Schulnoten ab. In den geisteswissenschaftlichen Fächern ersetzt die »Geschichte der Fanpost« die Dissertation über den Briefwechsel zwischen Goethe und Schiller. Genderbeauftragte überwachen die Übergabe der Regierungsgeschäfte durch das Patriarchat: Es sind manchmal lächerliche, manchmal erzürnende, gescheiterte und erfolgreiche Episoden auf dem Weg zu mehr Selbstbestimmung.

Black Power statt Goethe

Vieles von dem, was heute unter dem Schlagwort PC diskutiert wird, tauchte bereits in den Diskussionen um die 68er-Revolte herum auf. In dieser Phase der gesellschaftlichen Entwicklung stand die Illusion der Unverwüstlichkeit besonders hoch im Kurs. Die Aufstände der Sixties und Seventies schafften einerseits das Regime des Spießers ab und riefen gleichzeitig die Tyrannei des Selbst aus, während sie die staatlichen Maßnahmen für eine Vergrößerung des kleinen Glücks als unzureichend verweigerten. Deren Kritiker konnten sich damals nicht in Internetforen artikulieren, sondern mussten in Arbeitsgruppen gegen vollbärtige, latzhosentragende Marcuse-Leser antreten. Was denen gar nicht gefiel, war ein Buch des amerikanischen Soziologen Christopher Lasch, der in den späten Siebzigern eine Abrechnung mit der amerikanischen Kultur vorlegte.[4] Neben der sich in Spektakel auflösenden Politik und der maßlosen Popularität des Sports kritisierte er in »The Culture of Narcissism« auch die Veränderungen des Bildungssystems.

4 Christopher Lasch, *The Culture of Narcissism*. New York 1979.

Darin würden die Auswirkungen der Bürgerrechtsbewegungen spürbar, deren antiautoritärer Grundzug auch vor den Schulen nicht haltmache. Die Bürgerrechtler forderten Klassen ohne Lehrer, der Lehrstoff solle stärker aus dem Alltag der Schüler kommen. Aber was sollten die jungen Menschen noch von klassischer Literatur wissen, wenn sie im Englischunterricht Bücher läsen wie »How to Become a Radio Disc Jockey«? Wer nur den Alltag studiere, lerne weder Lesen noch Schreiben. Ohne Bibellektüre verschwinde das Werkzeug, mit dem alte Literatur entschlüsselt werden könne. Märchen würden abgeschafft, um Kinder nicht zu erschrecken. Der Soziologe, übrigens ein Lieblingsautor des soften US-Präsidenten Jimmy Carter, argumentiert: »Die Zensur der Märchen gehört zu einem Generalangriff auf die Phantasie und Imagination.«[5] Die Black-Power-Bewegung lehnte das Schulsystem ab, da es den Afroamerikanern die weiße Kultur aufzwinge. Selbst die Schriftsprache als solche stand im Verdacht, Agent des »kulturellen Imperialismus« zu sein. Es hieß, schwarze Kinder würden Selbstachtung entwickeln, wenn sie ihr Leben im Ghetto lieber in Songs verpackten.

Lasch zweifelte an dem Erfolg dieser »geistentleerenden Ideologie der Kulturrevolution«,[6] die persönliche Erfüllung den Grundrechnungsarten und Lebensnähe den Bücherwelten vorziehe. Die Folge sei ein Kollaps der Leistungsstandards selbst an den Eliteuniversitäten. Die meisten Studierenden dort seien nicht mehr in der Lage, die russische Revolution im richtigen Jahrzehnt zu verorten.

In den aktuellen Bildungsdebatten würde zwar niemand mehr von kulturellem Imperialismus sprechen, eher von »linker Gleichmacherei«, doch verlaufen die Fronten im Prinzip noch analog. Einige argumentieren heute mit Statistiken, um zu beweisen, dass Kinder aus bildungsfernen Schichten das

5 Ebd., S. 150.
6 Ebd., S. 126.

Leistungsniveau senken und Migrantenkinder das kulturelle Erbe von Goethe und Schiller verweigern. Die dabei unter Beschuss geratene progressive Ideologie der Gegenwart trägt heute einen Namen ohne schulbildenden Ismus am Ende: politische Korrektheit.

Unter dem Einfluss der Gender und Postcolonial Studies traten die Kulturwissenschaften ihren Siegeszug an, Denkschulen, die die Anerkennung der Zukurzgekommenen in den Mittelpunkt stellen. Möglicherweise kommt dadurch jedoch wirklich etwas anderes zu kurz: Wer kann denn heute noch einen Stahl- von einem Kupferstich, ein Mörike- von einem Eichendorff-Gedicht unterscheiden? Zwar stimmen die Gutmenschen in der Wahlzelle für entsprechende Programme, denn die Förderung von Migrantenkindern gilt ihnen als »politisch korrekt«, doch die innere Stimme nagt an ihrer Überzeugung: Kommen dabei unsere Enkel nicht zu kurz? Lernen Kinder noch Lesen und Schreiben, wenn Unterrichtsstunden »Instruktionsphasen«, Aufgaben »Konstruktionsphasen« heißen? Wie lernen Migrantenkinder Deutsch, wenn sie auf ihrer eigenen Kultur beharren dürfen, wie es Gutmenschen zu fordern pflegen? Auch diese Reformen gehen auf den Kommunismus der Selbstachtung zurück.

Lasch verquickt seine Kritik an der Linken mit dem Begriff des Narzissmus, der in der psychotherapeutisch gestimmten Atmosphäre der siebziger Jahre geläufiger war als heute. In seinen Augen verliert die Bürgerrechtsbewegung in dem Maß ihren emanzipatorischen Anspruch, wie sie das Leiden des Selbst in den Mittelpunkt rückt. Der Rückzug auf die eigene Identität führe nicht zu der angestrebten Demokratisierung, sondern bringe eine noch größere Ungleichheit hervor. Wie eine geheimnisvolle Krankheit hindere der Narzissmus die Bewohner des Opferlandes daran, ihr Leben in die Hand zu nehmen. Wer aber ist dieser Gott, der einmal als Held, meist aber als Schmerzensmann den Irdischen gegenübertritt?

Die griechische Narziss-Sage handelt von einem jungen Mann, der sich, nachdem er die Nymphe Echo durch Zurückweisung ihrer Liebe in die Körperlosigkeit getrieben hat, über eine Wasserfläche beugt und von seinem Spiegelbild gefangen ist (vgl. Ovid, Metamorphosen, 3. Buch, 339-510). Er ist so versunken in sein Selbst, dass er unfähig ist zu erfahren, wer er ist. Gefangen in der Illusion der eigenen Großartigkeit, geht er zugrunde, als er versucht, in sein Selbst einzutauchen. Sigmund Freud hat sich mit diesem Begriff in einigen Texten beschäftigt,[7] um Phänomene krankhafter Selbstbezogenheit etwa in paranoiden Phasen zu erklären, in denen der Patient alle Gefühle von der Außenwelt abzieht und ganz auf das eigene Ich richtet. Er erklärt den Begriff auch aus der Autoerotik des Kleinkindes.

Im Mutterleib schwimmt der Fötus in totalem Glück und schrankenloser Größe. Dieser Zustand wird durch die Geburt jäh beendet; zurück bleibt eine narzisstische Wunde. Obwohl die Mutter eine Zeitlang für die Befriedigung der Bedürfnisse sorgt, muss sich das Kind mit der Welt da draußen auseinandersetzen. Es muss selbst atmen, verdauen, sich bewegen – lauter Unzulänglichkeiten, mit denen es sich in der guten, alten Zeit nicht herumschlagen musste. Dieser Konflikt wird den Menschen das ganze Leben lang mitunter traurig stimmen: Die Welt ohne Objekte war viel schöner.

Wenn das Baby so weit ist, dass es sein Abbild im Spiegel erkennt, erfährt es das Gefühl einer Einheit des Selbst. Dieser erste Triumph der Autonomie macht aber den Verlust an metaphysischer Lebensqualität der vorgeburtlichen Welt auch nicht wett. Zugleich ahnt das sich künftig an diesem funda-

---

7 Vgl. Sigmund Freud, *Zur Einführung des Narzissmus (1914)*. In: S.F.: Psychologie des Unbewussten, Studienausgabe Band II. Frankfurt am Main, S. 37-68; vgl. auch J. Laplanche/ J.-B. Pontalis, *Das Vokabular der Psychoanalyse*, Frankfurt am Main 1972, S. 317-323.

mentalen Mangel mit diversem Spielzeug von der Rassel bis zum iPhone abarbeitende, frisch geschlüpfte Selbstbewusstsein etwas vom narzisstischen Größenwahn, den es in Zukunft zu kontrollieren gilt.

Freud erzählt die Geschichte des Kindes als den Versuch, das verlorene, pränatale Paradies durch Glücksmomente der Phantasie wieder aufleben zu lassen. Begleitet wird diese Entwicklung von heftigen Phasen der Aggression und sexuellen Lust. Das Happy End besteht darin, dass der Erwachsene Wut und Begehren in produktive Bahnen lenkt, indem er seine illusionären Allmachtsphantasien überwindet und die Gesetze der Realität akzeptiert. Der ehemalige Komatrinker freut sich dann auf *ein* Bier nach Feierabend, der geläuterte Plünderer verzichtet auf das neueste Smartphone-Modell.

Die Popularität des Begriffs setzt zu einem Zeitpunkt ein, als in den westlichen Konsumgesellschaften jene moralischen Verbote gelockert wurden, die die Ursache der Ängste von Freuds Patienten waren. Auch die Nachkriegsanalytiker lebten von der Tyrannei des Rohrstocks und der Kadettenschule, den Verklemmungen der Sexualmoral, der häuslichen Sklaverei. Der Zwang, zu heiraten und Kinder zu bekommen, die Pflicht, den väterlichen Betrieb zu übernehmen, machten aus ihren Patienten Neurotiker.

Die Liberalisierung der Gesellschaft ließ die Nachfrage nach therapeutischer Hilfe aber nicht etwa kleiner werden. An die Stelle der hysterischen Patientin oder des zwänglerischen Patienten, der seine Bleistifte der Größe nach anordnet, weil er als Kind beim Masturbieren erwischt wurde, tritt der Zeitgenosse mit dem diffusen Gefühl der Leere. Von den alten Zwängen befreit, lacht uns kein furchtloser Strahlemann entgegen, im Gegenteil: Das Bedürfnis nach Regeln des richtigen Lebens gedeiht auch in den Nachwehen einer genormten Gesellschaft gut. Ihr Kennzeichen ist die Schwäche äußerer, institutioneller Vorgaben und die Aufgeblähtheit individualistischer Ideale, die sich nicht mehr normativ begründen lassen. Die Kirchen und Vereine, Kleinfamilien und Parteien sind nicht mehr die Instanzen, die dem Einzelnen die Schamesröte ins Gesicht treiben. Und dennoch scheint hier ein innerer Zensor höchst aktiv, der jede Handlung mit unerbittlicher Strenge beurteilt.

Dieser Zensor ist jedoch immer weniger Papa oder sein ehernes Gesetz. Das Gefühl der Unzulänglichkeit rührt vielmehr daher, dass man nie weiß, ob man etwas *aus eigener Kraft* schafft. Auf die Dressur des Körpers folgt daher die Mobilisierung der persönlichen Ressourcen. Die vom Individuum sich selbst auferlegten Ideale treten an die Stelle der Zwänge, die früher von Kirche, Familie und Nation – und ihrem Oberbefehlshaber, dem Über-Ich – ausgeübt wurden. Öffentlich verhandelt werden sie als Symptome der Political Correctness. Wahlfreiheit und Unabhängigkeit sind dem von Ge- und Verboten der Korrektheit umzingelten Individuum zum Greifen nahe und dennoch ein Trugbild. »Was ich begehr', ist bei mir; zum Darbenden macht mich der Reichtum«, heißt es in Ovids »Metamorphosen« in der Geschichte von Narcissus und Echo.

Der Fall Jedi

Wie das zeitgenössische, politisch korrekt mit den Bedürfnissen der anderen austarierte Bedürfnis nach Autonomie in einen narzisstischen Absolutismus umschlagen kann, versinnbildlicht ein populärer Werbefilm: Der Junge trägt das Kostüm eines außerirdischen Jedi-Ritters und wähnt sich damit im Besitz übersinnlicher Kräfte. Der Hund der Familie hebt nicht einmal ein Ohr, als sich der kleine Zauberer vor ihm aufpflanzt. Aber als er beschwörend seine Hände nach dem väterlichen Auto ausstreckt, geschieht das Wunder: Die Aufblendlichter blitzen auf, der Motor springt an. Die übersinnliche Kraft stammt vom hinter einem Vorhang versteckten Vater, der dem Jungen diesen Glücksmoment mit Hilfe des fernsteuernden Autoschlüssels ermöglicht.

Die Szene stammt aus dem während der Übertragung des Super-Bowls 2011 gesendeten Volkswagen-Werbespot »The Force«. So sieht heute eine in einen Konsumzusammenhang integrierte antiautoritäre Erziehung aus. Das Kind wähnt sich in einem Zustand der Allmacht und Allwissenheit, ohne dass ihm die Ursache seine Glücks vermittelt würde. Die Eltern schirmen die infantile Illusion von der Realität ab; sie lassen sich lange Zeit, ehe sie ihm den Schlüssel zeigen. Der Junge lernt gerade, dass die Welt nach seiner Pfeife tanzt; er übt den Habitus der besitzenden Stände ein. Und wenn die Klassenschranke unter ihm nicht durchkracht, wird er sich irgendwann selber eine Limousine kaufen und sich einzigartig fühlen.

Was aber, wenn der Junge gar kein Jedi-Ritter sein möchte und lediglich die Wünsche seines Vaters erfüllt? Emotional missbraucht, versucht er nur, den ihrerseits fehlgeleiteten Projektionen seiner Eltern zu entsprechen. Die Psychoanalyse zieht mit dem Begriff Narzissmus die in den Rhetoriken von Werbung und Propaganda so geläufigen Einbildungen von Triumph und Allmacht in Zweifel. Zahlreiche Therapiestunden werden nötig sein, um das Selbstwertgefühl des Jedi-Ritters realistisch einzujustieren. »Papa, ich will nicht Gott spielen!« Er wird dann vielleicht erkennen, dass er eigentlich lieber Geige geübt hätte als die sentimentalen Bedürfnisse seines Star-Trek-begeisterten Vaterkinds zu spiegeln. Statt dessen Narzissmus will er womöglich lieber einen eigenen pflegen oder den Narzissmus gar insgesamt per Selbsterkenntnis einhegen, zum Guten wenden, kurzum: zivilisieren. Aber wie?

Die These vom autonomen Menschen besagt, dass er sich in der Lage sieht, durch sein Handeln und seine Initiative weiterzukommen. Der narzisstische Mensch dagegen hält sich für Gott, ein – wie er zugleich doch ahnt – nie zu erreichendes Ideal, das ihn von innen her auffrisst. Autonomie oder »Autonomie«, Selbst oder »Selbst«, Freiheitskämpfer oder Hooligan: Die Frage nach der »wahren« Freiheit des Individuums treibt die Moraldiskussionen seit dem Mai 1968 an. Die Vertreter der Opferverbände übersehen dabei, dass es keine Identität ohne Mangel, kein Selbst ohne Entfremdung geben kann. Vor allem die Angehörigen der Mittelschicht beschäftigen sich mit PC-Themen – und sie sind es auch, die in den psychotherapeutischen Kuren nach Antworten suchen.

Narziss als Terrorist

Wohlfahrtsstaatlich verteilt, musste der Fortschritt in den sechziger Jahren seine Marschrichtung korrigieren. Zu viele Teilnehmer erkannten sich in den Zielvorgaben nicht wieder. Nach der Kulturrevolution und der Emanzipation der Sitten übernahm die politische Korrektheit die Aufgabe, für eine gleichmäßige Verteilung der Selbstachtung zu sorgen. Aber die regulierenden Eingriffe des politisch korrekten Wellness-Staates stoßen nicht nur bei jenen auf Widerstand, die sich von der genitalen Befreiung mehr erhofften als Swinger Clubs und offene Beziehungen. Seine Hauptgegner sind in erster Linie die Brauchtumspfleger von Recht und Ordnung, die die Kleinfamilie von Patchworkbeziehungen, die Geschlechterverhältnisse von Genderkonstruktionen und die Nation von Multikulti bedroht sehen.

Von den linken Meistern der Selbstüberhöhung einst als spießiges Auslaufmodell belächelt, erwies sich die Fusion des kleinen Mannes mit dem Gott des Ressentiments als hartnäckiger Gegner und nicht zu unterschätzende politische Kraft. »Eine Sonne fiel vom Himmel«, kommentierte ein Fan den Tod des österreichischen Populisten und Paradenarzissten Jörg Haider. Dessen Erfolg einer Politik der Gefühle beließ die linken Erinnerungsfakire zeitlebens in der Illusion, er sei ein Wiedergänger faschistischen Größenwahns.

Im August 2011 sind wir dagegen gerade dabei, uns Gedanken darüber zu machen, ob man nicht umgekehrt auch die Widerstandsrituale gegen die Rechtspopulisten als narzisstische Selbstüberhöhungen darstellen muss. So wollten vor zehn Jahren nach der Regierungsbeteiligung von Haiders FPÖ einige österreichische Intellektuelle emigrieren, andere eine Untergrundarmee aufbauen. Der kühl analysierende Philosoph Rudolf Burger beschrieb dies damals als antifaschistischen Karneval und gilt im linksliberalen Milieu seither als Persona non grata – da unterbricht eine Schreckensnachricht aus Norwegen unsere Arbeit. Ein junger Mann namens Anders Breivik verübt in Oslo ein bestialisches Attentat. Die Berichte über ihn zeigen ihn als Narzissten wie aus dem psychoanalytischen Lehrbuch. Auf seiner Facebook-Seite inszeniert er sich als Sternenkrieger, Kreuzfahrer und Ordensträger der Freimaurer, als würden die Kostüme ihm Immunität garantieren. Nach seiner Verhaftung lächelt er den Fotografen aus dem Polizeiauto zu wie ein Thronfolger auf der Fahrt zum Standesamt. Wie obszön wirkt dieses paranoische Lächeln, wie besoffen vom narzisstischen Genuss der herbeigemordeten Aufmerksamkeit. Nun hat er die Angst vor dem Blick der anderen überwunden, denn er hat gezeigt, dass er das, was er nicht ist, beherrscht. In einem Zustand mystischer Ekstase genießt er das Gefühl, ein Auserwählter zu sein. Er bezeichnet sich als Christ im Kampf gegen den Islam. Den Inhalt seiner narzisstischen Illusion für real haltend, mimt er den Gläubigen in einer gottlosen Zeit.

Auf unheimliche Weise erinnern viele über Breivik kolportierte Beschreibungen an die von Grunberger/Dessuant analysierte Figur Jesus Christ Superstar. In beider Kindheit spielt der leibliche Vater eine marginale Rolle; die eigene Herkunft verleugnend, imaginiert der Narzisst den Ursprung in der Selbstzeugung. Der Tod wird andererseits nicht als Ende, sondern Vollendung empfunden; er ist für den Märtyrer die narzisstische Himmelfahrt. Der italienische Schriftsteller und faschistische Aktivist Gabriele d'Annunzio baute in seiner Villa am Gardasee den Thron des Narzissten: Es ist ein Bett, das sowohl die Typologie einer Wiege als auch jene des Totenbetts

– den Ausgang aus dem und den Wiedereintritt ins totale Glück – in sich vereint.

Die ödipale Rolle der moralischen Verbote übernehmen in der biblischen Erzählung die gläubigen Juden, die von Jesus provoziert werden. Breivik hingegen sieht sich von den politisch Korrekten und Gutmenschen marginalisiert, deren »väterliche« Autorität er als verletzend empfindet. Verächtlich äußert sich Breivik über seine Mutter; entsprechende Stellen finden sich bei Johannes 2,4: »Weib, was habe ich mit dir zu schaffen, meine Stunde ist noch nicht gekommen«, sagt Jesus zu der Mutter Maria. Das Internet gibt Breivik wiederum das Gefühl, die Liebe von Jüngern zu finden.

Der Attentäter entwickelte eine obszön postmoderne Autorenschaft. So sah er sein Werk erst vollendet, als die Welt die Nachricht über das Massaker durch die Lektüre seines im Internet veröffentlichten Manifestes kontextualisierte. Breivik ist der Meinung, dass der Rezipient den Text mitproduziert. Ideen der Kommunikationsguerilla aufgreifend, empfiehlt er zukünftigen Attentätern, sich dem Lebensstil des Feindes anzupassen. Man könne, weiß er, auf die Minderheitentoleranz der Norweger zählen. Wenn sich der Terrorist als Homosexueller oute, könne er damit den Rückzug aus seinem sozialen Umfeld rechtfertigen. In einer auf Selbstausdruck, Beichte und Trauma fixierten Gesellschaft sei das Opfertum die beste Tarnung.

Breiviks zerstörerische Wut richtet sich gegen alles, was die Reinheit seiner Idee in Frage stellt. Er phantasiert sich in die Rolle des Kreuzritters hinein, der über die Welt der Objekte triumphiert. Die Publikationsmöglichkeit des Internets erspart ihm die reale Berührung mit der Außenwelt, die – etwa durch redaktionelle oder rechtliche Bedenken – den Willen zum Selbstausdruck gebremst hätte. Auf den Schießplätzen des Cyberspace übt er das Vernichten von Objekten. Beim Zünden einer Bombe bleibt er auf der abstrakten Ebene sadistischer Allmacht. Die Teilnehmer eines Ferienlagers erschießt er dann in einem Zustand triumphalen Hochgefühls. Seine Opfer haben nun jenen Status erreicht, mit dem die Außenwelt den Zustand der Reinheit bedroht – den Zustand der Verwesung. Es ist der Augenblick, in dem er die narzisstische Verletzung überwunden zu haben glaubt.

Dieser Fall verwirrt uns. In Breiviks seitenlangen Ausführungen über PC als Kraft, die die westliche Gesellschaft zerstöre, erkennen wir die Argumente konservativer Feuilletonisten und Blogger wieder, mit denen wir gelegentlich selbst sympathisiert haben. Wie Breivik attackieren sie die Gutmenschen, die angeblich die »Nazikeule«, diesen »Hexenhammer der Gutmenschen«, schwingen. Eine »rosa Brille«, meinen sie, trübe den Blick auf die düsteren Verhältnisse an den von Migrantenkindern besuchten Schulen. Hat sich da ein dem Antikommunismus vergleichbares Phantasma aufgebaut, das überall nur noch Feinde wittert? Skandinavische Musterländer der Political Correctness wie Norwegen haben sich die Autonomie des Individuums auf ihre Fahnen geheftet. Aber welche Maßnahmen haben sie getroffen oder können sie überhaupt treffen, damit die Förderung des Einzelnen keine Massenmörder hervorbringt?

Wie eine schreckliche Ahnung taucht in unserer Vorstellung wieder der Jedi-Ritter auf. Ein kleiner Breivik, auf den Weg gebracht von politisch korrekten Eltern, die Terror vor allem als Notenterror erinnern? Der sozialdemokratische Ministerpräsident Jens Stoltenberg antwortete auf dieses schreckliche Verbrechen im Sinne der von Breivik attackierten Luxusmoral. Norwegen werde weiterhin eine offene, liberale Gesellschaft bleiben. Streck die andere Wange hin! Das ist nobel, aber wäre es geeignet, um damit einen Aufstand im Warschauer Ghetto zu organisieren? Die Grenzverläufe zwischen Tätern und Opfern sind verwirrend. Die Pathologien der Autonomie können die Anerkennung des Selbst mit der Vernichtung des Anderen kurzschließen. Wie hat dieser Wolf in den Schafspelz gefunden? Vielleicht kann ein Rückblick in

Freuds Zeit eine sinnstiftende Folie für die Beantwortung dieser Frage sein.

Nietzsches Gutmenschen

Die Zeit um 1900 brachte zahlreiche Konversionen hervor. Feministinnen und Pazifistinnen, Vegetarier und Theosophen – allesamt hochmotivierte Aussteiger – suchten nach Sinnabzweigungen aus dem technokratisch begradigten Fortschritt. Um die »Übertragung des Thier-Charakters durch Milch« zu verhindern, füttern Veganer ihre Kinder mit pflanzlichen Substituten. »Wir streben nach dem Paradies auf Erden; wir wollen die Unnatur verbannen, wollen ein völlig Gott geweihtes Leben führen«, schreibt Gusto Gräser, Mitglied der Wiener Diefenbach-Kommune und später der Tessiner Kommune Monte Verità.

Deren Gründer, der Künstler Karl Wilhelm Diefenbach (1851-1913), beschreibt eines der zahllosen Erleuchtungserlebnisse der Postgott-Ära. Ausgerechnet in der Hochzeitsnacht steigt er auf den Hohenpeißenberg, einen bayerischen Voralpenhügel, wo ihm die ersten Morgenstrahlen und die schneebedeckten Berggipfel ein Erlebnis von orgiastischer Spiritualität bescheren. »Erkenne, Menschheit deine Mutter, die NATUR, die rein und frei als höchstes Wesen dich geboren und nicht befleckt mit Erbsünd, Fluch und Schande dich in ihr blühend Eden setzte. Erkenne dich, Mensch! In DIR ist Gott! Frei bin ich jetzt! Frei trotz der Ketten, welche Wahn und Niedrigkeit der Zeit noch um mich legen, frei in mir selbst!«, schreibt der Bekehrte, narkotisiert vom »höchsten Augenblick meines Lebens«.[8]

Heute sucht man auf Goa-Trance-Partys die Sonne in sich und verwirklicht die Reinheitsphantasien einer höheren Welt

8 Michael Buhrs und Claudia Wagner (Hg.), *Karl Wilhelm Diefenbach (1851-1913), Lieber sterben, als meine Ideale verleugnen!* Katalog Wien Museum/Villa Stuck, München 2011, S. 19.

im gemeinschaftlich verwalteten Ökohaus mit Bioteich. Die Liebe zu Mutter Erde geht aus gentechnikfreiem Anbau durch den Magen. Im Unterschied zu damals erhalten die Heilssucher von heute jedoch keinen Extra-Heldenbonus mehr – es sei denn, sie reüssieren wie Jonathan Meese oder Christoph Schlingensief als messianische Künstlerdiktatoren in den Wallfahrtsorten des institutionalisierten Narzissmus, den Museen und Galerien. Der säkularisierte Straßenkampf für die bessere Welt hält dagegen viele Prüfungen, aber nur kleine Triumphe für die Gutwarenkäufer bereit. Wer Kakao erwerben will, der ohne den Einsatz afrikanischer Kindersklaven geerntet wurde, muss nicht mehr mit der Gesellschaft brechen. Für jeden Aussteiger gibt es eine auf ihn zugeschnittene Anlaufstelle, sogar die Fastfoodketten grillen bereits mit gutem Gewissen gewürztes Bio-Rindfleisch.

Nur in einigen unterdrückten Gebieten wird der Ruf nach Umkehr heroisch laut, und wieder gibt es historische Parallelen. Die Lebensreformer der islamischen Salafia riefen um 1900 dazu auf, zur Kindheit der Religion zurückzukehren, das vorbildliche Leben des Propheten nachzuahmen. Wendet euch von der weltlichen Welt ab, die den wahren Glauben verloren hat! Erst dann wird Gott die Gläubigen triumphieren lassen, die Sklaven zu Herren machen. Auch hier hört der Einzelne die Stimme, die ihn beruft, stürzt sich in die Reinigung von den Resten der Materie; die Welt erscheint ihm, dem Märtyrer, als schmutzige Niederung. Heutige Dschihadisten finden in dieser Lebensreform die Vorlagen für ihre Katharsis.

Über die Attentäter des 9/11 wird berichtet, dass sie am Stadtrand von Hamburg zu leben versuchten wie Mohammed Superstar in Medina. Auf dem Boden schlafend, füreinander die Wäsche waschend und Brot backend, gaben sie sich dem erhabenen Gefühl hin, auserwählt zu sein. Auch in den Refugien in Madrid und London hören jene, die sich von der Kälte und Beziehungslosigkeit der modernen Gesellschaft ausgestoßen fühlen, den Weckruf der Allmachtsprediger: »Sei in dieser Welt wie ein Fremder!« Nicht Allah ist ihr Gott, sondern ein asketischer, weltentsagender Narziss.

Schon Friedrich Nietzsche wandte sich angewidert von der herrschenden – als künstlich empfundenen – Moral ab und sehnte sich nach einer kernigen Biomoral. Darwinistische Erklärungen für das menschliche Handeln interessieren ihn mehr als das demütige Gutsein der jüdisch-christlich-buddhistischen Tradition mit ihrer Verherrlichung der Opferbereitschaft. Umgeben von sentimentalen, wilhelminischen Haustieren hält er nach einem stolzen Geschöpf Ausschau, das sein Herz und seinen Schmerz im Zaum zu halten verstehe. Seine Polemik richtet sich gegen den Pöbel, das Niedrige und Gemeine, das in seinen Augen die Definitionsmacht darüber, was gut sei, errungen habe. Nietzsche will einen Reset der Moral, nach welchem das hohe Gute wieder unabhängig vom niederen Schlechten glänzen soll.

Das von Nietzsche beschworene Heldenindividuum erhebt sich aristokratisch über die von Ressentiments, Rachegelüsten und Gleichheitsforderungen getriebene Herde. Napoleon ist tatsächlich gut, die Französische Revolution hingegen nur »gut«. »Gegenüber der alten Lügen-Losung des Ressentiments vom *Vorrecht der Meisten*, gegenüber dem Willen zur Ausgleichung, zum Abwärts und Abendwärts des Menschen, erscholl die furchtbare und entzückende Gegenlosung vom *Vorrecht der Wenigsten.*«[9]

Bei Nietzsches provokanter Idealisierung der blonden, gefühllosen Bestie gegenüber der jüdelnden Priesterkaste macht der innere Zensor heute häufig Piep. Man denkt an die realen Machthaber, die Spekulanten in der Zeit vor dem Börsenkrach 1873 und an die Verbrechen des Kolonialismus. Die Proponenten der Lebensreformbewegung um 1900 verstanden Nietzsches Ideen als Aufruf zu einer »männlichen, spartanisch

9 Friedrich Nietzsche, *Zur Genealogie der Moral (1887)*, a. a. O., S. 46.

harten Kultur« – so etwa der Journalist und Alkohol-Abstentionist Walter Hammer (1888-1966).[10]

Eine anthropotechnische Schlussfolgerung der Lebensveredler aus Nietzsches »Höher-Züchtungs«-Gedanken war auch die Tötung von kranken und schwachen Elementen. Augen zu und durch, sagen bis heute jene, die ihren Helden gegen falsche Freunde verteidigen. Seine Idee einer in der Antike lokalisierten Herrschaft der arischen Rasse sei der Aufschrei eines am »schmerzhaft-paradoxen« Dasein verzweifelnden Intellektuellen gewesen, aber doch kein prophetischer, direkter Aufruf zur Nazi-Euthanasie.

Nietzsches Beschreibung eines frömmelnden Mainstreams mit vor Rührung feuchten Augen ruft heute unweigerlich jene »Guten« ins Gedächtnis, die Anfang der neunziger Jahre mit Kerzen in der Hand gegen Xenophobie demonstrierten. Und sie wirkt noch in jener Ironie nach, mit der auch heute KonsumentInnen bedacht werden, die sich über die Produktionsbedingungen ihrer Konsumgüter Gedanken machen. Als färbten sie ihre selbstproduzierte Babykleidung scheinheilig mit den warmen Farben der Weltverbesserung.

In Nietzsches Einschätzung hatte der Pöbel längst seine Moral des Ressentiments durchgesetzt. Im Panorama der Welt nach 1989 droht in den Augen der – selbst mit gegenläufigen Ressentiments geladenen – Nietzscheaner die Machtübernahme der Tugendwächter. Auch einige inzwischen erwachsene Brahmanen der linksradikalen K-Gruppen argumentieren nun von den Schlüsselstellen der kulturellen Institutionen aus. Das »Unten« sind nicht mehr die Haustiere der wilhelminischen Zeit, sondern die Masse der Antifaschisten, New-Age-Anhänger, Dritte-Welt- und Tierschutzaktivisten, die sich von der dominanten marxistischen Theorie verabschiedet

10 Ulrich Linse, *Nietzsches Lebensphilosophie und die Lebensreform*. In: Die Lebensreform. Entwürfe zur Neugestaltung von Leben und Kunst um 1900, Bd. I. Hg. von Kai Buchholz, Rita Latocha, Hilke Peckmann, Klaus Wolbert. Darmstadt 2001, S. 165.

und sich in die Camps der Selbstverbesserung zurückzogen haben.

Nietzsches Schriften selbst sind ambivalent. Er lehnt das christliche Märtyrertum ab, propagiert aber im Übermenschen zugleich eine Erlöserfigur, wie sie ohne christlichen Vorlauf kaum zu denken wäre. Und auch sein »Gott ist tot!« könnte man mit den Worten von Jesus Christus vergleichen, der in einem depressiven Moment ausrief: »Mein Vater, warum hast du mich verlassen!« Der metaphysiknostalgische Höhenjodler Zarathustra lässt sich von der vereinsamten Höhlenbärenfigur seines Schöpfers nicht trennen. Dabei könnte man dessen Hass auf die Demokratie auch dahingehend deuten, dass er den Preis erkannte, der auf dem Kreuzweg zur individuellen Selbstvervollkommnung zu zahlen ist. Gott war. Nun ist jeder Gott. In seinen zahllosen Versuchen, ein Programm für den Neuen Menschen zu entwerfen, entwickelte Nietzsche eine sich im Lichte ihrer Nachahmung als besonders fatal erweisende Luxusmoral.

Die Kritiker von Jesus Christ Superstar warnten vor der zerstörerischen Kraft eines totalitären Selbst. Jahrzehnte vor ihnen reaktivierte Freud den Narziss-Mythos, um Nietzsches Luxusmoral in die Schranken zu weisen. Den Verzicht als Quelle von Selbstachtung, das Über-Ich als Regulativ gegen den Übermenschen propagierend, war sein Narziss – bei aller Wertschätzung als Motor der Entwicklung – auch ein Warnhinweis auf die zerstörerische Potenz des Neuen Menschen.

Während Künstler wie Kokoschka, Schiele oder Munch das Kind zum Prototyp einer von moralischen Hemmungen befreiten, zukünftigen Körperlichkeit stilisierten, warnte Freud davor, notwendige Entwicklungsschritte auszulassen. Das Kind will groß sein; aber erst muss es stehen lernen. Freud beobachtete die dämonische Kraft des Selbst mit der Skepsis des radikalen Religionskritikers. Der Blick zurück bestätigt diese Vorsicht vor dem Größenwahn; er zeigt sektenhafte Organisationsformen, Antisemitismus, Führerkult, die Dämonisierung dessen, was sich der imaginären Reinheit des Körpers und der Rasse widersetzt. Von den Ausstiegsphantasien und Umkehrexperimenten auf den Wahrheitsbergen um 1900 führt ein direkter Weg zu der Licht- und Erdmystik der NS-Freizeit. Und auch aus den Refugien der Reformpädagogik, der Muehl-Kommune, dem Poona der Sannyasins oder der Odenwald-Schule dringen die Klagelaute der Befreiungsopfer. Das Übungsziel darf dennoch bestehen bleiben – weiter!

Sehen wir uns aus dieser Perspektive noch einmal die Lebensreformbewegungen der 1960er an, die ja zunächst weniger das Ich als das Wir im Sinn hatten. Deren Kritiker konstatieren, das Mitgefühl mit den Opfern trage den Stempel linker Selbsterfindung.[11] Aus dem Elend der Dritten Welt und den NS-Verbrechen habe diese Generation den Zement für einen unumstößlichen, moralischen Selbsterhöhungssockel gerührt. Der Aktivismus der sechziger Jahre gilt in den Augen dieser Kritiker als Ideologie einer narzisstischen Grandiosität, die aus der politisch korrekten Maxime der Demokratisierung und Aufwertung der Selbstachtung erwachsen war. Das Attentat von Oslo markiert den äußersten Rand dieser ideellen Frontstellung zwischen Gesellschaft und Selbst. Es pervertiert den Kommunismus der Selbstachtung(en) zum Faschismus der Ächtung, der keine Fremdachtung mehr kennt.

Nun zeigt die weltverbesserische und zugleich ich-zentrierte Moral seit den sechziger Jahren zwar gelegentlich wirklich Merkmale einer narzisstischen Störung. Gleichwohl ist es doch übertrieben, die teilweise pathologisch auswuchernde Selbstsucht derer, die das im Spießerland so lange unterdrückte Selbst in der Gemeinschaft der WGs, Kommunen und Arbeitskreise entfalten wollten, mit der eliminatorischen Revolte eines selbsternannten Auserwählten kurzschließen zu wollen. Die frühe Kritik am tyrannisch Intimen

11 Gerd Koehnen, *Das rote Jahrzehnt. Unsere kleine deutsche Kulturrevolution 1967-1977.* Köln 2001, S. 90.

konnte nur deshalb so scharf sein, weil die Kritiker wussten, dass sie als solidarische Metareflexion der Kollateralschäden der politisch korrekten Emanzipation gelesen wurde – und nicht als grundsätzlicher Einspruch gegen deren Legimität. Heute, mit dem wiedererstarkenden Faschismus der Ächtung(en) im Nacken, tut sich entsprechende Kritik notwendig schwerer. Sie aber deshalb taktisch einzustellen führt auf Dauer, wie wir fürchten, zwangsläufig dazu, dass der Kommunismus der Anerkennung unversehens zum Stalinismus wird.

2. Kapitel
Im Shitstorm des Ich-Ideals

Die Einhaltung der Fastenvorschriften des islamischen Rama-
dan ist ein Kinderspiel im Vergleich zu jenen Gewissensnöten,
in die das Studium einer Speisekarte den gottlos-korrekten
Konsumbürger stürzt. Die Wahl eines Steaks trägt zur Erhö-
hung der Methangasproduktion bei, Garnelen zur Vergiftung
des Meeres durch die in der Zucht verwendeten Antibiotika.
Der spanische Salat wird von marokkanischen Wanderarbei-
tern geerntet, der Biosalat könnte gefährliche Keime enthal-
ten. Eltern verbringen schlaflose Nächte mit dem Problem der
richtigen Schulwahl. Dürfen sie ihr Kind von der allgemeinen Schule mit hohem Ausländeranteil nehmen und auf eine
Privatschule schicken, ohne als Rassisten beschimpft zu werden? Sie puhlen Zigarettenstummel aus der Sandkiste und
fürchten sich davor, dass der Kleine einmal selbst zum Stängel
greifen könnte. Dann wäre nämlich alles – die auf Schadstoffe
untersuchte Gartenerde, der Boykott von spanischem Glas-
hausgemüse und das plastikfreie Spielzeug – ganz umsonst gewesen!

Und dann kommt noch zum dritten Mal der Verkäufer ei-
ner Obdachlosenzeitung vorbei, der einem das Brot aus dem
Körbchen klaut und, ohne zu fragen, eine Zigarette aus der
Packung zieht. Das Gewissen ekelt sich vor der inneren
Stimme, die leider vernehmlich sagt: Hau ihm doch eine rein!
Dieser Anerkennungsboykott würde uns guttun, aber die
Angst vor dem darauf notwendig folgenden inneren Shit-
storm würde so eine paläomoralische Reaktion nie zulassen.

Auch für diesen geistigen Geheimdienst hat Freud einen Namen: das Ich-Ideal. Früher war der Mensch einmal allmäch-
tig und vollkommen. »Da war er sein eigenes Ideal«, schreibt

Freud. »Der Mensch will die narzisstische Vollkommenheit seiner Kindheit nicht entbehren.«[1] Später dann versucht er, die verlorene Allmacht, als er noch nicht von der Mutter getrennt war, wiederherzustellen. Und lernt zu akzeptieren, dass die grenzenlosen Forderungen des Ich-Ideals unrealistisch sind (oder sollen wir lieber sagen: lernte er, als er noch ein Spießer war, wie die Hippies es zu nennen pflegten).

Dieser Realismus fasziniert uns an Freuds Fortschrittserzählung. Der Gradmesser der erreichbaren Autonomie ist weder das marxistische Einswerden mit der Wirklichkeit noch eine esoterische Vergeistigung, sondern die schrittweise Desillusionierung des Einzelnen. Die meisten Reichsgründer und Diskurshäuptlinge um 1900 – Rudolf Steiner, Karl May, Madame Blavatzky oder Gabriele d'Annunzio – verbannte die Geschichte ins Reich der Legenden. Freuds Entwurf eines Selbst-Reichs, dessen Trieb- und Angstprovinzen sich in permanentem Aufstand befinden, verspricht dagegen ein besseres Leben durch eine Verfeinerung der Selbstregierungstechnik. Sowie wir den sadistischen und charismatischen Perversen unserer frühkindlichen Prähistorie einmal durchschaut haben, verliert das Böse seine Allmacht, so seine These. Die Kraft der Illusion gilt es respektvoll und skeptisch in ein Mittel zur Schmerzbekämpfung umzuwandeln, die Nüchternheit eines Lebens ohne Götter zu akzeptieren.

Freud machte keinen großen Unterschied zwischen Ich-Ideal und Über-Ich, wohl auch, weil er sich vor Größenwahn und mystischen Ekstasen gefeit wähnte. Als er diese Begriffe entwickelte, war er allerdings bereits in einem Alter, in dem man sich nicht mehr in sein Spiegelbild verliebt. Spätere Anhänger seiner Ideen, etwa die genannten konservativen Analytiker Smirgel und Dessuant, registrierten bei ihren Patienten eine Abschwächung der Schuldmechanik des Gewissens und eine Stärkung der Nachfrage nach illusionistischen Techniken

1 Sigmund Freud, *Zur Einführung des Narzissmus (1914)*, a.a.O., S.61.

der Allmacht. Das Über-Ich trennt das Kind von der Mutter, das Ich-Ideal drängt es zur Verschmelzung. Mit der Dominanz des Ich-Ideals über das schwächelnde Über-Ich begann der Niedergang des Gouvernanten-Erziehungsmodells und der Auf- bzw. Abstieg der Mutter zur besten Freundin.

Während das Über-Ich noch mit Mutters Vagina und Vaters Phallus beschäftigt war, hängt das Ich-Ideal jetzt freestyle in der Steilwand. Wie kann ich prächtig tafeln und schlank bleiben? Ich will guten Sex haben, aber meinem Mann ein Leben lang treu bleiben. Ich will bis 40 Party machen und in Weiß heiraten. Der Idealberg in mir – der Monte Verità – wächst und wächst. Man könnte die Ablösung des Über-Ichs durch das Ich-Ideal auch so ausdrücken: Ich lasse mir von niemandem (mehr) etwas sagen außer von mir selbst – aber mit »mir« ist wahrlich nicht zu spaßen!

Dieser innere Imperativ ist es, der die Political-Correctness-Getriebenen so viele Rückwärtspurzelbäume schlagen lässt: Konservative Unternehmerinnen wehren sich gegen die Bevormundung durch konservative Politikerinnen, die eine Frauenquote in Unternehmensvorständen gesetzlich festschreiben möchten. Auf dem Spielplatz exerzierende Musterväter ereifern sich über eine verpflichtende Babypause für Väter. Sie verhöhnen die Sehnsucht nach privatem Glück als Biedermeier, wiewohl niemand außer ihnen wissen könnte, was das überhaupt ist. Die Vorsitzende der österreichischen Grünen, Eva Glawischnig, forderte im Juni 2011 die Abschaffung von Zigarettenautomaten, um Jugendlichen den Griff zu dem gesundheitsschädlichen Glimmstängel zu erschweren. Sie wurde daraufhin von liberalen Kommentatoren als »Gouvernante«, die Grünen als »Verbotspartei« angegriffen. Nach der Wahl des grünen Politikers Winfried Kretschmann zum Ministerpräsidenten von Baden-Württemberg warnten Journalisten vor einem »bevormundenden, sanft tyrannischen Tugendstaat«. Deutschland drohe angesichts des Rauchverbots und der Antidiskriminierungsgesetze »moralisch vorbildliche

Spießigkeit«[2]. Solche Äußerungen lesen sich wie Protokolle eines inneren Bürgerkriegs, in dem das Ich-Ideal die nie zu überspringende Kluft zum Ziel vollständiger Autonomie beklagt. Die Kretschmanns und Glawischnigs in uns kann man nicht abwählen. An Wahltagen werden ihnen die begüterten VIPs der Selbstakkumalation weiterhin gute Ergebnisse bescheren.

Um sich und andere wahlweise als amoralisches Pack oder als überkorrekte Schönwettermoralisten erlebbar zu machen, musste die Moral erst aus ihren starren, verbeamteten Beschäftigungsverhältnissen in Staat und Religion gelöst werden. Auch die Moral wurde ein ungeschützter, prekarisierter Bereich, der mal schwerer, mal leichter auf den Schultern des Einzelnen lastet. Der Imperativ der Korrektheit ist eine zumeist freiwillig akzeptierte Zumutung. Im neuen New York leiden die Bürger nicht einfach unter exzessiver Bevormundung einer Stadtregierung, die am liebsten den Salzgehalt von Speisen festlegen würde, sondern sie wählen sie auch. So wie in Deutschland die »Regulierungswut« der Grünen den Bürgern derzeit attraktiver erscheint als die Deregulierungswut der Liberalen. Es sind also nicht nur Gesetze von oben, sondern Gebote in uns, die etwa das »Raucherproblem« lösen wollen. Schließlich will man kein willensschwacher Versager sein. Die Formel feeling good = being good erscheint im Kontext materieller und kultureller Privilegiertheit, in dem sich die »organic food«-Intifada in Manhattan und die Bioladenplünderer hierzulande bewegen, als Heilsversprechen.

Ich darf nicht rauchen!

Mit selbstvergessenem Blick bläst die Hollywood-Diva den Rauch durch die sinnlich geschwungenen Lippen. Der Schriftsteller nimmt einen tiefen Zug, ehe er die Finger in die Tasten

2 Die Zeit, Nr. 22 am 25. 5. 2011.

hackt. Die Schüler treffen sich auf dem Schulklo, um eine zu rauchen – so trotzen sie dem Alltag auf der Schulbank einen Moment der Freiheit ab. Die Raucher waren stolz darauf, dass ihre Fingerkuppen gelb waren vom Tabak der Selbstgedrehten. Das Rauchen einer Zigarette brannte sich als Synonym persönlicher Souveränität tief in unser Gedächtnis ein. Doch wird diese Übereinkunft seit geraumer Zeit in Frage gestellt. In Kino- und TV-Filmen müssen Schauspieler auf dieses Ausdrucksmittel verzichten, auch im öffentlichen Raum darf nicht mehr nach Belieben inhaliert werden. Auch hier hat die Political Correctness, so scheint es, das Kommando übernommen.

Wissenschaftler und Politiker sind sich darüber einig, dass das Rauchen das Gegenteil individueller Souveränität sei – nämlich eine Sucht. Der glückselige Blick des Heroinkonsumenten, in den heroischen Momenten des Rock'n'Roll noch eine säkularisierte Himmelfahrt, gilt heute als Ausdruck erbärmlicher Asozialität. Nun gehen die Raucher abends in finsteren Parks ihrem perversen Vergnügen nach. In den U-Bahn-Stationen werden sie gemustert wie Drogenleichen, die mit leerem Blick auf ihren Dealer warten.

Skandinavien ist jene geographische Zone, in der die moralischen Korrekturen am eifrigsten betrieben werden. Schweden galt einmal als Land, in dem Frauen Pfeife rauchen und Promiskuität als Brauchtum pflegen. Heute werden dort vor dem Geschlechtsverkehr Verträge unterschrieben; die Penetration einer schlafenden Partnerin gilt als Vergewaltigung. Nicht viel besser schaut es in Nordeuropa mit dem Rauchen aus. Isländische Politiker möchten das Rauchen als Suchterkrankung behandeln und die Nikotinjunkies zu einem Arzt schicken, der ihnen den Stoff auf Rezept verschreibt.

Bevor die Werbung für Rauchwaren verboten wurde, genossen wir die Bilder, auf denen der blaue Dunst das Gefühl gesteigerter Selbstachtung suggerierte. Der Marlboro-Mann erinnerte an den Cowboy als Aristokraten der Prärie, sportliche Frauen auf dem Segelboot vermittelten die Botschaft: Ich kann das Ruder auch selbst in die Hand nehmen. »Du musst stehen!«, riet auch der pfeiferauchende Helmut Kohl seinem Sohn. Wer raucht, steht.

Heute machen grausame Schriftzüge und abstoßende Bilder auf den Packungen darauf aufmerksam, dass sich der Raucher vom Sieger in einen Verlierer verwandelt hat. Zum Glück gibt es Widerstand gegen diese Form der Gesundheitspolitik. Dessen Maxime lautet: Jeder soll ein Recht darauf haben, mit seinem Körper umzugehen, wie er möchte. Auch soll die Wahlfreiheit bestehen, in ein Raucher- oder ein Nichtraucherlokal zu gehen. Das Qualmen ist eine ehrwürdige Tradition, die alle großen Leistungen der Kulturgeschichte begleitet hat. Ein Philosoph oder eine Schriftstellerin ohne Zigarette? Undenkbar.

War denn der Kampf gegen die durch die Religion und den Anstand aufgezwungenen Normen ganz umsonst? Nun muss man sich von einem Ministerium oder einer EU-Behörde sagen lassen, was man zu tun hat. In geradezu stalinistischer Manier schreckt der politisch korrekte Zeitgeist nicht einmal davor zurück, die Zigaretten aus den Fotos historischer Raucherikonen herauszuretuschieren. Eine Kultur der maßlosen Mäßigung breitet sich aus. Aber was wäre denn das richtige Maß?

Freuds Pornomärchen berichten vom kleinen Jungen, der zu akzeptieren lernt, dass die Vagina der Mutter dem Vater gehört und zu groß ist, um von seinem kleinen Penis penetriert zu werden. Das Über-Ich wacht darüber, dass er seinen Sexualtrieb in den Griff bekommt und die gesellschaftlichen Vorschriften akzeptiert. Das Über-Ich sagt »Braver Junge« und gibt eine Eins in Betragen.

Auch unser moralischer Ich-Ideal-Liveticker funkt pausenlos: Wann wirst du aufhören? Heute hast du schon fünf geraucht. Bin ich nicht schon zu alt, um aufzuhören? Mach dir nichts vor, du bist süchtig! Bravo, du hast es geschafft, den täglichen Konsum auf eine Packung zu reduzieren. Schon zwei Wochen ohne Nikotin? Du bist der Beste! Früher war das anders: Da stand zumindest die eine Zigarette nach dem Essen außer Frage. Die Professoren haben sogar in den Seminarräumen der Unis geraucht, ohne dass das jemanden gestört hätte. Scheiß PC! Ruhe jetzt!

Doch sosehr man die Qualm-Sit-Ins unserer Paffkameraden gutheißen und zum allmorgendlichen Ritual des Hustenanfalls stehen mag: Auch diese Trotzhaltung verbirgt den eigentlichen moralischen Konflikt – das Ringen um Souveränität. Im Vergleich zu diesen Schlachten von Scham und Selbsthass, zu dem inneren Bürgerkrieg, den fast jeder Raucher heute führt, sind Rauchverbote wie Zivildienst. Wir sind wütend auf PC, zornig auf das regulierende Brüssel und ärgern uns über eine immer asketischer werdende Gesellschaft. Warum? Weil sie Barrieren errichten möchte, die es dem Raucher erleichtern wollen, von seiner Sucht loszukommen. Damit bringen sie ihn um den wahren Triumph – es ganz allein geschafft zu haben. Die Raucher wollen den Verzichts-Achttausender allein bezwingen. Ohne Sauerstoffmaske.

Dieses Bemühen macht den Rauchern diejenigen, die es geschafft haben, nicht sympathischer. Der ehemalige Kettenraucher, die zur Marathonläuferin mutierte Dicke und der Punk mit Vollbart sind Karikaturen dessen, was früher Autorität genannt wurde. Wie Richard Sennett einmal schrieb,[3] beschämen Autoritäten die anderen dank ihrer Kompetenz und Autonomie. Sie machen uns darauf aufmerksam, was wir könnten, aber nicht tun. Auf moralische Autoritäten bezogen heißt das: Die Vorstellung eines richtigen, eines politisch korrekten Lebens beschämt mein zwischen Armseligkeit und Hybris schwankendes Selbstbild, das von in mir lauernden Inkorrektheiten geplagt wird.

3 Richard Sennett, *Autorität*. Aus dem Amerikanischen von Reinhard Kaiser. Frankfurt am Main 1990, S. 114.

Weil man sich nie gut genug fühlen kann, steht das Ich-Ideal im Dauerkonflikt mit dem trägen Ich. Man muss Handlungen und Praktiken verantworten, von denen man weiß oder ahnt, dass man sie nicht selbst in der Hand hat. Wir sind also nur in dem Maße frei, wie wir unsere Unfreiheit in der Selbstreflexion erkennen. Wie lässt sich dann diese illusionäre Selbstbestimmtheit überhaupt verwirklichen?

Mit dem vermeintlichen Zugewinn von Souveränität über sich selbst nähert man sich einem normativen Vakuum. Das soziale Band droht sich aufzulösen. Eine sich ausdifferenzierende Demokratie treibt den Prozess der Individualisierung voran, deren oberster Wert die Autonomie des Einzelnen und nicht das wechselseitige Abhängigkeitsverhältnis ist. Wie aber lassen sich verbindliche Wertvorstellungen zwischen Individuen, die nach absoluter Freiheit streben, noch stabilisieren?

Gleichsam als Ritual der Vermittlung zwischen Individuum und Gesellschaft warten die Demutsübungen einer postautoritären Moral, die das Streben nach einem »richtigen« Leben als beständige Abfolge von individuellen Korrektheitsstresstests inszeniert – von den ritualisierten Erregungen über unkorrektes Verhalten anderer bis zu den nicht nur ökologisch passablen, sondern vor allem auch selbsterhebenden Praktiken der Askese. Diese Demutsübungen können, wie schon Nietzsche bemerkt hat, einen rachsüchtigen Charakter bekommen. Die »Sklavenmoral« ist imstande, Unlust in dem Maß zu genießen, in dem sie sich im Verzichtpredigen missionarisch über andere ereifern kann. Denn bei aller berechtigten Sorge um das große Ganze wird oft übersehen, dass aus den Erhitzungsgesprächen im Biogemüseladen auch ein Dünkel spricht, der das Privileg der Möglichkeit zur Einrichtung eines richtigeren Lebens im falschen ausblendet. Dann wird die moralische Superiorität elitär, obwohl sie egalitär sein will.

Der V-Mann dieser elitär-egalitären, antinormativen Normen sitzt im eigenen Kopf und versucht dort, das sich um keine Moral scherende Begehren zu missionieren. Denn das Begehren will plündern – Supermärkte, Liebesvorratslager und andere Substitute des fundamentalen Mangels. Der Benimmpapst im Kopf ist darüber entsetzt und ruft nach der Inneren Sicherheit. Der polizeiliche Appell wendet sich an ein moralisch prekarisiertes Subjekt, dem das Über-Ich abhandengekommen ist und das stattdessen mit seinem Ich-Ideal hadert. Das Individuum leidet nämlich nicht nur unter einer angeblich erstickenden, rachsüchtigen Forderung nach Demut, sondern auch an der Überforderung damit, dass es sein Handeln selbst regeln, überzeugend und exemplarisch darstellen und dabei auch noch glücklich werden soll. Der Gutmensch ist entgegen landläufiger Einschätzungen weniger das Fernziel eines imaginären Umerziehungsprogramms der Anderen als vielmehr der Bezugspunkt einer sich beständig verfeinernden Selbstdressur: Was darf ich kaufen? Was darf ich essen? Darf ich noch »Nurse« sagen oder ist das nicht mehr korrekt? Darf ich noch nackte Kinder im Kunstmuseum ansehen oder gehören die alten Meister und ihre Jesukind-Darstellungen schon auf den Index (wie neuerdings eine australische Aktivistin mit dem bezeichnenden Beinamen Braveheart fordert)?

Es liegt nahe, auf die Pedanterie dieser protestierenden Ethik mit Ironie zu reagieren. Wie zum Beispiel der US-amerikanische Popmusiker John Maus. 2011 nennt er sein drittes Album »We Must Become The Pitiless Censors Of Ourselves« – und singt darin in melancholisch verblasenen Synthie-Arrangements von der Lust auf Morde an (inneren) Polizisten und dem Anrennen gegen die selbstauferlegten Gesetze. Oder der Romancier Jonathan Franzen, der in seinem dem moralischen Reformwillen seiner Figuren gewidmeten Roman »Freiheit« milde die Gewissensnöte einer mittelständischen weißen Hausfrau und Mutter in einem gentrifizierten Wohnviertel bespöttelt: »Waren die Pfadfinder politisch akzeptabel? Gehörte Bulgur wirklich auf die Speisekarte? Wohin mit alten Batterien? Was tun, wenn eine mittellose Frau anderer ethnischer Herkunft einen beschuldigte, man mache ihr Wohnviertel kaputt? (...) Soll man Bettlern Essen geben oder besser gar nichts?«[4]

Der gutverdienende Gutmensch in einem steht also unter ständigem Entscheidungsdruck. Die Schwierigkeit besteht für ihn darin, zu genießen und sich zu beherrschen; die Kunst darin, die Selbstbeherrschung zu genießen und sich an den gewissensstärkenden Gutwaren so zu erfreuen wie andere an nicht erkannten Sünden wie Currywurst und Plastikspielzeug.

Mad Men smoking

Morgenbesprechungen beginnen mit einem Drink, die Rundungen der Sekräterinnen werden lautstark kommentiert. Afroamerikaner betreten lediglich als Liftboys und Reinigungskräfte die Szene. Zigarettenqualm zieht durch die Räume der Werbeagentur. Der schwule Art Director muss, um nicht geoutet zu werden, mitlachen, wenn seine Kollegen Schwulenwitze reißen. Die Rede ist erneut von der TV-Serie »Mad Men«.

Nur der Protagonist, Creative Director Donald Draper, ist etwas anders. Zwar sind die Säulen seiner Männlichkeit nach außen hin tragfähig. Seinen Job beherrscht er souverän, auch zu Hause hat der das Sagen, und in der Kneipe gibt er Runden aus. Er säuft, raucht und betrügt seine Frau – aber doch mit angezogener Handbremse. Wenn andere sich auf die Schenkel klopfen, verzieht er die Mundwinkel nur zur Andeutung eines Lächelns. Nie prahlt er über seine sexuellen Eskapaden, so als hätte es einen Knacks in seinem Leben gegeben. Der Schatten einer Kindheit voller Gewalt und emotionalen Missbrauchs

---

4 Jonathan Franzen, *Freiheit*. Aus dem Englischen von Bettina Abarbanell und Eike Schönfeld. Reinbek bei Hamburg 2010, S. 13.

liegt auf seiner Figur. Don Draper ist der Botschafter des postmodernen Opferlandes im Archipel der verkommenen Disziplinargesellschaft, der Agent des Ich-Ideals in einer Zeit, als noch gesündigt wurde.

Die Serie wurde in erster Linie über die in ihr zelebrierten Designoberflächen – der Eames-Stühle und Petticoats – rezipiert. Weniger Beachtung fand die Möglichkeit, ihren Historismus auf die rekonstruierte Moral anzuwenden. Das englische Wort *vintage* heißt eigentlich Weinlese, im übertragenen Sinn steht es für besondere Jahrgänge. Im Kunsthandel wird der Begriff für Originalabzüge verwendet, die vom Photographen persönlich stammen. Original und erlesen wirken die jahrzehntealten Kostüme von Chanel und Dior, die seit Mitte der Nullerjahre als Vintagemode in den Handel kommen; deren Rekonstruktionen heißen ebenfalls Vintage.

Alkoholismus, Sexismus und Rassismus in »Mad Men« sind Vintage. So wie Modefirmen Jeansstoffe einer chemischen Behandlung unterziehen, um sie künstlich alt aussehen zu lassen, werden Verhaltens- und Redeformen ausgebleicht, um sie authentisch wirken zu lassen. Damit die Szenerie nicht in einen politisch unkorrekten Maskenball kippt, gibt es Figuren wie Don Draper und die Texterin Margaret »Peggy« Olson. Sie sorgen dafür, dass man den Vintagesexismus mit den Augen von heute sieht.

Olson lernt von Draper, dass sie ihrem Chef sexuell nicht gefügig sein muss. Sie lehnt feste Beziehungen mit Männern in einer Zeit ab, als jene noch nicht unter Bindungsangst litten. Von einer Tippse arbeitet sich Peggy, von Draper gefördert, zur Kreativen hinauf, dabei beleidigende Bemerkungen ihrer Kollegen in Kauf nehmend. So wie zur kommunistischen Folklore Arbeiter und Arbeiterinnen aus einer Zeit gehören, in der es noch keine Fabriken gab, quasi mittelalterliche oder gar antike Proletarier, so ist Olson eine in die moralische Vergangenheit projizierte Fackelträgerin des emanzipierten Lebensstils, eine Steinzeitpostfeministin.

Draper und Olsen akzeptieren, dass die Menschen rauchen, obwohl sie sich der Tatsache bewusst sind, dass der Tabakkonsum der Gesundheit schadet. Sie wissen, dass der Mann bei Rendevouz die Rechnung deshalb zahlen muss, weil die Frau ihren Teil der Rechnung schon in Form des Make-ups beglichen hat: Romantik ist ein Konsumformat. Im Gespräch mit einer Kundin spricht Draper über Liebe: »Die ›Liebe‹, von der Sie sprechen, erfanden Leute wie ich, um Strumpfhosen zu verkaufen.« Wie Olsen fügt er sich – zumindest im Job – dem sexistischen Konsens nur widerwillig. Er weiß, dass Diskriminierung schlecht für die Unternehmenskultur ist. Und mit einer aus der Gegenwart der Werbeindustrie in ihre glorreiche Vergangenheit projizierten Hellsicht relativiert er den Mythos der guten Idee.

Liegt sein Erfolg doch gerade nicht in ausgefallenen, sondern in pragmatischen Lösungen. Der Kunde ist ihm wichtiger als der geniale Kniff. Als Schüler Adornos durchschaut er den Nebel der Bewusstseinsindustrie. Als Vorläufer der Dekonstruktion weiß er, dass alles in Anführungszeichen steht: »Liebe«, »Sex«, »Freundschaft«, »Schönheit«, »Körper« sind nach Belieben manipulierbare Konstruktionen. Selbst wenn er eine Gold-Idee abliefert, prahlt er nicht; er empfände das als faschistoid. Wenn er nach Hause kommt, betritt er eine andere moralische Sphäre. »Ich bin nicht traurig. Ich bin dankbar«, idealisiert seine Frau das Glück des Trieb- und Emanzipationsverzichts. Sie stellt die Ideale der Mittelschicht über die Ansprüche des Selbst. Wir lernen von Draper, dass die Macht der Männer darin besteht, Ekstase mit Autonomie zu vereinen. Er weiß, dass die Sehnsucht der Frauen nach einer heilen, beständigen Welt ihr Wettbewerbsvorteil ist. Dieses Wissen setzt sich wie eine dünne Rußschicht auf seiner Seele ab.

Wer heute in eine New Yorker Werbeagentur geht, sucht dort vergeblich nach dem Silbertablett mit den Whiskeyflaschen. Kein enthemmtes Lachen dröhnt durch den Raum. Am Abend verschwinden die Art Directors in keiner Go-Go-Bar am Broadway (deren letzte in den neunziger Jahren von Bürgermeister Rudolph Giuliani geschlossen wurde), sondern in der Yogagruppe. Wörter wie »Titten« und »Neger« sind ein Entlassungsgrund. Das Diversity Management sorgt für eine bunte Mischung aus afroamerikanischen Frauen und schwulen Latinos.

Aber warum sind dann alle hier so schmallippig? Die voyeuristischen Lustobjekte in »Mad Men« sind die retromodernistischen Designs, nicht die Personen, deren Begehren ein Gefühl von Ekel beigemengt wird. Die Kamera reproduziert Konventionen der historischen Werbeästhetik, indem sie das Dekolleté und den Hintern von Protagonistinnen ins Bild rückt. Sie schwenkt dann aber auf das Gesicht eines Mannes, der diesen Blick geworfen hat, so als hätte sie ihn bei einer strafbaren Handlung ertappt. Er war's! (Und nicht etwa die Kamera.)

Das Zielpublikum möchte die Feierlichkeit und Eleganz vermittelnden Kleider der Protagonisten zwar gern anziehen, hegt dem lautstark zelebrierten Hedonismus gegenüber aber einen Pauschalverdacht. Wer tanzt da auf wessen Rücken? Das Konzept Vintage ist wie alter Bourdeaux ohne Alkohol, ein vorzensierter Blick auf jenes Andere, das seine beängstigende Anziehung verloren hat. »Mad Men« führt wie die calvinistische Autobiographie exemplarische Lebensläufe vor, deren Schwächen es zu vermeiden gilt. Sind wir verflucht oder auserwählt? In der rastlosen Melancholie von Don Draper spiegelt sich diese zeitgenössische Befindlichkeit wider.

»Mad Men« führt die Ambivalenz vor Augen, die heutige Debatten über eine Lebensreform, deren (Post-)Moral die politische Korrektheit ist, kennzeichnet. Die gleichmäßige Verteilung von Selbstachtung wird um den Preis größerer Selbstdisziplinierung erkauft. Don müsste heute seine Herkunft aus dem Opferland nicht mehr verhehlen – der Klageton seiner Jeremiade wäre laut und schrill. Peggy wäre gleich selbst Creative Direktrice und würde Werbung für fettarme Nahrung und vegane Schuhe machen – und in Selbsthilfegruppen die

Symptome eines aufziehenden Burn-outs und der Angst vor der Zurückweisung beim nächsten Internet-Dating bekämpfen.

Die in die Vergangenheit projizierten, nichtemanzipierten Sitten sind ein Akt der Sublimation der kollektiven Egozentrik. Die in den englischen Konsumriots des Sommers 2011 ausgedrückte Gier der Unangepassten ist die historische Folge der ängstlichen Introspektion der Angepassten. Deren Rasterfahndung werkt unermüdlich. Die Richtersprüche des Selbst über die Obszönitäten des Unbewussten helfen dem moralischen Parvenü, ein besseres Ich als vorher bzw. als Du zu sein. Der Wunsch nach Bannung potentieller inkorrekter Gefahrenpotentiale im Selbst folgt einer paradox erscheinenden Logik: Selbstanerkennung durch Selbstentmachtung.

Die Fähigkeit zur Entrüstung über die eigenen Mängel ist pikanterweise die Voraussetzung für jene zu erstrebende Autonomie, die dann auch als machtvolle, hierarchische und Ungerechtigkeit stabilisierende Daseinsform privilegierter Gruppen oder Subjekte erkannt und bekämpft werden kann – von einem selbst oder von anderen. Mit der Folge, dass in progressiven Milieus etwa die Global-Kritik und Anklage der Macht des weißen, mittelständischen, westlichen, heterosexuellen Mannes zur Voraussetzung jeder seriösen Diskurswürdigkeit werden konnte.

Ein männerfeindliches Ressentiment, die pauschale Denunziation in Form von pejorativen Werbungen und Filmen, die Hassrede auf das Monster Mann und die Selbstgeißelung der Männer selbst gehören mittlerweile auch zum »kulturindustriellen Mainstreamdiskurs«,[5] notierte der Feuilletonist Jörg Lau 2004 – und bekannte freimütig, dass ihm die Aufbürdung einer patriarchalen Kollektivschuld gehörig gegen den Strich

5 Jörg Lau, *Männerhaß und Männerselbsthaß*. In: Ressentiment! Zur Kritik der Kultur. Sonderheft Merkur. Deutsche Zeitschrift für europäisches Denken, 9/10, 58. Jahrgang. Hg. Karl Heinz Bohrer und Kurt Schel. Berlin 2004, S. 939.

gehe. Umgekehrt gelten Machtansprüche minoritärer und bislang als unterdrückt geltender Opfermilieus oft unbesehen als legitim und daher per se als erstrebenswert. Weiße Hiphopper fühlen sich unwohl in ihrer Haut. Im Kunsttheorieseminar möchte man sich nicht unbedingt als heterosexuell outen. Woher kommt es, dass Opfersein wie eine Währung und Kränkungen als deren Kleingeld gehandelt werden?

Narzissmus als Norm

Die US-Psychoanalytiker Heinz Kohut und Otto Kernberg beschrieben in den sechziger Jahren die schmerzhafte Versenkung in das Selbst nicht nur als psychologisches, sondern als gesellschaftliches Phänomen. Der US-Soziologe Richard Sennett erkannte in den Begriffen der »narzisstischen Störung« und der »narzisstischen Besetzung« Schlüsselbegriffe seiner eigenen Disziplin. »Vieles, was heute über den Narzissmus geschrieben wird, ist pure Soziologie.«[6] Die »Tragödie des Eingesperrtseins« lösche die Grenze zwischen Ich und der Welt aus. Die Fixierung auf die eigenen Gefühle schwäche die soziale Verantwortung und die Fähigkeit, ein autonomes Leben zu führen. Sennett spitzt seine These zu: Anstatt die Ursache des Übels zu bekämpfen, fördere die Gesellschaft diese Symptome. »Was geschieht, wenn die ›Wirklichkeit‹ selbst von narzisstischen Normen beherrscht wird?«

Narzisstische Menschen würden die Frage »Was fühle ich?« über das »Was tue ich?« stellen. Dieser Persönlichkeitstypus bewerte das Handeln negativ und lege alles Gewicht auf die Gefühlstönung. Der klassische Psychoanalytiker arbeitet mit dem Schema des Erwachsenwerdens. In einem Zustand der Selbstdistanz bändigt der Erwachsene die archaischen, narzisstischen Energien der Kindheit ganz anders als jener, der

---

6 Richard Sennett, *Die Tyrannei der Intimität, Verfall und Ende des öffentlichen Lebens*. Aus dem Amerikanischen von Reinhard Kaiser. Frankfurt am Main 1996, S. 409.

in sein Selbst versenkt ist. »Es mangelt ihm an Blick für gesellschaftliche Wirklichkeit«, sagt Sennett: »Erwachsene, die heute im Einklang mit den gesellschaftlichen Normen handeln wollen, müssen sich narzisstisch verhalten.«

Anhaltspunkte für seine These des narzisstischen Imperativs sieht er in den Veränderungen der Arbeitswelt. Die Angestellten in der wachsenden Bürokratie wechseln rasch zwischen den Abteilungen. Nicht professionelle Fähigkeiten, sondern persönliche Anlagen sind die Voraussetzung für ihre Karriere. Das tatsächliche Handeln ist nicht so wichtig wie das »Potential« einer Person. Wenn eine Arbeitsposition der Spiegel des Selbst ist, geht dem Beschäftigten auch die Bereitschaft abhanden, sich im Arbeitskampf zu organisieren. Anders als die Fabrik wird der Arbeitsplatz sogar von narzisstisch verführten Opfern von Ausbeutungsverhältnissen nicht mehr als Ort der Entfremdung, sondern der identifikatorischen Bindung wahrgenommen.

Sennett unterscheidet den Narzissten vom Egoisten, der sich auf aggressive Weise Befriedigung verschaffe, der genieße, was er habe und was er sei. »Der Egoist weiß, wie man sich etwas nimmt.« Mit Rekurs auf den deutschen Soziologen Max Weber und dessen Klassiker »Die protestantische Ethik und der Geist des Kapitalismus« spricht Sennett von einer »innerweltlichen Askese«, bei der die Verneinung des Genusses der Aufwertung und Bestätigung des Selbst diene. »Die Fähigkeit, Genuss hinauszuzögern, gilt als Zeichen starker Individualität.«[7] Diese ostentative Verausgabung zerstöre die soziale Bindung.

Die Frage »Was fühle ich?« sei zu einer Obsession geworden, die verhindere, sich auf Erfahrungen in der Welt einzulassen. Der Tyrann ist nicht mehr eine autoritäre Institution, sondern dirigiert das Selbst mit freigewählter Härte. Die Folge ständig steigender Erwartungen und des Gefühls, dass das

7 Ebd., S. 419.

jeweilige Verhalten nie als befriedigend erlebt wird, entspricht der Unfähigkeit, irgendetwas zu einem Abschluss zu bringen. »So wird die Abwehr dagegen, dass es außerhalb des Selbst etwas Reales geben könne, perfekt.« In der Klage über die eigene Empfindungslosigkeit verbirgt sich die Überzeugung, dass die anderen Menschen und die Dinge, so wie sie sind, nie gut genug sein könnten.

Stimmt genau! Nieder mit der narzisstischen Tyrannei! Aber wieder ertappen wir uns dabei, mit den Rebellionen älterer Generationen allzu hart ins Gericht zu gehen. Luxusmoral, Kultur des Narzissmus, nun die Tyrannei der Intimität: Sind das nicht zu negative Etiketten für das von den 68ern zunächst gemeinschaftlich betriebene und in der Öffentlichkeit verhandelte Projekt Autonomie?

Der Fall Vivienne

Rückblickend liest sich das 1974 erschienene Buch »The Fall of Public Man« nicht nur als Lamento über den Verfall des öffentlichen Raums in den modernen Metropolen, sondern auch als Kritik an jenen Subkulturen der Innerlichkeit, die sich im Gefolge der Bürgerrechtsbewegungen bald entwickelten. In ländlichen Kommunen und indischen Ashrams suchten junge Menschen nach Techniken, um die Performance ihrer selbst zu perfektionieren. Karriere machten nicht jene, die am fleißigsten Gitarre übten, sondern die, die sich durch Sensibilität und Ausstrahlung auszeichneten.

Zieht man in den Archiven die Karteikarte »Neue soziale Bewegungen«, so liest man dort den Slogan »Das Private ist politisch«. Schwule möchten ihre eigene Geschichte erzählen, Feministinnen spüren die Mutter Erde, Jugendliche suchen in Drogen und Afghanistan das wahre Selbst. »Feel you«, »Sei ganz Ich!« schallt es aus den Refugien der Selbsterhöhung. In der Geschichtswissenschaft steht das persönlich Erzählte über dem Aktenfund.

Gegen all dies wird die Punk-Bewegung wenige Jahre später den Kult der Gefühllosigkeit setzen, die kosmische Einheit zwischen Körper und Universum mit Rasierklingen zerschneiden. Die Geschichte der Subkulturen stellt dem durch Haschisch sedierten Hippie zunächst den speedgetriebenen Apokalyptiker gegenüber. Im historischen Überblick von heute wächst indes zusammen, was damals im Tagesgeschäft der Selbststilisierung unvereinbar schien. Letmiya Sztalryds filmische Dokumentation »Do it yourself« schildert den Arbeitsalltag der Designerin Vivienne Westwood. Westwood verkaufte in ihrer Boutique »World's End« in den 70ern einen von Dada inspirierten Punk-Look. Im Film sieht man sie auf dem Fahrrad zum Werksgebäude fahren, am Schneidertisch, im Gespräch mit Mitarbeitern und ihrem Lebensgefährten. Westwood wohnt in einem alten Haus mit einem verwunschenen Garten. Sie zupft an ihren langen, roten Haaren, verschmiert Farben auf den Wangen der Models, so dass sie aussehen wie Hexen. Wenn sie am Ende der Show auf den Catwalk tritt, bricht tosender Applaus los. Ihre zerrissenen und wild übereinander geschichteten Kleider erinnern an die Klamotten eines viktorianischen Waisenhauses. Sie ist gegen Atomkraftwerke und für Tierschutz und möchte in einem Märchenwald leben. »Tragt doch die Kleider, die ihr habt. Dann braucht ihr keine kaufen«, empfiehlt sie ihren Kundinnen. Bei den Proben zu einer Schüleraufführung rät sie den Kindern: »Macht das, was am ehesten euren Interessen entspricht!« Wenn ihr Lebensgefährte und Arbeitspartner Andreas Kronthaler einen Vorschlag macht, blickt sie ihn mit zornigen Augen an – wieder hat er etwas falsch gemacht. Auf ihrem Lieblings-T-Shirt steht: »I love crap.« Ihr Kollege Karl Lagerfeld nennt sie eine »politisch Korrekte«.

Modedesigner sind die Ikonen eines Künstlerverständnisses, dessen höchster Wert Persönlichkeit ist. Kein Kurator oder Theoretiker schützt diese Künstler vor den Marktgesetzen, die als Erfolgsgarantie ein Höchstmaß an Expressivität und Disziplin verlangen. Was Mystikern erst nach jahrzehntelangem Training gelingt, ekstatische Momente der Grandiosität zu erleben, müssen Stardesigner zwei Mal jährlich auf den Prêt-à-porter-Shows als Hochamt eines Milliardenbusiness inszenieren.

Ausgebeutete Praktikanten, die in den Wochen vor den großen Shows unter dem Schneidertisch schlafen; vor dem Bankrott stehende Designer, die am Tropf von Venture-Capital-Firmen hängen; magersüchtige Models: Die düsteren Seiten des Glamours sind notwendige Teile eines Systems, das das grandiose Selbst zum Ideal erklärt. Was ist daran politisch korrekt? Eine Antwort: Man erkennt in Westwoods Produktionsstil Züge jener Luxusmoral, die mit Opferaktien spekuliert, um das eigene Selbst zu expandieren. »Wenn sie keine Kleider verkaufen will, wer zahlt dann ihre Angestellten?«, fragt Karl Lagerfeld mit bewundernswertem Realitätssinn. Westwood verkörpert einen weitverbreiteten Typus der Selbstverwirklichung: Sie ist down to earth und maßlos, korrekt und tyrannisch zugleich.

Im Februar 2011 beschimpft der spanisch-englische Modedesigner John Galliano eine Frau in einem Pariser Lokal als »dreckige Judenfresse«. In einer anderen, auf Video festgehaltenen Lokalszene grölt er: »I love Hitler.« Das Kostüm des Neonazis ist nicht sein erstes. 2006 tritt er bei seiner Pariser Couture-Schau mit in einem aus Russland importierten Kosmonautenanzug auf. Andere Aufnahmen zeigen ihn als Pirat, Napoleon und Clown. Was viele für eine exzentrische Marotte halten, kann vor dem Hintergrund seiner Biographie auch als Versuch gesehen werden, sich vor den Blicken der Anderen, die der Narzisst gleichermaßen braucht wie fürchtet, in einem Schutzanzug zu verbergen. Die Biographie berichtet, seine Mutter, eine Andalusierin, habe ihren Sohn mit Kleidern ausgestattet, die eines kleinen Prinzen würdig gewesen wären. Der Sohn spanischer Einwanderer war schüchtern und in der Schule ein Außenseiter. Er blühte auf, als er in einem Theater jobbte und dort den Kostümfundus entdeckte.

Als er im auf den Pariser Skandal folgenden Strafprozess mit seinen rassistischen Äußerungen konfrontiert wurde, antwortete er: »Ich kenne diesen Mann nicht und kann nicht für ihn antworten.« Er habe sein Leben lang gegen Intoleranz und Vorurteile gekämpft. Seine Mode sei immer von anderen Kulturen inspiriert gewesen. Auch berichtete er davon, wie überarbeitet er sei, aufgeputscht von Tabletten und Alkohol. Selbst am Tag der Beerdigung seines Lebensgefährten habe er arbeiten müssen. »Nie habe ich mir Zeit zum Trauern genommen.« Von den Kommentatoren wurden diese persönlichen Äußerungen als Strategie gewertet, mit der Galliano seine antisemitischen Äußerungen relativieren wolle. Ein Psychoanalytiker dagegen würde darin ein Zeichen dafür erkennen, dass Galliano in der analen Phase seiner Persönlichkeitsentwicklung steckengeblieben ist.

Es wirkt kurios, mit welchen Begriffen Freud die Entwicklungsphasen von Babys beschreibt: »orale Saugestufe«, »kannibalistische Stufe« oder »Objektliebe mit Genitalausschluss«. Er zeigt ein merkwürdiges Interesse am Triebleben der Pantoffeltierchen. Seine Spekulationen über die Ähnlichkeit zwischen Neurosen und dem Verhalten von Säuglingen und »wilden Völkern« wirken abenteuerlich. Und dennoch bleibt Freuds Roman über den Stoffwechsel und seine Höhenflüge inspirierend. Fasziniert folgen wir seiner Erklärung der Angsthysterie als Vermächtnis der Eiszeit, in der die frühere Menschheit, von der großen Kälte bedroht, Libido in Angst verwandelt habe. Die Anwendung von Ausdrücken aus dem Arsenal der Perversionen auf die kleinen Engel lässt die Psychoanalyse gefährlich schillern. Es ist der Versuch, die Emanzipation des Menschen in einer elementaren Konstellation zu erforschen.

Die psychoanalytische Stufenleiter beschreibt die sexuelle Triebentwicklung zum erwachsenen Menschen. Nachdem das Nuckeln an Mutters Brust keinen Spaß mehr macht und bevor die Geschlechtsorgane zu kribbeln beginnen, gibt es in der

Libidoentwicklung die sogenannte anale Stufe. Mehr noch als die Möglichkeit, in die Windeln zu machen, bereitet es dem Kind Vergnügen, mittels Kontrolle des Schließmuskels das »Geschenk«, Freud setzt das Wort in Anführungszeichen, zurückzuhalten.[8] Zum ersten Mal hat das Kind das Gefühl, mit seinem Körper einen Moment der Souveränität zu erreichen, der ihm abhandenkam, als es aus dem goldenen Zeitalter geworfen wurde. Es kann die megalomane Phantasie entwickeln, das Objekt nach Belieben auferstehen und sterben zu lassen. Es überwindet die narzisstische Kränkung durch Kontrolle. Wie der Junkie lebt es in der Illusion, alles im Griff zu haben. Auch wenn sich der Mensch an den exkrementellen Ursprung des ersten Objekts der Beherrschung nicht erinnern kann, bleibt diese anale Komponente in den späteren Objektbeziehungen erhalten.

Die krankhafte Version dieses frühen Triumphes besteht darin, dass das Subjekt dieses Erfolgsmodell auch in anderen Beziehungen anwendet. Es sichert sich die totale Überlegenheit über das Objekt, indem dieses auf den Zustand des Schmutzes reduziert wird. Es gibt keine Ambivalenz, sondern nur Liebe oder Hass, Himmel oder Scheiße. Es ist der Zustand, den der Narzisskrieger in seinem oft tödlichen Höhenflug erlebt. Galliano erreicht ihn, wenn er als Pirat über den Catwalk läuft. Er bekämpft alles, was sich seiner Selbstverwirklichung in den Weg stellt. Spät in der Nacht, wenn der Alkohol die Zunge löst, verfällt er in den binären Code aus lauter Nullen und einer Eins – wie all jene, die ihre narzisstische Illusion für real halten. Während PC ursprünglich danach trachtet, die Selbstachtung zu vergesellschaften, stützt sie im narzisstischen Absolutismus einen bizarren Führerkult ohne Volk.

In seinem grenzenlosen Glauben an sich selbst hat König

---

8 Sigmund Freud, *Betätigung der Afterzone*, in: S.F.: Drei Abhandlungen zur Sexualtheorie, Studienausgabe Bd. V, S. 92-95.

Galliano alles gegeben. Was für Hitler die Juden, das ist für ihn in diesem psychotischen Moment die »normale« Außenwelt, die zum Exkrement degradiert wird. Die »sozialen« Netzwerke spiegelten diesen psychotischen Moment unverzüglich und ungefiltert in die Öffentlichkeit, wodurch dieses düstere Innenleben ruchbar wurde. Erst im Gerichtssaal, einem der letzten verbliebenen Orte der alten, institutionellen Welt der Verbote und Autoritäten, erlebt Galliano einen Moment der Selbsterkenntnis. »Ich kenne diesen Mann nicht!« heißt so viel wie: »Ich war ein Anhänger des reinen Narzissmus.« Westwoods vermeintlich PC-konformes »I love crap« und Gallianos anti-PC-offensives »I love Hitler« gehören zusammen wie die zwei Seiten eines Moebiusbandes. Die beiden Liebeserklärungen an das »Falsche« erheben die Ambivalenz von Triumph und Verletzung zur Norm. Luxus und Scheiße, Selbstüberhöhung- und abspaltung wechseln einander ab wie Tag und Nacht. Salvador Dalí, ein Narziss und Koprophiler ersten Ranges, berichtet in seiner Autobiographie von einem Ritual am französischen Königshof: Nach der Geburt des Thronfolgers versammelten sich die größten Künstler, um sich durch die Farbe der königlichen Scheiße inspirieren zu lassen. »Der ganze Hof kleidete sich in der Farbe der Dauphin-Kacke.« Beim obersten Gebot der Autonomie – »Do it yourself« – ist Verehrung und Vorsicht geboten.

Miller gegen Muehl

Der barrierefreie Waldkindergarten mit der Option auf lebenslängliche Förderprogramme ist das Klischee einer politisch korrekten Erziehung. Die Vorgeschichte dieser pädagogischen Reformation führt zurück in die siebziger Jahre. Damals wurden jene Leitbilder entwickelt, die heute den Mainstream in Krabbelstuben und Lernzonen bestimmen. Aus der Blütezeit der Selbstversuche sind zwei Anleitungen zur Autonomie überliefert, die scheinbar unvereinbar sind: Die Selbstdarstel-

lungstherapie von Otto Muehl und Alice Millers Gesellschaftskritik. Beiden gemeinsam ist jedoch die Inthronisierung des
Kindes als Ursprung einer nichtentfremdeten Gesellschaft. Das
Niedrige und Hohe sollen nivelliert, der Triumph der Befreiung auf kürzestem Weg erreicht werden, ohne die Errungen-
schaften der persönlichen Entwicklung zu berücksichtigen.

Muehls antiautoritärer Feldversuch mündete in einem rigo-
rosen Patriarchat, die propagierte Zwanglosigkeit in herzlo-
se Gängelung. Dem Muehl'schen Ideal des triumphierenden
Kindes in einer triebenthemmten Urhorde steht Alice Millers
angepasstes Mittelschichtskind gegenüber, dem die Schweizer
Psychoanalytikerin traumatische Schädigungen attestierte und
es so zum Opfer mit Wiedergutmachungsanspruch erhöhte.
Bei Miller blüht jene therapeutisch-pädagogische Rhetorik
auf, die sogar im Gebrauch negativ besetzter, psychologischer
Begriffe wie »Depression« oder »Narzissmus« eine Verlet-
zungsgefahr erahnt. Hier das heroische Aufbegehren gegen
autoritäre Strukturen, dort das Hineinhören in wattierte Ab-
hängigkeitsverhältnisse: Muehl und Miller scheinen auf den
ersten Blick so unvereinbar wie die Rote Armee Fraktion mit
der Friedensbewegung. Millers softe – im heutigen Gebrauch
des Wortes »politisch korrekte« – Entfremdungskritik liegt
dem zeitgenössischen Pragmatiker des Guten näher als Muehls
genitalfixierte, antikorrekte Kneippkuren.

Derzeit kursiert im Internet ein Video mit einem Anruf-
beantwortertext einer australischen Schule. Die Verwaltung
hat dort nicht nur mit den üblichen Schulschwänzern zu
kämpfen, sondern vor allem mit der Renitenz der Eltern, die
partout nicht einsehen wollen, dass man auch als Schüler verantwortlich für seine Taten ist. Was macht man mit schwer-
erziehbaren Eltern, denen man ja keinen blauen Brief schreiben kann? Die Schule hat einen Telefondienst mit Ziffernna-
vigation installiert. Wer Entschuldigungen dafür vorbringen
will, dass sein Kind schon wieder in der Schule gefehlt hat,
wählt die 1. Wer will, dass man statt der Eltern die Kinder

erzieht, wählt die 6. Wer zum dritten Mal in dem Jahr einen neuen Lehrer fordert, wählt die 8. Das Anrufbeantwortersystem ist zwar ein Fake, aber es zeigt, wohin die Reise geht. Das Kind ist vom unfertigen Menschen, den es zu formen und zu brechen gilt, zur Projektionsfläche des Ich-Ideals geworden. Das Kind ist von sich aus immer gut, seine Bedürfnisse sind immer berechtigt und es könnte alles. Man muss es nur lassen, oder wie Pädagogen sagen: fördern. In der Revision der historischen Lernziele treten jene Kippmomente zutage, die heute die Diskussionen über die nachwachsenden Selbste antreiben. Dabei könnte sich zeigen, dass die Muehlianer unverhohlen artikulieren, was die Millerianer in süße Worte hüllen – den Willen zur Macht.

Millers Schriften fallen in die Zeit der antiautoritären Bestseller, als das Seelenleben der Kinder und »primitiven Völker«, deren »Magie« und »Größenwahn« Freud skeptisch beobachtete, zum Ideal eines nichtentfremdeten Lebens erhoben wurde. Die amerikanische Autorin Jean Liedloff beobachtete etwa beim südamerikanischen Yequanas-Stamm, dass die Kinder nach der Geburt am Körper der Mutter getragen und nach Bedarf gestillt werden. Der von ihr 1975 veröffentlichte Bericht »Auf der Suche nach dem verlorenen Glück. Gegen die Zerstörung unserer Glücksfähigkeit in der frühen Kindheit« machte das Verwenden von Tragetüchern in westlichen Städten populär. Auch Ermahnungen und Strafen konnte Liedloff bei den Yequanas nicht entdecken; dennoch wuchsen die Kinder zu selbstbewussten und freundlichen Menschen heran. Da schnurrt Narziss zufrieden.

Wenige Jahre nach dem Erscheinen der pädagogischen Schrift publiziert die Schweizer Psychoanalytikerin Alice Miller den Bestseller »Das Drama des begabten Kindes«,[9] das den psychoanalytischen Begriff des Narzissmus auch im deutschsprachigen Raum popularisierte. Miller sah sich in kri-

9 Alice Miller, *Das Drama des begabten Kindes*. Frankfurt am Main 1979.

tischer Distanz zur psychoanalytischen Disziplin, da sie das Leiden der Kinder von der Freud-Schule zu wenig respektiert sah. Freud enthielt sich ja jeder Schuldzuweisung an die Eltern und Gesellschaft; zu interpretationsbedürftig erschien ihm der Wunsch der Träumenden, das Material der Wirklichkeit nach unbewussten Impulsen bearbeiten zu wollen.

Im Gegensatz zu dem leidenschaftslosen Analytiker, der mit seinem Patienten die ersten Lebensjahre bespricht, als handle es sich um Einbildungen, beharrt Miller darauf, dass es sich um reale Verletzungen handele. »Die Unterdrückung und der Zwang zur Anpassung beginnen nicht erst im Büro, in der Fabrik oder in der Partei, sondern bereits in den ersten Lebenswochen«, schreibt Miller. In dieser Phase finde man die Ursachen für ein »falsches Selbst«, so der vom englischen Psychoanalytiker Donald Winnicott (1896-1971) übernommene Begriff.

Ohne eine »Atmosphäre der Achtung und Toleranz für die Gefühle des Kindes« gelinge es dem Kind nicht, die Symbiose mit der Mutter aufzugeben. Man folge nicht den eigenen Bedürfnissen, sondern den äußerlichen Anforderungen der Mutter. Das Kind versuche, brav zu sein und gut auszusehen. Die Mutter in ihm regiere – als verinnerlichtes Bild – mit und gewähre ihm nur in kurzen Momenten jenes Gefühl von Grandiosität, das als unbewusste Erinnerung an eine ferne Idylle noch vorhanden ist. Die Kinder verstellten sich und passten sich an, nur damit sie nicht die Zuwendung der Mutter verlieren. Zorn und Wut müssten unterdrückt werden, sonst drohe Liebesentzug.

Aus heutiger Sicht lässt sich sagen, dass die von Freud beargwöhnte Inthronisierung des Kindes gerade in einer Atmosphäre der Achtung und Toleranz voranschreitet. Der von Freud zitierte Titel eines Gemäldes »His majesty, the baby« beschreibt diesen entzückenden, frühkindlichen Narzissmus, der sich nach der Aufhebung der Altersgrenzen für Infantilität auf spätere Lebensphasen ausgedehnt hat. Zwischen

Muehls radikalem und Millers behutsamem Nonkonformismus eröffnet sich eine Vielzahl von Optionen, die jedem/jeder mit Erziehung Beschäftigten Kopfzerbrechen bereitet. Es gilt nämlich, die narzisstischen Impulse (»Du bist der/die Größte«) zu stimulieren und gleichzeitig der Tendenz zur Hybris entgegenzusteuern. Wenn du One-Earth-Veganer bist und deine Genderdünkel in dir überwunden hast, kommst du in den Himmel! Um die nächste Stufe zu erreichen, solltest du auch deine Triebimpulse so weit im Griff haben, dass du die Anerkennungsansprüche anderer zu berücksichtigen vermagst. Lass es raus, aber ohne diskriminierende Kraftausdrücke! Erkenne, dass die böse Hexe ein Fall von Ageismus ist! Schreibe hundert Mal: »Ich darf nicht »N*...lein« sagen!« Wie Roman Polanskis eingangs erwähnter Film »Carnage« veranschaulicht, ist der Versuch, die narzisstischen Impulse im Sinne einer PC-konformen Verzichtslust umzupolen, ein schwieriges Unterfangen. Der politisch korrekte Vater hat seine Herrschaft im Imaginären des Sohnes noch nicht durchgesetzt. In der Sandkiste herrscht nämlich das Recht des Stärkeren – und die Fähigkeit, situationsbedingte Verhandlungserfolge zu erzielen.

Wir holten Millers Bücher aus dem Regal, als wir die Autobiographie von Walter Kohl, dem Sohn von Ex-Bundeskanzler Helmut Kohl, lasen. Dabei wollten wir eigentlich zur Abwechslung einmal über eine Kindheit lesen, die nicht vom linken Narzissmus geprägt war. Aber siehe da, der Zustand des falschen Selbst gedieh auch im patriarchal-konservativen Elternhaus prächtig: »Ich begann meine eigenen Gefühle zu verneinen und war zunehmend von meiner eigenen Wertlosigkeit und Unwichtigkeit überzeugt«, erinnert sich Walter.[10] Das Leben in einer falschen Autonomie pendelt zwischen Grandiosität und Depression. So schließt der Missbrauchsver-

---

10 Walter Kohl, *Leben oder gelebt werden. Schritte auf dem Weg zur Versöhnung*. München 2011.

dacht gerade auch jene Mustereltern mit ein, die sich nach außen hin friedlich geben oder sich gar im Glanz der eigenen Großartigkeit sonnen. Miller spricht von der »Isolierhaft des wahren Selbst« zu einem Zeitpunkt, als die Terroristen der Roten Armee Fraktion (RAF) in Hochsicherheitsgefängnissen in Isolationshaft genommen wurden. Auch für den Politikersohn Walter Kohl bedeutete seine Kindheit, die von Anpassung an den strengen Vater, der Fürsorge für die überlastete Mutter und der permanenten polizeilichen Überwachung aus Sicherheitsgründen geprägt war, eine Isolation. »Meine Mutter war eine Gefangene. Das sah ich viel deutlicher noch als meine eigene Gefangenschaft.« Die Demokratie des Leidens verteilt ihre Ressourcen gleichmäßig. Und so erfindet ausgerechnet der Sohn des deutschen Paradekonservativen, der zu Beginn seiner Regierungszeit eine »geistig-moralische Wende« verkündete, einen Begriff, der die aggressive Landnahme der Narzissten auf den Punkt bringt: das Opferland. »Ich fraß mein Leid in mich hinein, ich ebnete damit mir selbst den Weg ins Opferland.«

Den Leidenden empfiehlt Miller einen »gesunden Narzissmus«, der auf innerer Freiheit und Lebendigkeit beruht: Negative Gefühle wie Zorn und Wut werden von einer Mutter mit einer gesunden Selbstachtung zugelassen, da sie nicht als Angriff auf ihre Autonomie verstanden werden. »Weil es ambivalente Gefühle zeigen durfte, konnte das Kind lernen, sowohl sein Selbst als auch das Objekt als ›gut und böse‹ zu erleben und musste nicht das ›böse‹ vom ›guten‹ Objekt abspalten.« »Leben oder gelebt werden« beschreibt Kohl die Weggabelung, an der er auf der Flucht aus dem Opferland stand. Der ethische Imperativ seines Vaters – »Du musst stehen!« – wurde vom begabten Kind als Missbrauch empfunden. Rasse, Klasse und Geschlecht gaben ihm eine Poleposition im Rennen um ein intaktes Selbst, aber erst die öffentliche Beichte ermöglichte ihm eine späte Opferkarriere und damit gesellschaftliche Anerkennung.

Für ihn gilt das vom Freud-Schüler Otto Rank formulierte

Diktum von der »Geburt als Trauma«, jene phantastische Überzeichnung vom irdischen Leben als verlorenem intrauterinen Paradies, von dem der Psychoanalyseplünderer Salvador Dalí weiß: »Wenn Sie mich fragen, wie es ›darin‹ war, antworte ich sofort: ›Es war göttlich, es war das Paradies.‹«[11] Diese konservative Urszene eines stets im Verfall begriffenen Lebens lässt auch eine bekannte Formulierung von Kohl senior in neuem Licht erscheinen. Dieser sprach in Bezug auf sein Geburtsdatum in der letzten Phase der NS-Diktatur von der »Gnade der späten Geburt«. Für den durch die Geburt Diskriminierten gibt es nur Hilfe zur Selbsthilfe.

Die innere Einkehr des Kohl-Sohns Walter geht auf die Lektüre der Schriften des Psychotherapeuten Viktor Frankl zurück, nicht auf jene von Alice Miller. Dennoch lassen sich ihre Schriften als Begleitsoundtrack zum Lamento des Kohl'schen Opferlanddiskurses verstehen. Mit ihren locker geschriebenen Essays lieferte sie zudem Anleitungen zu weiteren Autonomiebestrebungen. Hier war das Kind nicht mehr das tyrannische, wilde und verführerische Wesen, dem Freud sich vorsichtig näherte, sondern das zu befreiende, potentielle Missbrauchsopfer, das »unbewusste Vergewaltigungen« erlebte. »Wie oft waren unsere Eltern und wir selber unseren Kindern gegenüber ahnungslos darüber, wie schmerzlich, wie tief und nachhaltig wir ihr keimendes Selbst verletzt haben.«[12] Der böse Erwachsene und das gute Kind sind die Grundpfeiler einer Moral, die das Selbst und sein Empfinden über die objektivierbaren Kriterien von richtig und falsch stellen. Sie bestärkte die Opferländer-Freischärler in ihrem Ansinnen, weiterzukämpfen bis zur Unabhängigkeit. Doch nicht nur in Schweizer Ordinationen und im Pfälzer Eigenheim der Kohls wurden in den Jahren nach 1968 die Expansionsmöglichkeiten des Selbst erprobt.

11 Salvador Dalí, *Das geheime Leben des Salvador Dalí*. Übersetzung und Nachwort von Ralf Schiebler. München 2004, S. 52.
12 Alice Miller, *Das Drama des begabten Kindes*. Frankfurt am Main 1979, S. 116.

»Attila, was magst du lieber: Mami oder Papi?«, fragt Otto Muehl. Attila: »Ein Arschloch.« Dann tanzt er weiter mit seiner Mutter inmitten einer großen Anzahl von Zuschauern. Sie hebt ihn auf den Rücken, schwingt ihn durch die Luft. Der Chef der Kommune kommentiert mit dem Mikrophon in der Hand: »Was für eine tolle Zweierbeziehung. Wie lebendig er ist, frei und locker herumspringt. Ohne Angst und Autorität. Ich bin aufs Äußerste beglückt.«[13]

Anfang der siebziger Jahre gründet der Lehrer und Künstler Otto Muehl im österreichischen Burgenland die Aktionanalytische Organisation (A.A.O.), bekannt als Muehl-Kommune. Hunderte junge Menschen versammeln sich um einen Künstler, der hier seine Vision einer befreiten Gesellschaft realisiert – ohne Privateigentum und ödipale Bindungen. »sag schamane, guru, meister, diktator, könig, kaiser zu mir oder einfach otto!«, lautet eines von Muehls Bonmots.

Die Kinder werden gemeinschaftlich erzogen und sehr früh in ihrer genitalen Lust bestärkt. »Spiel ficken!«, lautet eine der Hausaufgaben, mit der eine antiödipale Ordnung eingeübt werden soll. Schmutzig ist im Ideenfeld des Wiener Aktionismus nicht die Triebrealität, allem voran der Sex, sondern das, was den antikastrativen Befehl »Ficken!« infrage stellen könnte: der Staat, die Kleinfamilie, das Über-Ich. Das antiautoritäre Experiment endet 1991 mit der juristischen Verurteilung von Otto Muehl wegen sexueller Delikte, begangen an minderjährigen Mädchen.

In der Kommune wird auf die künstlerische Erziehung der Kinder großen Wert gelernt. Die Lehrer werden von den Kindern evaluiert, bei Missfallen rutschen sie in der durch die Nähe zum Führer definierten Rangordnung nach unten. Die

13 *Die Kinder vom Friedrichshof. Die Kommune Otto Muehl.* Dokumentarfilm, Deutschland, 2009, 81 Min., Buch und Regie: Juliane Großheim.

Struktur genannte Hackordnung der Kommunarden – die Bewertung erfolgt nach der Qualität der expressiven Selbstdarstellung, – gilt auch für die Kinder. Gut ist, wer das frühkindliche Triebleben am besten zur Darstellung bringt. Platz eins für Attila.

So wie die Neoavantgarde künstlerische Prinzipien der Zeit um 1910 aufgriff, experimentierten auch Adepten von Freud und Wilhelm Reich wie Muehl mit Ideen aus der Ära der Reformbewegungen. Ein zentrales Element bildete dabei die Zurückweisung eines kleinbürgerlichen Illusionismus; dem Realen soll durch die »Zerstörung des Körperpanzers« zum Durchbruch verholfen werden. Alle sind gefangen in ihrer Illusion, nur einer nicht: König Otto.

Für die Subalternen der Kommune hatte die Sexualzentriertheit der Ordensregeln allerdings durchaus auch antinarzisstische Komponenten. Das beglückende Moment der Mutter-Kind-Symbiose wurde zerstört, indem die Kleinkinder von ihren Müttern getrennt wurden. Jugendlichen war Händchenhalten verboten, romantische Gefühle und Zärtlichkeiten galten als verwerfliche Sublimierungen des Sexualtriebs. Dessen Unterdrückung galt als Quelle für die Gewalt in der modernen Gesellschaft, für die täglichen Sexualdelikte bis hin zu den Verbrechen des Nationalsozialismus. Dem Obernarzissten Muehl blieb es vorbehalten, seine eigene Mutter zu verehren; alljährlich musste ihr Geburtstag gefeiert werden. Der ehemalige Wehrmachtsoldat predigte den Antiillusionismus, der in Wahrheit das Programm einer totalen Illusion war. Er leugnete den Generationenunterschied und holte sich aus der sexuellen Verfügbarkeit adoleszenter Mädchen das Gefühl grenzenloser Allmacht. Obwohl sich Muehl zum Übervater stilisiert, ist er seinem Sohn gegenüber die Urmutter, die den kleinen Jungen zum Glauben verleitet, er brauche weder größer noch reifer zu werden, um den Platz seines Vaters einzunehmen. Muehl ist »die Mutter des Perversen«, die ihren Kindern predigt, sie müssten nicht groß werden, um groß zu sein.

Die Muehl-Kommune ist das exemplarische Beispiel eines zur Norm erklärten, pathologischen Narzissmus, eines sich über die Niederungen der Realität hinwegsetzenden Glaubenssystems.

Zwanzig Jahre danach kommen die Kinder zu Wort, die unter dem Diktator Muehl und in anderen Kommunen der 70er Jahre reformpädagogisches Rohmaterial ihrer Eltern waren. Sie sind inzwischen Erwachsene und überwiegend in kreativen Berufen tätig. Es handelt sich um einen Generationenwechsel der Missbrauchten. Die Sixties-Kinder rebellierten gegen die seelisch verkümmerten Kriegswitwen, die ihre Kinder zu Ersatzmännern machten. Heute stellen die Opfer der Sixties-Rebellen den Eltern Fragen über deren moralisches Verhalten. Warum habt ihr uns weggegeben, obwohl wir solche Sehnsucht nach euch hatten? Warum habt ihr es geduldet, dass wir als 12-, 13-Jährige mit Erwachsenen schlafen mussten? Warum mussten wir Allmachtsphantasien vortäuschen, obwohl wir uns nach Schwäche und Unterordnung sehnten?

Die Antwort der greisen Rebellen aus der Muehl-Kommune, auch aus der ebenfalls libertinen Sekte des Bhagwan Shree Rajneesh, ist stets dieselbe: Wir wollten nur euer Bestes. Wir dachten, ihr habt das so gewollt! Das war doch politisch korrekt! Man sieht die Veteranen der Befreiung in ihren altmodischen Alternativsalons voller exotischer Mitbringsel aus Marokko und Afghanistan. Sprachlos stehen sie den jungen Menschen gegenüber, die sie zu Neuen Menschen machen wollten. Vielleicht hätten sie lieber nicht alles selbst gemacht.

3. Kapitel
Selber machen – die Höhenflüge und
Abstürze des Selbst

Mit Gefühlen des Selbstverlustes und der Selbstentfremdung, den moralischen Gefühlen der Ehre, des Stolzes und der Würde sind heute nicht nur Psychotherapeuten, sondern auch Soziologen beschäftigt. Denn das Leiden der Diskriminierten geht über den familienspezifischen Einzelfall hinaus. Es geht nicht nur darum, ob sich jemand schlecht fühlt, sondern um gesellschaftliche Kämpfe, deren Einsatz Gefühle wie Trauer, Neid, Scham oder Versagensangst sind. Die von den Rechtspopulisten kalkulierten, bei den Gutmenschen ausgelösten Reizreaktionen Empörung und Betroffenheit, die diffuse Wut der Wutbürger entzünden sich nicht automatisch an den Reibeflächen des Weltgeschehens, sondern entpuppen sich häufig als Teil einer Symptomatik, die in Borderline und Burn-out ihr seelisches Hinterland hat.

Der nur im deutschen Sprachraum bekannte Begriff »Burnout« taucht in der Regel in Argumentationen auf, die den neoliberalen Leistungsterror im Visier haben. Ursache des Leidens ist eine Gratifikationskrise. Ein Haufen Engagement steht einem Häuflein Anerkennung gegenüber, wodurch die Reziprozität zwischen Geben und Nehmen gestört wird. Das Burn-out betrifft Menschen, die sich auch nach Dienstschluss einen Stapel Akten auf den Schreibtisch legen. Unfähig »Nein« zu sagen, verlieren sie allmählich den Kontakt zu sich selbst. Es sind Musterschüler, die irgendwann den Laptop zuklappen und sagen: Ich kann nicht mehr. Das geringe Selbstwertgefühl ist der Treibstoff der Ausgebrannten, der Wunsch nach mehr Anerkennung blieb den Kollegen verborgen. Deren freundliches Nicken zu den Überstunden feuert das Ich-Ideal des

Arbeitstiers weiter an. Beim nächsten Mal wird er noch weniger »Nein« sagen. Irgendwann hat sich das erschöpfte Selbst dann das Burn-out, den Orden des Ich-Ideals, verdient.

Ein weiterer Grund des Ausgebranntseins könnte indes auch der permanente Verbesserungsdruck durch politisch korrekte (Ich-)Ideale sein. Wer das Schicksal von Straßenkötern, die Ausschreibungsverfahren von Bahnhöfen und das Schmelzen von Polareis auf sich bezieht, kennt neben dem Gefühl der Wut auch jenes der Erschöpfung. Zusätzlich zum psychischen (Eigen-)Raubbau in Abhängigkeitsverhältnissen am Arbeitsplatz lauert nämlich, so behaupten wir, auch das moralische PC-Burn-out: Wir müssen alles geben – und dabei auch noch gut sein!

Man nimmt Medikamente, um die Konzentration und die Fitness zu verbessern, auch ohne medizinische Indikation. Laut Sozialversicherung sind 900 000 Österreicher – mehr als zehn Prozent der Bevölkerung – im Laufe eines Jahres wegen psychischer Leiden in Behandlung. Insgesamt machten die Kosten für die Behandlung im Bereich der psychischen Erkrankungen 2009 rund 750 Millionen Euro aus. Viele Leute haben das Gefühl verloren, ihr Leben aus eigener Kraft gestalten zu können. Die Leute haben den Eindruck, der Maschinerie von Profitgier und globalisiertem Kapitalismus ausgeliefert zu sein und als Menschen immer weniger zu zählen. Erschöpfungszustände und Resignation sind ihre Reaktion.

Ein wiederholt genanntes Motiv bei der Suche nach Erklärungen: Die haltgebenden Beziehungen brächen weg. Arbeitende Eltern vernachlässigten ihre Kinder, der Staat biete zu wenig Betreuungsplätze an. So fehlten bereits den Kleinen stabile Beziehungen. Diese Orientierungslosigkeit führe dann bei Pubertierenden zu Suchtkrankheiten und Selbstverletzungen. Eine Scheidungsrate von 50 Prozent und ins Seniorenheim abgeschobene alte Menschen machten den Reigen der traurigen Einsamen komplett. Trennungsschmerzen würden nicht mit schöner Melancholie, sondern mit zeitsparender Chemie bekämpft.

Was offenbar keine Ärztin und kein Therapeut mehr heilen kann, ist ein gesellschaftliches Unbehagen, das in Kategorien des Geschlechts, des Alters oder der Hautfarbe lediglich verschiedene Namen findet. Die Bande zwischen Individuum und Gemeinschaft scheinen zerbrochen. Zwischen den Ruinen der solidarischen Gesellschaft, die sich zum Chorsingen oder nachbarschaftlichen Grillen versammelte, irren gestörte Monaden mit dem Clomipramin-Rezept in der Hand. Wo ist der zu Hilfe eilende Staat? Wann werfen Rettungshubschrauber die überfälligen Survivalkits mit Pillen und Ratgebern über den leidenden Massen ab?

Die Gruppe der gestörten Selbste wächst, und das obwohl ein Afroamerikaner zum Präsident der Vereinigten Staaten gewählt wurde und die erste Frau an der Spitze einer deutschen Regierung steht – beides Zeichen für eine gesellschaftliche Veränderung, die auch jenen Chancen einräumt, die bisher von den Machtzentren ausgeschlossen waren. Auch das empirische Datenmaterial sollte, über einen größeren Zeitraum hinweg betrachtet, ein Lächeln in die Mundwinkel der Soziologen zaubern. Die soziale Mobilität wird in Österreich, einem der reichsten Länder der Welt, größer, das heißt: die Aufsteiger mehren sich. Und dennoch schwillt die Angst vor Ausgrenzung, Deklassierung und Diskriminierung an.[1]

So überlebt der moralische Aktionismus der Sixties nicht etwa nur in jenen Verbesserungsenklaven, die heute als Biedermeier des Berliner Bezirks Prenzlauer Berg oder des Wie-

---

1 Der Konsum privater Haushalte und die Gehälter stiegen in Österreich seit Mitte der 90er Jahre um ein Drittel. Die Sozialquote, also der Anteil der Sozialausgaben am Bruttoinlandsprodukt, stieg von 1990 bis 2009 von 26 auf 31 Prozent. Vgl. *Statistisches Jahrbuch Österreichs 2012*, hg. von Statistik Austria, Wien 2012, abzurufen unter www.statistik.at/web_de/services/stat_ jahrbuch/index.html, letzter Zugriff 10. 1. 2012. Ähnliches gilt für Frankreich: »Frankreich verzeichnet im Gegensatz zur Mehrheit der OSZE-Länder keine Zunahme der Ungleichheiten.« In M. Boisson u. a.: *La Mesure du déclassement*, Arbeitspapier des Rats für strategische Analyse, Juli 2009, zit. nach Alain Ehrenberg, *Das Unbehagen in der Gesellschaft*, ebd., S. 469.

ner Bezirks Neubau belächelt werden. Die emanzipierte Folklore hält am Verzehr ökologisch geprüfter Lebensmittel fest, schnitzt hölzernes Kinderspielzeug und reduziert die zwischenmenschlichen Schadstoffe: durch Genderbeiräte in Kindergärten und Beziehungsmediationen. Das Seufzen und Stöhnen ist auch außerhalb der sozial privilegierten Autonomiegebiete unüberhörbar.

Will, will, will!

Immer großflächiger scheint man mit der Züchtung einer Moralsorte beschäftigt, die auf ein Subjekt anwendbar sein soll, das vieles darf, aber wenig vermag. Weil Papa und sein strenges Gesetz kein Gewaltmonopol mehr über die Kinder einer vaterlosen Gesellschaft haben, schwindet auch die Bedeutung des Konflikts zwischen Über-Ich und Ich in Form der Übertragungsneurosen. Das postödipale Drama vollzieht sich nicht mehr in der Selbstzerfleischung in einem Wald von Verbotsschildern, sondern im Scheitern an den glitzernden Glücksversprechungen des Kapitalismus. Es besteht in der Kluft zwischen Anspruch und Wirklichkeit, zwischen Möglichkeiten und Vermögen. Das empfundene Ungenügen kränkt die Allmachtsphantasien des narzisstischen Selbst.[2] Wer nicht zum Star im eigenen Film oder zu Heidi Klums neuem Darling wird, fühlt sich schnell minderwertig, überflüssig und entwürdigt. Nicht nur, weil nicht jeder Sieger sein kann, sondern vor allem auch, weil nicht jeder sich wie ein Sieger fühlen kann, fühlen sich so viele als Opfer – ohne dass ein Täter zu benennen wäre.

Im Hinblick auf diese Dauerkränkung in einer konsumfetischistischen Gesellschaft erscheint es nicht besonders verwunderlich, dass im Zuge der Plünderungen in England im

2 Vgl. etwa die symptomatische Veranstaltungsreihe »Kapitalismus und Depression« an der Berliner Volksbühne, die 2000 im Band *Endstation. Sehnsucht. Kapitalismus und Depression* (hg. von Carl Hegemann) mündete.

Sommer 2011 nicht nur Kids aus den unterprivilegierten Schichten, sondern alle möglichen Unzufriedenen ihre Egos im nächsten Streetware-Laden mit Designerturnschuhen ausstaffierten. Der konservative britische Premier David Cameron spielt in einem Zeitungsartikel den moralisierenden Hobbysoziologen und meint, »ein Abnehmen des Verantwortungsgefühls, ein Ansteigen der Selbstsucht, ein wachsendes Gefühl, dass individuelle Rechte über alles andere gehen«, festzustellen. Das Hohelied auf Egozentrik und Individualismus ist freilich selbst nur das Echo des neoliberalen Säbelrasselns, mit dem Camerons Vorgängerin, die eiserne Lady Margaret Thatcher, schon in den 80ern den Ton angab. Damals ging es genau um die Befreiung des autonomen Individuums aus der Wiege des Wohlfahrtsstaats, der als *Nanny State* verspottet wurde. Von einer »Gesellschaft« war aber schon damals, ganz im Sinne der liberalen Auffassung einer entwickelten Demokratie, nicht mehr die Rede, höchstens vom Irrglauben an eine so benannte Zwangsjacke. Thatcher sah außerhalb des Wohnzimmers nur eine ideologische Fiktion, ein schwarzes Loch des Sozialen, in dem Individuen ihr Leben und ihre Beziehungen organisierten.

Die plündernden Kids haben also nur brav ihre Lektion gelernt und die Konsequenzen aus der vorgebeteten Verabschiedung von der Gesellschaft gezogen. Sie sind das Produkt einer Demokratie, die das Individuum zum höchsten Souverän gemacht hat. Deren objektive Ironie besteht darin, dass ihr Streben nach Freiheit und Gleichheit die Brüderlichkeit aushebelt. Der Soziologe Alain Ehrenberg, gewiss kein Thatcherianer und kein Gefolgsmann Camerons, schreibt über diese innere Spannung: »Die Demokratie muss also die sozialen Bindungen auflösen. Aber im allgemeinen kann es keine Gesellschaft geben, wenn die Individuen durch den Abgrund ihrer Freiheit voneinander getrennt leben.«[3]

3 Alain Ehrenberg, *Das Unbehagen in der Gesellschaft*. Aus dem Französischen von Jürgen Schneider. Berlin 2011, S. 197.

Es scheint so, als würde die resignative Grundhaltung zur Frage der Veränderbarkeit der Gesellschaft im Allgemeinen das Bedürfnis nach Veränderbarkeit des Individuums im Besonderen verstärken. Die soziologischen Befunde sekundieren Thatcher und Cameron und konstatieren eine Schwächung der sozialen Bindungen. Political Correctness versucht, den entgesellschafteten Individuen eine Antwort auf diesen Zerfallsprozess zu geben, die sie in ihrer Autonomiesucht kalt erwischt. Die Unabhängigkeit soll auch im PC-Regime oberster Wert bleiben; sie muss aber gleichzeitig und paradoxerweise an das ihr untergeordnete Beziehungsgeflecht wechselseitiger Abhängigkeiten der einzelnen Akteure gemahnt und mit diesen abgeglichen werden. Die Freiheit des Individuums in einer freien Gesellschaft ist nur denkbar, wenn zuvor die Unfreiheiten spezifischer Bedingungen – etwa als Frau, als Migrant oder als Moslem – miteinander in Beziehung gesetzt werden. Eine gesellschaftliche – und nicht bloß solipsistische – Autonomie wäre daher nur zu haben, wenn die Selbstachtung und die Anerkennung sämtlicher individueller Lebensstile und -entwürfe auch für alle anderen durchgesetzt wäre.

Ein ganz ein Böser

Beim Studium der soziologischen Literatur über den Narzissmus fiel uns auf, dass linke Denker mit dem Neoliberalismus ein Phantasma aufgebaut haben, dessen Effekte jene des Sprachspiels PC noch übertreffen. Wieder mussten wir feststellen, dass zwei antithetische Begriffe sich nicht eindeutig politischen Lagern zuordnen lassen. Entwerfen nicht die von ihren Gegnern als bevormundend und restriktiv verschriene PC *und* der von seinen Gegnern als gierig und schrankenlos abgekanzelte Neoliberalismus die Vorstellung einer barrierefreien Gesellschaft? Wollen nicht beide Bewegungen dem unterdrückten Selbst zu seinem Recht verhelfen?

Und wieder hallen die Diskussionen aus der Zeit der Neuen

Linken in der Gegenwart nach. Richard Sennetts Kritik an der »Tyrannei der Intimität« nahm seine Neoliberalismusschelte vorweg. Demnach weicht der Neoliberalismus den staatlichen Schutzschild auf, der vormals die soziale Gleichheit sicherstellte. Er erhebe die persönliche Verantwortung zum gesellschaftlichen Ideal, das in Wahrheit nur einen neuen Ausbeutungszusammenhang verschleiere: Wer ganz auf sich gestellt sei, verliere die durch Gewerkschaften, Kirchen und Volksparteien garantierte Dauerkarte in der Arena sozialer Beziehungen. Wir kennen die Berichte über jene Mitarbeiter von Call-Centern, die für einen Hungerlohn arbeiten sollen und dennoch zur guten Miene verdammt sind. Andere sitzen schlecht bezahlt an der Kasse eines Supermarkts und tragen Buttons mit der Aufschrift: »Frisch, freundlich, nah – Spar«.

Die TV-Show Germany's Next Top Model stellt eine idealtypische liberalneurotische Arbeitssituation dar. Darin wird jungen Frauen von einer Jury bedingungslose Anpassung abverlangt, gleichzeitig aber auch außergewöhnliche Ausdrucksfähigkeit. Auf dem Appellplatz der Selbstformung lautet der Tagesbefehl gleichzeitig Unterwerfung und Souveränität. Die Models schwanken zwischen der Grandiosität auf dem Laufsteg und der Armseligkeit von jenen, die nicht in die nächste Runde kommen. Nicht mehr der Mathematiklehrer und die autoritären Eltern stürzen die Menschen ins Unglück, sondern die Forderung, es schaffen zu müssen. »Ohne es zunächst bemerkt zu haben, wurden wir voneinander und von unserer Gesellschaft getrennt«, sagt der US-Soziologe Robert Putnam, der mit seinem Buchtitel die Stimmung der Jahrhundertwende traf: »Bowling Alone«.[4] Sein Kollege Sennett beschreibt den »flexiblen Menschen« als Nervenwrack, der unter den Anforderungen des globalisierten Arbeitsmarktes zusammenbreche.

4 Robert David Putnam, *Bowling Alone, The Collapse and Revival of American Community.* New York 2000.

Die Soziologin Saskia Sassen formulierte den Riss, der durch die Welt geht, indem sie zwischen zwei historischen Subjekten unterscheidet. Auf der einen Seite sieht sie das »globale Kapital« und »ein Amalgam aus benachteiligten Menschen«. Zur großen Mehrheit der Verlierer zählt sie »unterbezahlte Arbeiter und Arbeitslose, Studenten, die alles für ihre Bildung opfern und dann keinen Job bekommen, die Söhne und Töchter der verarmenden Mittelklasse, Immigranten, durch Rassismus, Homophobie und anti-queeres Ressentiment minorisierte Menschen, Menschen die enteignet wurden, das Lumpenproletariat«.[5]

Angst und Hilflosigkeit greifen um sich, wo die computerisierte Arbeit die totale Zeitkontrolle des Mitarbeiters ermöglicht und die geforderte »Selbstverantwortlichkeit« sich als effizientes Ausbeutungsinstrument erweist. Die Angst vor Inkompetenz und das Fehlen von Anerkennung steigern das Gefühl ständiger Verwundbarkeit. In einer individualisierten Gesellschaft triumphiere, so die Kritiker des globalen Kapitals, der Eigennutz über die Anliegen der Gemeinschaft. In Italien und Frankreich drückt der Begriff der Prekarität das Gefühl von Menschen aus, die von den Renditen des Finanzkapitals ausgeschlossen sind und ohne feste Arbeitsverträge in ständiger Unsicherheit des Einkommens leben. »Die Prekarität ist ein kollektives Gefühl, eine Einstellung, ein Geisteszustand, der die Gesamtheit von Argumenten gegen einen Gegner vereint, der das Böse verkörpert: der Neoliberalismus«, beschreibt Alain Ehrenberg eine Zeitstimmung, die neben der berechtigten Sorge um den alles durchdringenden ökonomischen Wettbewerb auch eine psychische Komponente hat. Was die Psychiater »Pathologien der sozialen Bindung« nennen, analysieren die Soziologen als Verfall der zwischenmenschlichen Beziehungen. Beide sind sich in der Einschätzung einig:

5 Moritz Wichmann, »Die Stadt ist der Ort, an dem das globale Kapital sichtbar ist.« Interview mit Saskia Sassen. Jungle World, 30. 06. 2011.

Der Aufstieg des Individualismus bedeutet den Niedergang der Gesellschaft. Das Verschwinden der wahren Gesellschaft verursacht die Verödung des öffentlichen Raums, das Zerbrechen der echten Familien und das Ende authentischer politischer Bewegungen. Es tut so weh!

Calvinistischer Chor

Ehrenberg äußert sich zurückhaltend gegenüber der pathetischen Rede vom sozialen Leiden. »Es werden Bilder des Unglücks aufgehäuft, ohne die Mittel anzugeben, es zu überwinden.«[6] Der Narzisst werde zu einem soziologischen Typus abstrahiert, der Narzissmus zu einem gesellschaftlichen Muster erklärt, ohne den Begriff auf ein empirisches Fundament zu stellen. Das psychische Leiden korrespondiere nämlich keineswegs mit der materiellen Verarmung. Auch die Franzosen werden, zumindest was das Bruttosozialprodukt betrifft, nicht ärmer, haben aber am meisten Angst vor Deklassierung und Prekarität. Ehrenberg erklärt dieses Missverhältnis zwischen kranken Seelen und einer doch recht fitten Gesellschaft damit, dass Soziologen auf rhetorische Gemeinplätze zurückgreifen, die entwickelt wurden, bevor es überhaupt eine Gesellschaftswissenschaft gab.

So setzt die von dem Narzissmuskritiker Sennett beklagte Charakterstörung der Gesellschaft auf profane Weise jene Übungen fort, mit der die Puritaner Neuenglands einst die klebrigen Reste des Katholizismus abschaben wollten. In deren Programm gibt es nur Kirchen freiwilliger Mitglieder, zu deren Herzen Gott durch die Bibel spricht. In dem Neuen Jerusalem, der erlösten Nation Amerika, nimmt das Individuum jene Stelle ein, die im Katholizismus der Kirche und ihren Priestern vorbehalten ist. Da jeder seine Kirche in sich trägt, sind vor Gott alle gleich.

6 Ehrenberg, *Das Unbehagen in der Gesellschaft*, a.a.O., S. 479.

Den Unterschied macht Calvins Lehre von der doppelten Prädestination, die besagt, dass manche geboren wurden, um gerettet, und andere, um verdammt zu werden. Egal, wie sehr man sich auch anstrengt, Gottes Ratschlüsse sind richtig und dem Menschen unverständlich. Die Folge ist das Gefühl einer »unerhörten inneren Vereinsamung des einzelnen Individuums«, wie es Max Weber formulierte, die mit einer chronischen Selbstprüfung einhergeht.

In der literarischen Gattung der Autobiographie wird das innere Training beispielhaft vorgeführt. Auserwählt oder verdammt? Endlos martert sich der Gläubige mit einer Frage, die der puritanische Dichter George Goodwin in »Auto-Machia« (1607) so formuliert: »Ich besinge mein SELBST, meine inneren Bürgerkriege« (I find my SELF; my Civil Warrs (sic) within.)«[7] Die Psychoanalyse wird in den Nervenkrankheiten jene Dämonen untersuchen, die den Menschen in die Schwermut des Psychokriegs stürzen. Die Unabhängigkeit des Unternehmers und Künstlers als Selfmademan sind Weiterentwicklungen der religiösen Vorstellung, dass der Einzelne (nur) auf sich selbst zählen kann.[8] Die idealisierte amerikanische Kleinstadt stellt hingegen für einige der neocalvinistischen Soziologen das Netz dar, das den Einzelgänger vor dem Absturz sichert.

In dem puritanischen Schwanken zwischen einem grandiosen, auserwählten und einem armseligen, verdammten Selbst ist die Trauerrhetorik von Autoren wie Sennett und Christopher Lasch präformiert. Sie beschreiben die an Charakterstö-

---

7 Sacvan Bercovitch zitiert diese Verse in seiner klassischen Studie *The puritan origins of the Amercan Self*, New Haven und London, 1975, S. 13. Zit. nach Ehrenberg, *Das Unbehagen in der Gesellschaft*, ebd., S. 51.

8 Der gescheiterte Projektemacher Daniel Defoe schrieb mit »Robinson Crusoe« (1719) das Epos eines puritanisch beflügelten Kapitalismus. Ein gottloser junger Mann erleidet Schiffbruch und landet auf einer einsamen Insel. Der Unglückstag ist für ihn der Tag der Umkehr. Er beginnt, die Insel zu kolonisieren, und dankt Gott, dass er ihn dieser Prüfung unterzogen hat. Als PC-Pionier erkennt Crusoe zwar, dass es Zeit ist, sein Leben zu ändern, bleibt jedoch im metaphysischen Netz gefangen. Eine postmoralische Robinsonade würde die Rechte der Ureinwohner anerkennen.

rungen leidenden Amerikaner als Narzissten, die aus dem Gefängnis ihrer Emotionen nicht herauskommen und dabei den Bezug zur Gemeinschaft verlieren. Von der Psychotherapie in seiner Selbstbezogenheit bestärkt, verlöre das Individuum die Fähigkeit, autonom – und schuldig – zu sein.

Immer ist die Gesellschaft in einem Substanzverlust begriffen. In einer entzauberten Welt gibt der Mensch die Gesellschaft der Menschen auf, erringt persönliche Autonomie, eine »Autorität ohne Liebe« (Richard Sennett). »Die Gesellschaftskritik verbindet sich hier mit dem Aufruf zur moralischen Erneuerung«[9], sagt Ehrenberg. Prekarität, Verwundbarkeit und Brüchigkeit seien Topoi einer Jeremiade, die ans moralische Gewissen appelliere. Man könnte Ehrenbergs Kritik zuspitzen und sagen: Protestantischer als die Protestanten – oder moralisch korrekter als die Korrekten –, unterschlägt die Soziologie des Narzissmus ihr eigenes Leiden an einer Gesellschaft, in der sie die verlorene Harmonie einer symbiotischen Gemeinschaft verloren zu haben glaubt.

Krankheit Autonomie

Ehrenberg selbst bietet eine weniger pessimistische Erzählung an, die auf scheinbar widersprüchlichen Argumenten beruht. Die Ursache des Leidens sei das gesellschaftliche Ideal der Autonomie. Ausgerechnet dieses Versprechen von Wahlfreiheit und Selbstermächtigung, das als Übungsziel so vieler individueller und kommunardischer Kuren ausgegeben wird, soll die Menschen in Verzweiflung stürzen? Alain Ehrenberg formuliert es so: »Der neue Status des psychischen Leidens ist Ausdruck eines Lebensstils, der an die Autonomie gebunden ist.«

Aber die Leiden der Autonomie sind in den USA andere als in Frankreich. In einer calvinistisch geprägten Gesellschaft

9 Ehrenberg, *Das Unbehagen in der Gesellschaft*, a.a.O., S. 183.

sind Begriffe wie *self-reliance*, das sowohl Selbstvertrauen als auch Unabhängigkeit bedeutet, von fundamentaler Bedeutung. Persönlicher Erfolg und der Aufbau der Gemeinschaft sind hier miteinander verknüpft. So wird verständlich, wenn Maßnahmen zum Schutz von Minderheiten als kontraproduktiv kritisiert werden. Sie würden die moralische Verantwortlichkeit des Einzelnen schwächen und ihn zum Fürsorgeempfänger degradieren. Das Selbst, man kann auch Persönlichkeit oder Charakter dazu sagen, hat in Amerika den Rang einer Institution. Das Pumpen in der Narzissmuskammer ist hier gewissermaßen Volkssport. Die zahllosen PC-Konventionen von US-Institutionen unterstreichen als Korrektiv dessen Rang.

In Frankreich dagegen läutet die Alarmsirene, wenn von Persönlichkeit und Eigeninitiative die Rede ist. Steckt dahinter nicht das neoliberale Raubtier, das die Institutionen zerstört und das Individuum in die Hölle der Privatisierung stürzt? Die Schwächung der sozialen Bindungen wird in den USA als Folge des Mangels an individueller Verantwortung, in Frankreich als Folge der Überforderung der individuellen Verantwortung empfunden.

In Frankreich steht das Ideal persönlicher Unabhängigkeit zwar auch nicht in Frage. Seit den Gleichheitsforderungen der Französischen Revolution schützt hier aber der Staat das Individuum. Und nun entlässt der bröckelnde Wohlfahrtsstaat seine Bürger in eine vage Unabhängigkeit! Triumph und Niederlage gehören in einer Gesellschaft, die die Autonomie zu ihrem Ideal erklärt, so zusammen wie Gipfelsturm und Absturz beim Bergsteigen. Das »Was darf ich tun?« verwandelt sich in eine unheilvolles: »Besitze ich auch die Fähigkeit, es zu tun?« Der mehrmalige Konvertit Rousseau hatte guten Grund, sich vom Calvinismus abzuwenden: »Der Katholik muss sich dem Beschluss, den man für ihn gefaßt hat, unterwerfen, der Protestant dagegen soll lernen, selbst zu beschließen.« Nichts schwieriger als das.

Ehrenberg hat mit seiner amerikafreundlichen Einschätzung letztlich dennoch recht. Die Sorge um eine kälter werdende Gesellschaft ist berechtigt, aber nur als Teil eines nicht umkehrbaren Prozesses persönlicher Autonomie: Urheber seiner selbst zu sein, durch sein Handeln und seine Initiative Fortschritte zu machen.

Ein Panda in der Narzissmuskammer

Der Kämpfer Po blickt in die Geheimrolle, in der die tiefsten Geheimnisse des Kung Fu stehen sollten und die zu seiner Verwunderung leer ist. Wie soll er, der dicke Panda-Bär, nun zu dem Krieger werden, der sich den bösen Mächten entgegenstellt?

Mark Osbornes und John Stevensons Animationsfilm »Kung fu Panda« (2008) ist das Manifest einer narzisstischen Pädagogik. In der Figur des zufällig zum Kämpfer auserkorenen Panda-Bären erkennen sich jene übergewichtigen Jungs wieder, die in den pubertären Verteilungskämpfen um Anerkennung unterliegen. Täglich treten sie gegen zu große Fastfoodportionen an und scheitern. Ihnen verrät der Film das Rezept, wie sie aus ihrer Lethargie kommen. Denn als Po sinnierend auf die glatte Oberfläche der Geheimrolle blickt, sieht er sein eigenes Spiegelbild. Er erkennt, dass es an ihm liegt, die eigenen Kräfte zu mobilisieren. »Tauch' in dich ein, dann wirst du es schaffen!« Und tatsächlich lässt ihn ein hartes Training mit seinem Lehrer schließlich über den schlanken, eigentlich überlegenen Gegner triumphieren.

Die Verknüpfung aus amerikanischem »Du-schaffst-es«-Ethos und asiatischem Trainingswissen illustriert das, was Peter Sloterdijk in seinem Buch »Du mußt dein Leben ändern«[10] als profane Operationen des Fortschritts beschreibt. Dabei

10 Peter Sloterdijk, *Du musst dein Leben ändern. Über Anthropotechnik.* Frankfurt am Main 2009.

überblickt der Philosoph mehrere Jahrtausende Eigenleistung, die er unter dem Begriff der Vertikalspannungen zusammenfasst. Sie reichen von den radikalen Weltentleerungen der christlichen Mönche in den Wüsten Kleinasiens bis zu den indischen Akrobaten der Selbstformung. Er beschreibt die Methoden der Selbstermahnung und der Verekelung der Außenwelt und rekonstruiert, wie das Ich Instanzen entwickelt, um den inneren Fortschritt zu überwachen. In den Einsiedeleien, Klöstern und Akademien jener, die aus dem Fluss des Lebens aussteigen wollen, sieht Sloterdijk Modelle eines übenden Lebens, das in dem auf Arbeit und Produktion konzentrierten Leben der Moderne in Vergessenheit geriet. Von den »ideenbefeuerten Aufschwüngen« sei nicht viel mehr in Erinnerung geblieben als die Karikatur eines Begriffs: des Narzissmus.

Friedrich Nietzsche käme aus dieser Sicht das Verdienst zu, diese antiken Übungskulturen wiederentdeckt zu haben, auch wenn er von Askese und Priestern nichts wissen wollte. In Nietzsches Zeit fällt auch die Wiederbelebung des olympischen Gedankens, der exemplarisch das Potential von »Vertikalspannungen« ohne Spiritualität vor Augen führt. Tägliches Training ermöglicht es dem Sportler, über sich selbst hinauszuwachsen, das schier Unmögliche zu erreichen.

Sloterdijks Aufruf zum regelmäßigen Training als Voraussetzung für eine Individualität, die über den Egoismus des Stoffwechsels hinausgeht, bringt einen anderen Ton in den Jammerchor der Gekränkten und Geknechteten. Zwar plädiert für die Absonderung nur, wer selbst davon überzeugt ist, zu den Berufenen zu gehören (so dass die weniger Begabten nach dieser elitären Logik auf die Psychochemie zurückgreifen müssen). Dennoch unterscheidet sich sein Aufruf zur Selbstformung von den aus der Managementliteratur bekannten Begriffen der Selbstoptimierung. Denn die Umkehr schließt die Zuhilfenahme von Dopingmitteln und Coaching-Seminaren aus; das ganze Selbst zur halben Miete lehnt er ab.

Wenn Sloterdijk und der Panda-Bär Po in die Zauberrolle blicken, wissen sie: Stumpfer Drill genügt nicht, um weiterzukommen. Kung-Fu-Pandas sind in allen Lebensbereichen zu finden.

Der Koch Harald Wohlfahrt etwa erzählt, er übe sich bei einer Raumtemperatur von 48 Grad in ständiger Bückhaltung. Geht er in den Tiefkühlraum, ist er einem Temperaturunterschied von 50 Grad ausgesetzt. »Es waren Jahre dabei, da hab ich mich gefragt, was kann ich noch mehr tun? Mehr geht einfach nicht«, sagt er. »Einsatz, Wille, Durchhaltevermögen, ich habe alles gegeben.« Wohlfahrts Lieblingsbuch ist »Musashi« von Eiji Yoshikawa, in dem ein junger Mann davon beseelt ist, der größte Kämpfer aller Zeiten zu werden. Er selbst kämpft um einen dritten Stern im Michelin-Restaurantführer. Er kennt kein Weihnachten, kein Ostern, kein Pfingsten, denn da ist er beim Training. Er sagt, er habe keine teure Uhr, kein großes Auto. Das Einzige, wofür er jeden Morgen aufstehe, sei Perfektion. Ob er ein Getriebener sei, will ein Journalist von ihm wissen. »Nicht durch andere«, sagt Wohlfahrt. »Durch mich selbst.« Für die einen ist er ein Kochlöffeljihadist, der vom Verfassungsschutz der Neoliberalismuskritik überwacht werden sollte. Für die Ratingagenturen arbeitsmoralischer Kreditwürdigkeit ist er dagegen einer, der etwas weiterbringt, und bekommt die Bestbewertung »AAA«.

In einer französischen Kleinstadt gründete eine Gruppe von Psychologen eine Plattform für individuelle Entwicklung, die sich um Langzeitarbeitslose kümmert. Die Hoffnungslosigkeit und Verzweiflung hat ihre Selbstachtung zerstört. Das soziale Leiden wird mit Körpertechniken, ästhetischer Pflege und therapeutischen Gesprächen in einem »Raum für die Wiederherstellung des Narzissmus« behandelt. Zwischen den Hochleistungssport radikaler Liberaler und der Hängematte der Wohlfahrtsstaatsnostalgiker bietet sich die Narzissmuskammer als bekömmliches Krafttraining an. Die einen mögen solche Übungen zur Ich-Stärkung neoliberal nennen, die anderen politisch korrekt: Wer über genügend Selbstachtung verfügt und in der Narzissmuskammer nicht dopt, kann sein Leben in die Hand nehmen.

Faule Freiheit

Vor einem Jahr fand an Österreichs Universitäten ein großer Streik statt. Die Studierenden agitierten mit der Parole »Uni brennt« gegen die laufende Reform der Studienpläne. Sie skandierten »Bildung statt Ausbildung«. Das neue Programm eines dreijährigen Bachelors sei lediglich eine Fortsetzung der Schule in einem Lebensabschnitt, in dem doch die Bildung eines autonomen Individuums erfolgen solle.

Betrachtet man die Hörerzahlen der Technischen Universitäten, so fällt ein Rückgang bei den Einschreibungen in den Ingenieursfächern und die steigende Popularität der Architektur auf. Auch wenn es in der Architektur genug zu büffeln gibt, könnte man doch eine gewisse Polarität zwischen den beiden Bereichen erkennen: Da die trockene Chemie und Elektrotechnik, dort die kreative Raumkunst. Da die einfältige Schule, dort das entfaltete Individuum. Welch ein Irrtum!

Ältere Semester berichten von prekären Arbeitsverhältnissen in Architekturbüros, von unbezahlten Praktika und niedrigen Stundenlöhnen für Projekte, die nicht einmal mit dem eigenen Namen gekennzeichnet sind. Auf der anderen Seite bekommen Fertigungsingenieure und Geoinformatiker bereits während des Studiums Arbeitsangebote großer Unternehmen. Warum machen die jungen Menschen dann nicht einen Bogen um das Institut für Selbstausbeutung? Woher kommt die Lust, sich ins Unglück zu stürzen? Die Ursache führt in die Kindheit zurück.

Ein Baumhaus: So würden Kinder wohl die Frage nach einer menschengerechten Architektur beantworten. Im Wald erforschen die Sonnenkinder die Geheimnisse der Natur und kämpfen gegen die bösen Zauberer. Folgt man den Planern einer fortschrittlichen Schularchitektur, sollten auch die Klassenzimmer wie der Wald sein. Spielerisch die Welt erfassen, ohne Zwänge sich entfalten. Und wenn sich das Kind von dem ganzen Wirbel gestresst fühlt, zieht es sich in die Nische einer Polsterlandschaft zurück.

Vorbei ist die Zeit, als ein strenger Lehrer die Klasse kommandierte wie ein Vorarbeiter die Arbeitsbrigade. Schon damals verrieten die unter die Stühle gepickten Kaugummis den unterdrückten Gestaltungswillen; nun kennt der Selbstausdruck keine Grenzen mehr. Bereits im Schulbanktyp zeigt sich, welcher Menschenschlag ins Leben hinaustreten soll: nicht der vom schlechten Gewissen geplagte Komplexler, sondern der mit reichlich Lob bedachte Kreative. Wissen und Weisheit sind angeboren, während die Wissenschaft eingetrichtert wird.

Der solcherart ermutigte Schüler-Lehrer seiner selbst wird eher auf eine Kunstakademie gehen wollen als sich noch einmal in einen Hörsaal zu setzen, wo er spröde Informationen zu memorieren hat. Er ruft: »Bildung statt Ausbildung«. Die Zeit mit der Pausenglocke hat ihn traumatisiert, das Wort Verschulung reißt alte Wunden auf. Projekte mag er lieber als Experimente, denn Methoden bedeuten Zwang. Warum sonst begibt sich die junge Architektin freiwillig in Knechtschaft, indem sie lieber schlecht dotiert in kleinen Büros arbeitet statt in großen Architekturbüros, wo eine 38-Stunden-Woche mit sozialer Absicherung auf sie wartet? Man könnte es das Marterpfahlparadox nennen: Wenn man etwas tun muss, empfindet man es als Zwang. Tut man das, was einem Spaß macht, kennt die Indianerin keinen Schmerz.

Peter, 12, starrt im Englischunterricht Löcher in die Luft und reagiert gereizt auf die Zurufe von Mrs. Kilby. Wenn die Lehrerin den Konjunktiv erklärt, schläft er ein. Einige Stunden später in der Fußgängerzone. Peter schabt mit seinem Skateboard eine Mauer entlang. Er stürzt, rafft sich auf, zieht sein Brett über die Mauerkante, stürzt – macht nichts. Warum bricht sich Peter nicht für den Konjunktiv das Schlüsselbein?

In dem Willen, ein Ziel zu erreichen, sind alle Streber gleich. Anders als der brave Schüler hat der Skateboardfahrer freilich einen Lehrer, dem er nicht widersprechen kann – sich selbst. Der reale Erfolg ist nicht so wichtig wie die Illusion, sein Ding durchgezogen zu haben. Die Gesellschaft gibt ihm recht und feiert den, der brennt. Er zahlt seine Sozialabgaben aus eigener Tasche.

Autonomie würde bedeuten, die Zwänge der vermeintlichen Freiheit zu erkennen. Der von Überstunden geplagte Architekt würde sich dann eingestehen, dass sein Rücken schmerzt. Er würde skeptisch werden, wenn jemand zu ihm sagt: »Do it yourself!« Vielleicht würde er auch den Baustatiker, den er insgeheim als faden Burschen belächelt, zu bewundern beginnen. Denn er würde sehen, dass jener gelernt hat, Feierabend von sich zu machen. Der Slogan einer Gesamtschule der Künstler und Techniker müsste daher lauten: Das Bauhaus ist kein Baumhaus.

Sehnsucht nach dem Über-Ich

Der Schwan ist das Symbol sublimer weiblicher Schönheit. Jede Castingshowjury würde ihm attestieren: »Du hast was aus dir gemacht!« Peter Tschaikowsky schrieb die Musik zu dem Märchen »Schwanensee«, in dem der Prinz sich zwischen einem bösen und einem guten Schwanenmädchen entscheiden muss. Die dämonischen Kräfte des Es ringen hier mit dem disziplinierenden Über-Ich. In dem Film »Black Swan« verpflanzt der Regisseur Darren Aronofsky diese Triebgeschichte in die US-amerikanische Gegenwart. Der Film erzählt von der Verunsicherung, die die Entdisziplinierung der Schulen in der westlichen Mittelschicht ausgelöst hat.

Geduldiges Üben nach den unhinterfragten Vorgaben eines Lehrers ist eine pädagogische Konstellation, die in den Schulen weitgehend verschwunden ist. Auch die Erzählung des Films bewertet den Wert selbstlosen Trainings nicht allzu hoch;

jenes ist lediglich die Basis, auf der eine außergewöhnliche Ausdrucksfähigkeit entwickelt werden kann. Die Protagonistin, eine angehende Primaballerina, hat viel Fleiß, aber wenig Persönlichkeit.

Der Konsens über diese autoritätskritische Erziehung begann in den vergangenen Jahren zu bröckeln. Der Arzt Michael Winterhoff beschreibt in dem Bestseller »Warum unsere Kinder Tyrannen werden« (2008) das Scheitern von Eltern, die ihre Kinder wie Partner behandeln. Mit Erwachsenenthemen überfrachtet, entwickelten heranwachsende Menschen narzisstische Verhaltensweisen. Es käme ihnen die Fähigkeit abhanden, das Gegenüber als Mensch mit eigenen Bedürfnissen wahrzunehmen. Der andere ist wie ein Gegenstand, den man nach Belieben – wie mit einer Fernbedienung – steuern kann. Die Freiheit kippt in Tyrannei.

In Deutschland löste die Lehrerin Ursula Sarrazin 2011 eine Diskussion über die Laschheit des Schulunterrichts aus. Als Gattin von »Deutschland schafft sich ab«-Autor Thilo Sarrazin wurde ihr von Kommentatoren offenkundig die Fähigkeit zuerkannt, strenger zu sein als der zu warm duschende pädagogische Mainstream. Zeitungen veröffentlichten in der Folge Briefe ehemaliger Schüler, die den Lehrern vorwerfen, ihnen statt Jahreszahlen »größere Zusammenhänge« eingetrichtert zu haben. An den Universitäten sei dumpfes Auswendiglernen, nicht selbständiges Denken gefragt. Droht das Revival von Schillers »Bürgschaft«? »Was wolltest du mit dem Dolche? sprich!« Eine Vintageversion schwarzer Pädagogik?

Der Film »Black Swan« greift die alte, romantische Kritik am blinden Gehorsam auf. Es heißt, wer nur nachahme, dem fehle die Seele. So dachten nicht nur Genies, sondern auch jene, die jüdischen Musikern die Fähigkeit absprachen, über ihre Virtuosität hinaus zu musikalischer Eigenständigkeit zu finden. So wurden in der ersten Welle der Asiaphobie, als Japan in den siebziger Jahren den westlichen Markt betrat, die japanischen Produkte als Imitationen abgetan. Noch heute stoßen die aus Japan oder China nach Europa kommenden Schüler klassischer Musik auf das Vorurteil: »Ihr könnt noch so fleißig sein, aber euch fehlt das Besondere!«

So reaktionär der Film im Rückgriff auf die vorgestrigen Gewissheiten einer Ballettschule auch sein mag, so vorsichtig ist er in Hinblick auf deren Resultate. Nicht ausgespart wird nämlich die wissenschaftliche Gewissheit, die besagt, dass Kinder, die von ihren Eltern verbal gezüchtigt werden, schlechte Noten im Fach ihrer Muttersprache nach Hause bringen. Werden Kinder zu Opfern solcher Aggression, zweifeln sie an ihrer schulischen Leistung; ihr Selbstwertgefühl leidet. Der Film geht in seiner Kritik noch weiter und lässt die Protagonistin in eine Psychose stürzen.

Die Tänzerin entwickelt die Phantasie, ihr Körper verwandle sich in einen Schwan. Es ist eine Art von Selbstimmunisierung: Die Schmerzen des Trainings – blutende Zehen und Abschürfungen, die an die Performances der Körperkünstlerin Valie Export erinnern – werden erst durch diese Art der distanzierenden Allegorisierung erträglich. Selbstverstümmelung und Selbstüberhöhung werden eins; sie sind der narzisstische Wunsch nach totaler Körperkontrolle. Eine moralisch einwandfreie PC-Erziehung würde sagen: Finger weg von der Ballettstange! Und dennoch gibt es unüberhörbare Signale, die auf eine autoritäre Wende in den Erziehungsidealen hindeuten.

In den USA veröffentlichte Amy Chua, eine Juristin mit chinesischen Wurzeln, das Buch »Battle Hymn of the Tiger Mother« (»Schlachtgesang der Tigermutter«), das unter dem entschärften Titel »›Die Mutter des Erfolges« auch auf Deutsch erschien. Darin beschreibt die Universitätsprofessorin auf ruppige und ironische, also eigentlich sehr amerikanische Art, die traditionellen chinesischen Mittel, mit denen sie die antiautoritären Reflexe ihrer Töchter kuriert. Zu den Regeln gehört: Du darfst nur Bestnoten haben. Fernsehen und Computerspiele sind verboten. Spielen heißt Klavier spielen. Andere Eltern halten sich für streng, wenn sie ihre Kinder zwingen, jeden Tag eine Stunde lang ein Instrument zu üben. Für Amy Chuas Kinder ist das erst die Aufwärmrunde. »Chinesische Eltern verstehen, dass nichts Spaß macht, bis man gut darin ist. Um gut in etwas zu werden, muss man arbeiten, und Kinder wollen von sich aus niemals arbeiten, weshalb es so wichtig ist, dass man sich über ihre Wünsche hinwegsetzt. Das verlangt von den Eltern viel Willenskraft, denn das Kind wird sich weigern.« Auch dieses Buch ist ein Bestseller. Machen Eltern, die Kinder nicht in Schulen, sondern in angst- und notenfreie Selbstverwirklichungsresorts schicken, etwas falsch?

Die Schule der Wiener Sängerknaben ist eine den Ballettschulen vergleichbare Institution. Hier werden Jungen und Mädchen zu Sängern ausgebildet; sie lernen und wohnen in einem Internat. Auch japanische Kinder kommen hierher, deren Eltern die Wiener Sängerknaben aus Konzerten kennen. Markus Blauensteiner, schulischer Leiter der Wiener Sängerknaben, sagt: »Sie sind mit diesem Drill, den es in Asien gibt, bei uns nie konfrontiert.«[11] Dennoch sei es für diese Schüler gang und gäbe, nach der Schule noch in eine private Abendschule zu gehen. Der Pädagoge konstatiert einen Unterschied: »Ein talentierter Steirer singt aus dem Bauch heraus, hat eine tolle Stimme, und wenn es dann nix mehr ist, ist es halt nix mehr. Bei den Japanern ist der Ehrgeiz gegeben, nach dem Motto, ich will was werden.« Anders als jener japanische Schüler, der an die Gesangsausbildung ein Medizinstudium anschließen will, sage der österreichische Maturant: »Schau ma mal.«

Gänzlich unsteirisch agiert die Tigermutti im »Schwarzen Schwan«. Sie schirmt ihre Tochter von der Außenwelt ab, damit jene sich ganz auf den Balletttanz konzentrieren kann. Als gescheiterte Ballerina, die ihre Karriere nach der Geburt ihrer Tochter beenden musste, weiß sie: Die Beschäftigung

11 Der Standard, 19. 2. 2011.

mit der Außenwelt lenkt vom eigentlichen Ziel ab – durch Training einen Zustand von Vollkommenheit zu erreichen. In einer Gesellschaft, in der jeder etwas aus sich machen soll, stößt dieses eislaufmütterliche Fürsorgemodell nicht nur auf Widerspruch.

Soziologen beobachten die steigende Angst der Mittelschicht vor einem sozialen Absturz. Die Klasse der Angestellten, Klein- bis Mittelunternehmer und Beamten profitierten nach 1945 von der Verteilung des gesellschaftlichen Reichtums. Die Sozialversicherungen machten Biographien planbarer, Studienbeihilfen erleichterten den Zugang zu akademischen Studien. Heute meint sich die breite Mitte von den politischen Verhandlungen über ein besseres Leben ausgegrenzt. Die Mittelschicht sieht sich in einer Zwickmühle zwischen den von konservativen Parteien vertretenen Reichen und den am Tropf der Transferleistungen hängenden Armen.

Die Angst vor der sozialen Deklassierung lässt sich an der Hysterie ablesen, die die Ausbildung der Mittelschichtskinder begleitet. Bereits die Wahl des Kindergartens könnte ein Fehler sein; trotzdem setzt man den Namen des Kindes schon vor der Geburt auf die Warteliste. Eine noch viel größere Hürde stellt die Aufnahme ins Gymnasium dar; es droht die Hauptschule, die mehrheitlich Kinder aus Familien besuchen, in denen wenig gelesen (»bildungsfern«) und selten deutsch gesprochen (»migrantisch«) wird. Doch auch das öffentliche Gymnasium kann die glücksverheißende Absonderung der jungen Bürger nicht garantieren. 2008 besuchte fast jeder zehnte Schüler in Österreich eine Privatschule, in Wien sind es 17 Prozent.[12] Mit einem Plus von 15,3 Prozent ist die Zahl der Privatschüler deutlich stärker gewachsen als die Gesamtschülerzahl. Der mit Abstand größte Betreiber von Privatschulen ist die römisch-katholische Kirche: Mit insgesamt 72 600 Schülern besuchen zwei Drittel aller Privatschüler ihre Einrichtungen.

12 Apa-Meldung vom 29.1.2008.

So eine unglückliche Streberin wie Nina Sayers, die Protagonistin von »Black Swan«, möchten selbst jene Eltern nicht zur Tochter haben, die sich beim Gedanken an eine härtere pädagogische Gangart ertappen. Jahrelang übte Nina täglich die klassischen Ballettfiguren. Sie verzichtete auf das Leben eines Teenagers; in ihrem Schlafzimmer türmen sich Berge von Stofftieren. Und nun sagt der Ballettlehrer zu ihr, ihre Persönlichkeit sei zu gering entwickelt. Morgen wird er entscheiden, wer den Solopart im Schwanensee bekommen wird. Wie soll sie das versäumte Adoleszensprogramm nachholen?

In ihrer Verzweiflung geht sie mit einer Kollegin in einen Technoclub, nimmt Ecstasy, schmust mit fremden Männern und hat dann wilden Sex mit ihrer Studienkollegin. Fassungslos muss die strenge Mutter der Rebellion ihrer braven Tochter zusehen; die böse Außenwelt droht den Glassturz zu zerbrechen, unter den sie ihre Tochter stellte. »Black Swan« flicht mit dieser Anekdote ein weiteres Motiv in den Entwicklungsroman von Nina Sayers ein, das Transzendenzversprechen der Popkultur.

Denn auch die Ekstasen des Rock 'n' Roll haben gelehrt: Man muss keine Etüden üben, um in die nächste Klasse aufzusteigen. Und wenn geprobt wird, dann im Keller, wo es keiner sieht. Wie bei den Konzertperformances von Mick Jagger, der noch mit 65 jugendlich über die Bühne hechtet, soll die Anstrengung nicht an Sport erinnern. Im Vergleich zu diesen Lockerungsübungen wirkt das Ballettstudium wie die sowjetische Eislaufkunst.

Jahrzehntelange Jogaübungen ermöglichen mentale Zustände des Schwebens. Durch Bet- und Fastenübungen kann ein Zustand der Selbstlosigkeit erreicht werden. Dafür reicht aber auch ein Tropfen der chemischen Substanz MDMA, auch als Ecstasy bekannt. Ein warmes Glücksgefühl durchströmt den Körper. Gelöst von der Zielstrebigkeit des sexuellen Begehrens, trachtet die chemisch induzierte Trance nach kollektiver Vereinigung. Das Stroboskoplicht verhilft auch dem motorischen Stümper zum Gefühl, sich in einem Zustand psychosomatischer Dissoziation zu befinden; er hebt ab. Diese Modelle von Glücksvirtuosität standen und stehen hoch im Kurs. Jugendlichen und anderen unterprivilegierten Menschenmengen ermöglichen sie zumindest temporär den Zugang zu den Ressourcen Selbstausdruck und Identität.

Der Film erzählt es im Schnelldurchlauf: eine Nacht mit Drogen und Sex, der Konsumismus als Doping zur Selbststeigerung. Das steht nicht im Fitnessprogramm der chinesischen Elite: Kids für den globalen Wettbewerb. Als im August 2011 Riots in England ausbrachen, suchten die Jugendkulturspezialisten vergeblich nach deutlichen antirassistischen oder antikapitalistischen Botschaften. Die Städte brannten, die Kids grölten und plünderten – ganz so wie sie es in der Narzissmuskammer gelernt hatten. Die Grandiosität des Selbst entledigt sich der Ängste vor dem strafenden Über-Ich. Es hat nicht geübt, das »Geschenk« zurückzuhalten. Ratlos blicken die Erzieher auf den großen Haufen. Die Camerons haben zurückbekommen, was sie gesät haben. Der Neoliberalismus der Selbstachtung sagt nicht: Frauen und Kinder zuerst, sondern: ich zuerst, und nach mir die Sintflut.

Zwischen den zweifelhaften Erfolgen autoritärer Übungskulturen und dem Vernichtungskampf hedonistischer Plünderer gälte es den Entwicklungsplan eines maßvollen Narzissmus zu propagieren. Er würde weder von den Steigerungsmöglichkeiten des Selbst absehen, die orthodoxe Trainingsgebiete wie der Sport vorführen, noch dürften jene Umverteilungsmaßnahmen zu kurz kommen, mit denen die politische Korrektheit den gleichmäßigen Zugang zur sozialen Währung Anerkennung garantieren möchte.

Das TV-Model-Casting zeigt, was aus dem eskapistischen Träumen der Popkultur werden kann. Es exerziert das Leid am eigenen Ungenügen mit dem Zynismus einer voyeuristischen Medienmacht durch. Models verkörpern die Gier nach den Fetischen des Kapitalismus, nach Prominenz, Geld, Spaß, Sex und einer spielerischen Arbeit, die sich wie Freizeit anfühlt. Zugleich jedoch unterwerfen sich die Modelanwärterinnen in den TV-Zuchtanstalten einem öffentlichen Demütigungsritual, das Freizeit so gestaltet, dass sie sich wie Arbeit anfühlt. Statt dem süßen Leben am Pool warten der innere Peitschenknaller und die Einübung verbissener Selbstoptimierung um ihrer selbst willen. Die Tränen sind süß, die Arbeit an sich ist schon der Genuss, der am Ende auf dich wartet – das ist die Botschaft der glamourisierten TV-Trainingslager. So zeigt sich die Kehrseite der Entdisziplinierung im Kampfflächeln der Enkelinnen von 1968. Ihr Bekenntnis zu den Freuden der Selbststeigerung erscheint dahergemurmelt und dahergeturnt. Oder verbirgt sich dahinter der klammheimliche Wunsch nach einer Autorität in jenen, die weder Papa noch Mama, weder Lehrer noch Lehrerin mehr haben?

Autorität hat bekanntlich schon länger einen schlechten Ruf. Nach der historischen Erfahrung des Nationalsozialismus war der positive Bezug auf Autoritäten für lange Zeit diskreditiert. Autorität galt als synonym mit einer Unterwerfung einfordernden Macht, die – Achtung Faschismus! – stets unter Verdacht stand, für dunkle Zwecke missbraucht zu werden. Gleichwohl bleibt das Bedürfnis nach einer als berechtigt empfundenen und daher freiwillig akzeptierten Autorität ungebrochen – auch nach der Impfung ganzer Generationen mit den bitteren Pillen der antiautoritären Erziehung. Dementsprechend haben sich die Überzeugungsmuster funktionierender Autorität in einer autonomiegläubigen Gesellschaft gewandelt. Richard Sennett diagnostiziert in einer Rehabilitierungsschrift für eine nicht-tyrannische Autorität die Erscheinungsformen heutiger Autoritätsgestalten: »Befehle erscheinen legitim, weil sie von einem befähigten, selbstsicheren und selbstständige Menschen kommen, der anderen ein Beispiel gibt; Gehorsam wird zu dem Versuch, den Vorgesetzten nachzuahmen.«[13] Genau das tun die Models in Heidi Klums Casting-Camp. Klum ist der Ersatz für den fehlenden Vater. Sie ist die Autorität, die Schuld an der Übertretung in Schuld am Versagen verwandelt.

Schäm' dich, Genie!

Im Dezember 2010 gibt die OECD die Ergebnisse der Schulleistungsstudie PISA bekannt. Österreich schneidet mit 470 Punkten bei der Leseleistung deutlich schlechter ab als 2006 (490 Punkte). Im OECD-Ländervergleich liegen beim Lesen nur noch die Türkei, Chile und Mexiko hinter Österreich. Die höchste Punkteanzahl beim Lesen hat Südkorea mit 539 Punkten. Die Presse sucht nach Ursachen: Der Anteil von nichtdeutschsprachigen Kindern sei zu hoch, es fehle eine Gesamtschule. Der Scheinwerfer der Kommentatoren erfasst auch die Qualität der Textvermittlung: Längst sei das traditionelle Deutschlesebuch durch »Coole Geschichten für Kids« ersetzt worden. Wo einmal Bleiwüsten die Aufmerksamkeit der Analphabeten in den Zeilentakt zwangen, poppen heute bunte, an Computeroberflächen orientierte Bild-Text-Collagen auf.

Stirnrunzeln löste das Ergebnis gerade bei jenen aus, die konfuzianische Disziplin nicht als ihr Erziehungsideal erachten. Sie schicken ihre Kinder in basisdemokratische Alternativschulen, wo Noten und Schularbeiten verboten sind. Der Zwang zur Autoritätsfreiheit verbietet es ihnen auszusprechen: Der Prozess der Entdisziplinierung ist dem Erlernen

13 Richard Sennett, *Autorität*, a. a. O., S. 14.

einfacher Kulturechniken nicht förderlich. Immer öfter hört man Sätze wie: »Mein Sohn ist in der Frida-Kahlo-Ausstellung gewesen, aber er kann keine Buchseite zu Ende lesen.« Ein Wiener Lehrer liefert eine Erklärung: »Das Grundübel ist, dass die Kinder zu Hause keine Struktur mehr mitbekommen: Die essen, schlafen und spielen, wann sie wollen.«[14]

Wenn der kreative Imperativ, das Einmaleins der Welterfassung ersetzend, zum pädagogischen Mainstream wird, lohnt ein Blick auf jene Bildungseinrichtungen, an denen Kreativität selbst vermittelt wird, die Kunstakademien. Der Befund, aufgenommen an der Wiener Akademie der bildenden Künste, ist zunächst ernüchternd. Würden hier nämlich Tests in jenen Fächern durchgeführt, die vor fünfzig Jahren mit dem Lesen und Schreiben vergleichbar gewesen wären, fiele das Ergebnis niederschmetternd aus. Die Technik des Zeichnens oder der Steinbearbeitung wird hier von kaum einem Professor mehr beherrscht. Und was die Studenten machen, ist so unterschiedlich, dass selbst innerhalb einer Klasse ein wertender Vergleich schwerfiele. Die Ablehnung von Mimesis und Imitation, dieses Dogma moderner Ästhetik, hat auch eine pädagogische Konsequenz. Längst sind die Studenten vom Zwang befreit, antike Vasen abzumalen und durch den Augenschein von Leichen die menschliche Anatomie zu studieren. Führte diese systematische Entdisziplinierung zu jener lustgesteuerten Spontaneität, die Eltern ihren Kindern so gerne geben würden, wenn sie sich nicht vor den kleinen Konfuzianern fürchteten?

Auf den ersten Blick wirken Akademien wie reformpädagogische Grundschulen für Erwachsene. Studenten und Professoren rufen im Chor: »Basisdemokratie« und »Enthierarchisierung«. Die vor rund zwei Jahrzehnten einsetzenden Reformen wurzeln in der Kritik am Begriff der Meisterschaft. Das Feindbild ist der die Klasse beherrschende Künstler, das charismatische und autoritäre, die Jugend verführende Maler-

14 Klaus Nüchtern, *Von Pisa lernen heißt siegen lernen*. In: Falter 50/2010.

schwein. Der »Geniebegriff des 19. Jahrhunderts« ist das Schlagwort, unter dem das alte Regime attackiert wird. Vereinzelte, ältere »Malerfürsten« wie der sich dandyhaft kleidende Künstler Markus Lüpertz kommen diesem Typus heute noch nahe. Ungeniert artikuliert er das skandalöse Selbst, das keiner mehr will: »Ich bin Bildermaler, der Meister einer Disziplin.«

Genie und Meisterschaft sind nicht dasselbe. Kein Meisterschüler des 19. Jahrhunderts durfte jene Abkürzungen nehmen, die das Genie von den fleißig Exerzierenden unterscheidet. Wer sich von den Übungen befreien wollte, berief sich auf die schöpferische Kraft natürlicher Anlagen. Der Studienoder Schulabbruch ist bis heute die Option des scheinbar faulen Romantikers, der seine Übungen lieber ohne akademische Bevormundung macht. Egon Schiele verließ die Wiener Akademie vorzeitig – mit einem »Genügend« in den Kategorien Fleiß und Künstlerischer Fortschritt; im Atelier verwandelte er sich dann in ein Arbeitstier und schuf in wenigen Jahren ein Lebenswerk. Der nicht minder ambitionierte Maler Arnulf Rainer scheiterte an der Aufnahmeprüfung, ein Pluspunkt für den Lebenslauf. Zur narzisstischen Künstlermythologie gehörte auch die Ablehnung des Kunstmarkts. Anerkennung bekam nur jener, der sein Werk verkniffen vor dem schmutzigen Geld abschirmte.

Aber das Genie musste für seine Sperenzchen doch noch manchmal einen Preis bezahlen. So propagierte der unzutreffend als Biedermeiermaler bezeichnete, frührealistische Künstler und Akademiereformer Georg Ferdinand Waldmüller (1793-1865) das Studium der Natur anstelle des Kopierens alter Gemälde respektive des Zeichnens nach Gipsen. Als Rousseauist war Waldmüller der Meinung, dass der Lehrer lediglich die im Schüler vorhandenen Anlagen zu fördern habe; die wahre Natur sei also auch ohne Übung zu haben. Als er unter dem harmlosen Aufsatztitel »Andeutungen zur Belebung der vaterländischen bildenden Kunst« (1857) überhaupt

»die Abschaffung aller Akademien« forderte und anregte, das frei werdende Geld für staatliche Kunstankäufe zu verwenden, wurde er vom Dienst suspendiert.

Was im Zuge der Reformen der Nullerjahre weggeräumt werden sollte, war also weniger der romantische Geniekult, der sich über die Intuition des einsamen Subjekts und so ja gerade über die Gegnerschaft zur Akademie definierte, es waren vielmehr die Restbestände handwerklichen Trainings. Die Klassen für Medailleurskunst und Kleinplastik, die Werkstätten für Metall- und Holzbearbeitung gerieten nicht nur durch Anweisungen von oben ins Hintertreffen; auch die Nachfrage unter den Studierenden war gering. In der klassischen Musik blieb das jahrelange Perfektionieren von Übungen, das Prestige von Meisterschaft und Virtuosität dagegen vergleichsweise stabil. Was trat in der bildenden Kunst an seine Stelle? Wurde an der PC-Academy das Ideal angstfreien Lernens und spontanen Selbstausdrucks Wirklichkeit? Und warum wurde dort auf Grund zahlreicher Suizide ein psychosozialer Interventionsdienst eingerichtet?

Wie ich lernte, eine NGO zu werden

2009 fand im Kunstraum Augarten Contemporary die Ausstellung »Empfindung«[15] statt, die von Studierenden und Lehrenden der Akademie der bildenden Künste Wien im Rahmen eines philosophischen Seminars entwickelt wurde. Dabei war auch der Videofilm »Diese zwölf technischen Regeln …« (2008) von Tanja Widmann zu sehen: Eine Sprecherin verliest einen Text von Ad Reinhardt, das Manifest »Zwölf Regeln für eine neue Akademie« aus dem Jahr 1961.

Die Akademie sollte laut Reinhardt die Aufgabe übernehmen, als »Ächter der wahren Tradition in der Kunst« aufzu-

---

15 Belvedere, Agnes Husslein (Hg.), *Empfindung oder in der Nähe liegt der Fehler liegen die Wirkungen*. Wien 2009.

treten, »um unserer Kunst gewisse Regeln zu geben, um sie reinzuhalten«. Reinhardts Anleitungen fordern eine Malerei, die sich jeder Subjektivität, Expression und Wirkung enthält. Reine, von allen Affekten, Texturen und Spuren des Gestischen befreite Oberflächen sollten produziert werden. »Keine Farben: Farben sind barbarisch, instabil, täuschen Leben vor.« Während das Manifest verlesen wird, zündet die auf einem Podest sitzende Künstlerin eine Handrauchfackel an. Gelber Rauch steigt auf, verbreitet einen Hauch von sinnlichem Hooliganismus, ohne dass die Künstlerin allerdings Zeichen von Rührung zeigen würde. Trotz dieses Funkens Ironie und dieser Andeutung von Expressivität ist das Werk eine Hommage an Reinhardts programmatische Ungerührtheit und Symbol eines Bildungsideals, das die kritische Kunst der letzten Jahrhundertwende mitprägte. Spüren, Sensibilität und die wortlose Sprache des Bauches gehören einer sinnlichen Außenwelt an, von der ahnungslose Novizen noch bei Aufnahmeprüfungen faseln; dann beginnt das Abstraktionstraining.

Ein anderer Schauplatz: Eine junge Frau in einem kurzen Kleid tritt auf ein Podest, wo Zeitschriften liegen. Auf dem Kleid ist eine Kamera befestigt, die die Handgriffe der Performerin und Akademiestudentin Roberta Lima auf einen Monitor am Rand der Bühne überträgt. Sie schneidet Fotos weiblicher Ikonen des Terrorismus wie Ulrike Meinhof aus den Zeitungen aus und näht sie – autsch! – auf ihren Oberschenkel. Blut tropft aus den Wunden – und schon sind Fliegen da. Sie habe von den vielen Attentäterinnen im Nahen Osten gelesen, wolle aber darauf nicht direkt Bezug nehmen, sagt die Künstlerin über ihre im Rahmen der Kairo-Biennale 2008 gezeigte Arbeit »Please help yourself«. Der Schoß, in dem Mutter Natur und die Hausarbeit beheimatet sind, schien ihr die richtige Körperregion, um die Kluft zwischen fremdbestimmter Virtualität und selbstbestimmter Realität zu überbrücken. »An Schmerz denke ich dabei überhaupt nicht«, sagt die Brasilianerin. Sie hat sich eine gute Note verdient, denn sie hat es geschafft, kraft ihres Willens den Körper zur minderwertigen Hülle zu degradieren.

Die Studenten müssen alle Krücken wegschmeißen, mit denen es die Tradition ihnen ermöglichte, ihre Mittelmäßigkeit zu verbergen. Die meiste Anerkennung erhält, wer seinen autonomiegläubigen Narzissmus aus den Kindertagen am besten verbirgt. Die Demontage des Künstlersubjekts und das Hinterfragen von Unmittelbarkeit sind der Schwerpunkt der künstlerischen Ausbildung. Gäbe es Strafaufgaben, müsste der Schüler hundert Mal auf seinen Zeichenblock schreiben: »Schäm’ dich, Genie!«

Während draußen auf dem Kunstmarkt das mit dem Qualitätsprädikat unzureichend verschleierte Zufallsprinzip, das Selbstdarstellungsvermögen und der Unternehmergeist die Schleuse zwischen innen und außen steuern, müssen die Akademieschüler ins Krafttraining der Egalität. Alle sind gleich – anders. Und: alle sind anders – gleich. Das ist zugleich das Mantra der Political Correctness. Der Lorbeerkranz winkt jener Ich-AG, die den Sprung zur Wir-NGO geschafft hat. Die Labels antirassistischer und antisexistischer Arbeitskreise und Plattformen ersetzen die Eigennamen. Der ordinäre Narzissmus als Künstlerreligion ist verboten, die Anerkennung des Anderen ist wichtiger als die Anerkennung des Selbst. Stattdessen dürfen Vermittler_innen, Produzent_innen, Agent_innen, Gestalter_innen, vormals Künstler genannt, ein Doktoratsstudium belegen. Kaum ein Doktormaler oder eine Doktorkonzeptkünstlerin hat die dafür notwendigen methodologischen Kenntnisse. Die Intentionen sind antihierarchisch. Was aber ist das Resultat? Nur ganz wenige werden es schaffen.

Eine wichtige Stufe auf der Himmelsleiter der Ich-Abspeckung ist die Bekämpfung des unternehmerischen Selbst, das Marion von Osten, Professorin für bildnerische Erziehung, beispielsweise im postfordistischen Tanzfilm am Werk sieht. »Tanzfilme wie ›Rhythm Is It!‹ werden durch die Anrufung einer Melange aus Motivation, Kreativität und Disziplin zu Beweisstücken für das Versagen der heutigen Schule und ihre immer noch ›laschen‹ Erziehungsmethoden. Wer vor der Kamera tanzen, seinen Körper einsetzen, sein Talent unter Beweis stellen muss, ist letztendlich als ein Subjekt markiert, das in den neuen Wertekanon neoliberaler und neonationaler Gouvernementalität ›integriert‹ wird (…).«[16] Durch Kritikyoga sollen die angehenden Kunsterzieher die marktorientierte Selbstoptimierung überwinden lernen. Statt der Selbstdarstellung des neurotischen Ich übt man die Selbstverleugnung des narzisstischen Ich. Diese Akademie ist wie eine Kommune – nur ohne Mutter Otto und König Sex.

Der Terror der Selbstlosigkeit

Das Genre Selbstporträt ist ein beliebtes Exerzierfeld für Techniken der Selbstabschaffung. Auch die Akademieabsolventin und Philosophin Kathi Hofer nahm an der bereits erwähnten Ausstellung »Empfindung« teil. Sie beschäftigt sich in »Figur 1« (2009) mit der berühmten Zeichnung des Wiener Naturwissenschaftlers Ernst Mach aus dem Aufsatz »Die Analyse der Empfindungen und das Verhältnis des Physischen und Psychischen« (1886), einem Schlüsseltext der rationalistischen Moderne. Mach zeichnete sich auf einer Chaiselongue liegend. Wir sehen den Körper Machs aus der Perspektive des linken Auges bei geschlossenem rechtem Auge. Der Augenbrauenbogen, die Nase, der Schnurrbart bieten den Rahmen für den Teil des Körpers, der aus dem linken Auge sichtbar ist.

In Hofers Werkbeschreibung heißt es: »Es geht Mach nicht so sehr um ein Selbstporträt als vielmehr um die Problematisierung des ›Ich‹ als Zeichner, aber auch als Abgebildeter.« Die Künstlerin steigert die Problematisierung, indem sie den Text Machs zu einem Origami faltet. So führt sie die Porträt-

16 Tom Holert und Marion von Osten, *Das Erziehungsbild*. Wien 2010, S. 234.

tradition vom herrschaftlichen Mann der Tat weiter zum zweifelnden, gefalteten Selbst, als hätte Hugo von Hofmannsthal, der konservative Sprachskeptiker der Wiener Moderne, die Anregung dazu geliefert.

Die Effekte solcher Selbstfaltungen werden auch außerhalb des Kunstfelds eingeübt. Nicht selten sind in Parks Eltern anzutreffen, die vor ihren Kindern knien, um sich nach ihren Wünschen zu erkundigen. »Magst du spielen, ein Eis oder Fahrrad fahren?« Man sieht brüllende Kids, die im Winter ihre Jacke nicht anziehen wollen. Sie haben entschieden, dass ihnen nicht kalt ist. Später werden sie dann sagen, dass sie heute lieber keine Rechenübungen machen wollen. Irgendwann werden sie die richtige Privatschule gefunden haben, die ihre Leseschwäche und Verhaltensstörungen ganzheitlich integriert. Wenn sie dann die Aufnahmeprüfung auf die Kunstakademie geschafft haben, ahnen sie noch nicht, dass es ab jetzt richtig zur Sache geht.

Peter Sloterdijk, der mehrere Jahre an der Wiener Akademie unterrichtete, beschreibt das Nachwirken von Selbstformungstechniken, die in seinen Augen zu Unrecht unter dem Begriff Religion abgetan werden: »Es gibt keine ›Religion‹ und keine ›Religionen‹ mehr, sondern nur mißverstandene spirituelle Übungssysteme.« Der Philosoph kann jener Gruppe von Intellektuellen zugerechnet werden, die sich spöttisch über PC äußern. So zitiert er etwa den Namen *vertically challenged people* für »Menschen, die oft nach oben schauen müssen«, für ihn eine Wortfindung »amerikanischer Korrekter«.[17] Nun ist der Ausdruck »vertically challenged« für kleine Personen, ein Klassiker der Anti-PC-Rhetorik, freilich eine Finte. Er stammt aus dem satirischen »Official Politically Correct Dictionary and Handbook« (1993) von Henry Beard und Christopher Cerf, in dem ernsthafte und scherzhaft gemeinte Sprachregelungen gemischt werden. Viele deutschsprachige

17 Sloterdijk, *Du mußt dein Leben ändern*, a.a.O., S. 99.

Autoren ziehen das Beispiel der »vertikal Herausgeforderten« heran, um die Forderung nach sprachlichen Regelungen lächerlich zu machen.

Auch wenn Sloterdijk also schwer in antidiskriminatorischen Arbeitskreisen vorstellbar ist und von linken Autoren als Voluntarist und Elitist kritisiert wird, entwickelt er in seiner Studie Sichtweisen auf das übende, sich selbst aus freien Stücken regulierende Leben, die für die Analyse des Bedeutungskomplexes PC brauchbar sind. Wenn man nämlich den Begriff PC durch den eines ethisch gewendeten Lebens ersetzt, lassen sich darin zahlreiche divergierende Phänomene zusammenfassen: richtige Ernährung und richtige Sprache, ein schonender Umgang mit der Umwelt, die Aufhebung ungerechter Geschlechterverhältnisse – und der Neue Mensch der Kunstakademie.

Sloterdijk spricht von »vertikalen Spannungen« und den daraus abgeleiteten Leitdifferenzen: Exzellenz versus Mittelmaß (Sport), heilig versus profan (Religion), tapfer versus feige (Militär), wobei der Übende jeweils Ersteres anstrebt. Diese Skala ermöglicht es, das radikale Ideal zu erkennen, das die Reform des akademischen Unterrichts bestimmt. Die vertikale Spannung liegt hier in der Leitdifferenz Künstlichkeit versus Natur. Wer die Natur hinter sich lässt, hat das Trainingsziel erreicht.

Die zu Fakirinnen mutierten Künstlerinnen, die Wir-NGOs und Papier-Ichs können sich auf den resoluten Imperativ »Du musst dein Leben ändern!« berufen, den Sloterdijk als Ausgangspunkt eines besseren Lebens beschreibt. »Das ethische Leben ist reformatorisch. Stets will es die schlechte Wiederholung gegen die gute tauschen.« Das Kontinuum des Falschen äußere sich nicht nur in stupider Handwerklichkeit und dem nicht minder verwerflichen Spontitum. Auch in der Ich-Kritik der Kunstakademien haben schlechte Wiederholungen schlechte Karten.

Am schlechtesten stehen die da, die sich als natürliche Tatsachen maskieren: namentlich die Geschlechterfolklore über die zwei Wesen von zwei verschiedenen Sternen namens Mann und Frau. Es ist das erklärte Ziel der Akademie, die Quote weiblicher Mitarbeiterinnen und Studierender zu steigern. Entsprechende Gesetze unterstützen dieses Anliegen, die Forderungen des akademischen Senats gehen aber darüber hinaus. Die ethische Hochsprunglatte bildet die Zerstörung von Privilegien des vormals Natürlichen und Realen, die sich in den mächtigen Mustern der Geschlechterbinarität äußern.

Man kann es im Vorlesungsangebot nachlesen: Es gilt, die Kategorien Mann und Frau zu überwinden, durch Übungen, die das zur Meisterschaft führende Handwerk ersetzen.[18] Ein umfangreiches Unterstützungsprogramm hilft den Akademiemitgliedern dabei. So achtet eine Umerziehungskommission, der Arbeitskreis für Gleichbehandlungsfragen, darauf, dass bei Bewerbungen die Brauchtümer der alten Sextribes abgeschafft werden. Eine Frage wie »Haben Sie vor, Kinder zu bekommen?« etwa impliziert den Verdacht, die Kandidatin könnte eine längere Arbeitspause machen. Oder es wird bei der Ausschreibung einer Stelle in den Werkstätten darauf geachtet, dass keine »geschlechtsspezifischen Zuschreibungen« wirksam werden. Auch eine Frau kann schließlich Tischler sein.

Eine eigene Ordensregel – die »Betriebsvereinbarung über Antidiskriminierung und partnerschaftliches Verhalten am Arbeitsplatz« beschreibt – nach dem Vorbild der Codices an US-amerikanischen Universitäten – das akademische Zusammenleben; es ist wie ein Fürstenspiegel des Opferlandes. Übergriffe werden unterteilt in Belästigung, Einschüchterung/Bedrohung/Anfeindung/Beschimpfung/Angriff, Beleidigung/Entwürdigung/Erniedrigung, Bevormundung/Abwertung. Anzügliche Blicke, Kommentare, »Komplimente« und Witze,

18 Ein Beispiel von vielen: »Inwieweit haben zur romantischen Liebe queere, polyamoreuse Konzepte in einer Populärkultur Platz?«, fragt im Wintersemester 2010 die Vorlesung über Liebe in der Populärkultur.

nachpfeifen, unwillkommene Aufforderungen zu sexuellen Handlungen, »zufällige« Berührungen und das Zeigen pornographischer Darstellungen werden als sexuelle Belästigung gewertet. Willenlos scheint das Opfer in einem Meer von Erniedrigungen zu treiben. Doch wer denkt, den Magister artium durch Schadensersatzforderungen gegen das alte Sexregime zu erreichen, liegt falsch; die stehen nur in Ausnahmefällen zur Verfügung. Man muss die trägen Ich-Routinen selbsttätig überwinden, bis das Gewohnheitsrecht auf Natürlichkeit seine Gültigkeit verloren hat.

Der Abstand zu Waldmüllers faulem Genie könnte nicht größer sein; die Nichtnatur ist die anthropotechnische Zielvorgabe des postgenitalen Künstlers. Seine Königsdisziplin ist die Performance, einer der Unterrichtsschwerpunkte der Akademie.[19] Hier erschallt jenes subversive Gelächter, mit dem laut Judith Butler die Parodie das Original bedenkt. Die »parodistische Wiederholung« untergrabe, so die US-Philosophin, die Routine der in die Jahre gekommenen Zwangsheterosexualität. An der Akademie gehören Performance, Spielen mit Geschlechtermasken und das Überwinden der binären Logik zu den Standards der Ausbildung. Zur Meisterschaft hat es gebracht, wer sich, wie der/die AkademieabsolventIn Jakob Lena Knebl,[20] weder auf ein bestimmtes künstlerisches Medium noch auf ein Geschlecht festlegen lässt. Ein mal eins ist zwei. Knebl verliest bei seinen/ihren Performances Transgendermanifeste und führt »als Einführung« Dildos in den Anus von Assistenten ein. Wer die Kunstakademie nach erfolgreichem Ich-Entzug verlässt, hat sein Geschlecht als schlechte Gewohnheit aufgegeben. Die drei Sterne der totalen Demokratie sind ihm gewiss.

Ein kleiner Wermutstropfen: Im Jahr 2009 ergab eine Befragung am Institut für bildende Kunst (IBK), dass 40 Prozent

19 Vgl. »This sentence is now beeing performed«. In: Die Bildende 06, 11/2010.
20 Pressetext, Kunstraum Niederösterreich, Wien 2010.

der Bewerber aus dem Ausland kommen.[21] Die Bewerber mit österreichischem Pass erhöhen die Dichte des Migrationshintergrunds; 20 Prozent haben eine andere Erstsprache als Deutsch. Diese erfreuliche Tatsache wird durch einen anderen Wert relativiert. Kinder von Arbeitern sowie Kinder von Eltern mit niedrigen Bildungsabschlüssen kommen verglichen mit ihren Bevölkerungsanteilen kaum zur Anmeldung. Die Hälfte der Bewerber kommt aus der hohen sozialen Schicht, ein Drittel der Eltern hat einen akademischen Titel. Auf der PC-Academy wird niemand auf Grund von Geschlecht oder Rasse diskriminiert. Was den um Antidiskriminierung bemühten Akteuren aber entging, war die Tatsache, wie sehr die Emanzipation der Kinder ein begütertes und belesenes Elternhaus voraussetzt.

Tugend ohne Gott

Rufen wir noch einmal anhand der Geschichte von Ovid in Erinnerung, wie es zu dem tragischen Ende von Narziss kam. Die paranoide Selbstbezogenheit war eine Strafe dafür, dass er einer Nymphe, der widerhallenden Echo, die kalte Schulter zeigte. Gleich beim ersten Date erlebt sie eine das Selbst vernichtende Zurückweisung, eine psychosomatische Störungen auslösende Diskriminierung, die Ovid – in der Übersetzung von Johann Heinrich Voß – in vollendeter Betroffenheit beschreibt. »Und die Verachtete schlüpft in den Wald; ihr errötendes Antlitz / Deckt sie mit Laub, und lebt seitdem in einsamen Grotten. / Dennoch haftet die Lieb', und wächst von dem Schmerze der Weigrung. / Wachsame Sorge verzehrt den schwindenden Leib zum Erbarmen; / Ganz verschrumpft ihr die Haut vor Magerkeit; und es entfliegt ihr / Jeglicher Saft in die Luft; nur Laut und Gebeine sind übrig.« Von Anfang dro-

---

21 Barbara Rothmüller, *BewerberInnen-Befragung am Institut für bildende Kunst*. Wien 2009.

hen mithin Alleingänge die soziale Seilschaft in die Tiefe zu reißen, der Terror der Autonomie nimmt in einer verweigerten Anerkennung seinen mythologischen Ausgang. Der Held und das Opfer finden nicht zueinander und bilden dann doch gemeinsam die Idylle des Opferlandes: Echo als Fels und Narziss als Blume mit gelbem Kelch.

Im Laufe unserer Überlegungen verfestigte sich der Eindruck, dass die Autonomiebestrebungen der Opferländer nicht immer vereinbar sind mit jenem Mehr an Love & Respect, das durch politische Korrekturen institutionalisiert werden soll. Wer Narziss als Gott der modernen Fortschrittserzählung anerkennt, muss unterschiedliche Sekten des Fortschritts zusammendenken. Auf seinen Wegkreuzungen begegnen sich Nietzsches Zarathustra und der jüdische Unternehmer, der sich aus dem Shtetl nach oben arbeitet, der linke Antialkoholiker und der rechte Sonnenanbeter, der Apple-Gott Steve Jobs und der islamische Gotteskrieger. Die narzisstisch verblendete Liebende vergisst die soziale Klasse ihres Geliebten und leidet, wenn ihr Autonomieverlust nicht mit Anerkennung belohnt wird. Neid treibt den Antisemiten ebenso an wie den Marginalisierten, der sich erfolgreich ins Zentrum durchschlägt. Rousseau findet für die Ohn- und Allmacht der Alleingänger folgende Formulierung: »Die Hölle des Bösen ist der Zwang, allein mit sich selbst leben zu müssen; aber das Alleinsein ist zugleich das Paradies der Guten.«

Die Idealisten und die Terroristen, die Liebenden und die Sadisten nutzen die Lernfähigkeit des Selbst dazu, um ihren Gipfel zu erklimmen. Die Einsicht mag unerträglich sein, dass sie alle dasselbe Genmaterial in sich tragen, die DNA der Freiheit. Der knarzende Ausdruck der politischen Korrektheit ist eine Begriffskrücke für eine Tugend ohne Gott. Sie beschreibt die Erziehungsversuche einer antiautoritären Gesellschaft in der unverbesserlichen Hoffnung, dass aus freieren Menschen auch bessere Bürgerinnen werden. Narziss ist der gute und der böse Geist der Demokratie. Ohne ihn können wir nicht mehr. Mit ihm könnte die Welt besser, könnten die Anführungszeichen weniger werden. Wenn alles gutgeht, dann folgt auf Narziss der Kommunismus der Achtung: ein säkularer Narzissmus, der kein göttliches Selbst mehr braucht.

Maxima Moralia
Glossar der politischen Korrektheit

Abendland: Schlagwort konservativer Kulturkritik, meist in Verbindung mit »Untergang« (etwa Oswald Spenglers »Der Untergang des Abendlandes«, 1918) und »christlich-jüdisch«. Die Bildungsbürger sahen das Abendland in den sechziger Jahren durch lange Zotteln, Schundhefte und Aftermusik in Gefahr. Neuerdings berufen sich auch ganz normale Linke auf das Erbe von Goethe, Mozart und Schiller, um sich von ihrer »bildungsfernen« Nachbarschaft abzugrenzen. Die Unterschicht glotzt Trash-TV, die → Kopftuchmädchen lesen den Koran. Die Abendlandverfechter fahren den Cello übenden Nachwuchs mit dem ökozertifizierten Auto aus dem → multikulturell bunten Wohnbezirk in katholische Privatschulen und bangen um die Aufnahme der Kinder ins Gymnasium. Ihre Hauptsorge ist: dass sich das Abendland selbst abschafft.

Adoptivkind: Der politische korrekte Nachwuchs. Postnatale Anwendung der Wahlfreiheit auf die menschliche Reproduktion, die unter Popstars und Schauspielern populär ist. Der identitätsrelevante Zeugungsakt durch reine Anerkennung – »wir haben dich ausgesucht!« – reinigt den Ursprung von den gefährlichen Resten der Heteronormativität (»Ficken«). Bevorzugte Herkunftsregionen der importierten Findelkinder von Madonna und Brangelina sind wirtschaftlich benachteiligte Regionen, ihr friendly takeover in einem philantropischen Gnadenakt verspricht gesellschaftliches Prestige. Narzissmustheoretisch muss sich das Adoptiv-Selbst à la Hollywood mit der Tatsache auseinandersetzen, dass das durch die Geburt zugefügte Trauma in die globalen Gewaltverhältnisse eingebettet ist. (»Nicht meine Eltern sind schuld, sondern der Neoliberalismus.«) Die afrikanischen und asiatischen Adoptivkinder signalisieren außerdem dem Publikum – den »Mohren« auf den Gemälden der Renaissancefürsten vergleichbar –, wie grenzenlos der Absatzmarkt der elterlichen Filme und Musik-CDs ist.

Ageismus: Soziale Diskriminierung durch Altersfeindlichkeit. Tanzwillige mit grauen Schläfen werden von jungen Menschen, die ihre Kinder sein könnten, aus Diskotheken gedrängt. »Husch, ab in die Grube!«, lautet eine der verbalen Verletzungen. Auch Frauen in ihren besten Jahren werden diskriminiert, indem gleichaltrige Männer ihnen »junge Dinger« vorziehen. Seit den siebziger Jahren ist die Wahrscheinlichkeit, dass Frauen jüngere Männer heiraten, gesunken. Doch auch die Sonnenkönige der → Zwangsheterosexualität, etwa der italienische Politiker Silvio Berlusconi, beschweren sich über Ageismus. Man beschimpfe sie als »alte, geile Böcke«.

Antideutsch: Politische Haltung, die sich auf den Nachweis und die energische Zurückweisung verborgener deutscher Interessen im Weltgeschehen spezialisiert hat. Antideutsch zu sein ist die Königsdisziplin des deutschen Antinationalismus. Die scharfe Kritik an deutscher Politik wie auch die Mobilmachung gegen die Wichtigmacherei der deutschen Leitkultur oder der deutschen Leitwirtschaft gehören zum Standardrepertoire dieser Fraktion der Linken. Einer der Hauptvertreter der Antideutschen, der »konkret«-Herausgeber Hermann Gremliza, diagnostiziert seit dem ersten Golfkrieg einen neuen kalten Krieg zwischen »Deutsch-Europa« und den USA, von dem Militäreinsätze in Afghanistan nur ablenken würden. Das oberste Gebot der Antideutschen ist und bleibt ein kompromissloser Antifaschismus und Antinazismus, der in den letzten Jahren einen neuen Gegner fand: den → Antisemitismus der Linken.

Anti Defamation League (ADL): Die 1913 gegründete Organisation mit der Zentrale in Washington hat es sich zur Aufgabe gemacht, Diskriminierungen von Juden weltweit aufzuzeigen und zu verhindern. Zudem betreibt die ADL Lobbyarbeit und schmiedet teils umstrittene Allianzen, etwa durch Preisverleihungen an Politiker wie Silvio Berlusconi. Die rigorose Zurückweisung jeder Form von → Antisemitismus und das öffentlichkeitswirksame Hinweisen auf Verletzungen von Holocaust-Opfern und ihren Nachkommen dienen in den Augen der Kritiker der ADL als Vorwand, Kritik an jüdischen Institutionen oder Personen bzw. Kritik am Staat Israel per se als antisemitisch zu denunzieren und dadurch in der US-Politik und im EU-Europa inakzeptabel zu machen.

Anführungszeichen, auch Gänsefüßchen: Die Sprachwissenschaft behandelte die Zitationszeichen als Randerscheinung. »Satzzeichen sind im allgemeinen kein gegenstand des öffentlichen interesses«, schreibt 1980, in demonstrativ sachlichen Minuskeln, Reinhard Klockow.[1] Der Duden widmet dem Komma zwölf Seiten, den Anführungszeichen – oder Gänsefüßchen – nur drei. Das Wort Gänsefüßchen geht übrigens zurück auf französische Anführungszeichen (»Guillemets«), deren nach innen gerichtete Spitzen an den Abdruck von Gänsefüßen erinnern. Anführungszeichen sind eine Lehnübersetzung des lateinischen *signum citationis* und kennzeichnen in erster Linie Zitate. Leise regeln sie den Fluss eigener und fremder Rede. Sie können aber auch ganz schön laut werden.

Die Gänsefüßchen waren ein rhetorisches Geschütz des kalten Krieges. »Kanzler Brandt redet nicht nur von der DDR, er läßt sie auch ohne Anführungsstriche schreiben«, analysiert der »Spiegel« 1970 die neue Ostpolitik des sozialdemokratischen Bundeskanzlers. Zeitungen wie die »Frankfurter Allge-

---

1 Reinhard Klockow: *Linguistik der Gänsefüßchen* (Dissertation). Frankfurt am Main 1980.

meine Zeitung« (FAZ) wollen der Deutschen Demokratischen Republik (»DDR«) nicht zugestehen, demokratisch und republikanisch zu sein. Auch in der »Bild-Zeitung« ist die Schreibweise »DDR« die Regel; das linke Magazin »konkret« bezeichnet deren Herausgeber Axel Springer deshalb einmal als »Gänsefüßchenverleger«. Die Sprache des Gegners ist eine Tabuzone. Man greift seine Begriffe mit spitzen Fingern an wie ein Stück verdorbener Wurst.

Politische Widersacher sagen Willy »Brandt« zu Willy Brandt. Da der sozialdemokratische Politiker eigentlich Herbert Frahm hieß, rücken ihn die Gänsefüßchen in das Milieu der Gauner und Hochstapler. SP»D« war eine von DDR-Zeitungen verwendete Schreibweise, die sagen wollte: Deutschland, das sind wir. Der Autor Hans Magnus Enzensberger spricht von »diskriminierenden Anführungszeichen«, der Philologe Walther Dieckmann von »destruktiven Anführungszeichen«[2]. Wer politisch recht haben will, muss im Raum der Sprache Minen legen.

Man stellt den gegnerischen Sprachgebrauch bloß, indem man ihn demonstrativ aufnimmt, erklärt Klockow die Waffengattung der Anführungszeichen. »Indem man die gegnerische redeweise imitiert, gemäß den eigenen interessen umwertet und in einer art ›Bumerang-Effekt‹ gegen ihren urheber wendet, beweist man, dass man sie durchschaut und beherrscht.«

Bewusste Fehlbenennungen, Verballhornungen von Namen und das Verwenden von Anführungszeichen wollen den Gegner herabsetzen. Der österreichische Rechtspopulist Jörg Haider nannte die Sozialdemokraten »Sozialisten«, auch nachdem sie diese stärker mit dem Kommunismus assoziierte Bezeichnung längst aus ihrem Parteinamen gestrichen hatten. Rechtsextreme Publizisten bezeichnen Politische Korrektheit

---

2 Walther Dieckmann: *Sprache in der Politik, Einführung in die Pragmatik und Semantik der politischen Sprache.* Heidelberg 1975, S. 129.

als »Politische Correktheit«, um denunziatorisch auf ihren US-amerikanischen Ursprung zu verweisen. Und konservative Zeitungskommentatoren sprechen (offenbar von außerhalb) von der »sogenannten intellektuellen Szene«, deren Status sie dadurch in Zweifel ziehen wollen.

»Entrümpeln«, »Blitzkrieg«, »schlagartig«: Der Dresdner Literaturwissenschaftler Victor Klemperer (1881-1960) notierte in seinen Tagebüchern die Sprache des Dritten Reiches (Lingua Tertii Imperii)[3]. Die Abkürzung LTI spielt auf die vielen Abkürzungen der Zeit an: NSDAP, KdF, Vugesta oder Gestapo. Klemperer beschreibt, wie die NS-Sprache sein Leben durchdrang. Er verlor seinen Arbeitsplatz und musste den Judenstern tragen, entkam knapp der Deportation.

Im Vorwort des 1947 erschienenen Buches »LTI – Notizbuch eines Philologen« erläutert er die Beweggründe für die Veröffentlichung der Aufzeichnungen. Da schreibt einer, der gerade dazu aufgefordert wurde, den Dachboden wegen drohender Brandbomben zu »entrümpeln«, und nun das Fortleben des Begriffs zur Kenntnis nahm. Gegen »charakterliche« Eigenschaften und das »kämpferische« Wesen der Demokratie konnte auch die »Entnazifizierung« nichts tun – auch die übrigens eine sprachliche Missgeburt. »Kommt der Schulmeister ans Licht, der in jedem Philologen verborgen kauert?«, fragt er sich, vorsichtig gegenüber professioneller Paranoia. Klemperer reflektiert, was noch Generationen nach ihm viele Schreiber beschäftigen wird: dass auch sprachliche Nebensächlichkeiten beleidigend sein können. »Ich war so erfüllt von den Dingen der Hitlerzeit, die mich in mancher Hinsicht umgeschaffen hatte. Vielleicht hatte auch ich vordem zu oft DER Deutsche gedacht und DER Franzose, statt an die Mannigfaltigkeit der Deutschen und Franzosen zu denken?« Als alles vorüber ist, hofft er, die Ausdrücke mögen verstummen

3 Victor Klemperer: *LTI – Notizbuch eines Philologen*. Stuttgart 2007 (23. Auflage).

mit der Lage, die sie erzeugten. »Zu verschwinden hat ja nicht nur das nazistische Tun, sondern auch die nazistische Denkgewöhnung und ihr Nährboden: die Sprache des Nazismus.«

NS-Ausdrücke sind Tabuzonen. Muss man sie bisweilen verwenden, grenzt man sie ein wie einen Tatort mit gestreiften Plastikbändern. »mit anführungszeichen kann man wörter gebrauchen, ohne sie zu gebrauchen«, sagt Reinhard Klockow. Man stellt ihnen zwei Polizisten an die Seite, damit sie nicht tun können, was sie wollen. Die Anführungszeichen machen aus NS-Begriffen winzige antifaschistische Denkmäler. Wehe, sie werden geschändet! »Arisierung« und »Reichkristallnacht«, »Anschluss« und »Endlösung« sind solche, mit Anführungszeichen unter Quarantäne gestellten Begriffe aus der NS-Zeit.

Ist diese Möglichkeit der Markierung der schriftlichen Ausdrucksform vorbehalten? Diese Frage stellt sich auch bei architektonischen Zeugnissen der NS-Zeit. »Warum nicht wegreißen«, lautet das Argument jener, die diese Monumente aus dem Stadtbild verbannen möchten. Die Denkmalpflege stellt dagegen signifikante Beispiele unter Schutz – als materielle Zeugnisse einer düsteren Epoche. Wie aber soll genau darauf hingewiesen werden? Ein Beispiel für die Problematik sind die mächtigen Flaktürme, die in Wien oder Hamburg in den Himmel ragen. Einige von ihnen verloren durch neue gastronomische oder museale Funktionen ihren militärischen Anstrich. Die anderen, ungenutzten Türme wären in ihrer entblößten, brutalen Betonfunktionalität ideale Vermittlungsorte – könnte man sie bloß unter Anführungszeichen setzen. Ähnlich wie beim Projekt einer Umgestaltung des Karl-Lueger-Denkmals in Wien. Der christlichsoziale Politiker war Bürgermeister in den Jahren um 1900, verantwortlich für zahlreiche Großprojekte, aber auch der erste moderne Politiker, der Antisemitismus als Mittel der Agitation einsetzte. Ein Arbeitskreis lud Künstler zu einem Wettbewerb ein, sich Antworten auf die Frage zu überlegen, wie mit diesem historisch belasteten Erbe umgegangen werden könne.

Das Siegerprojekt stammt von Wihlidal Klemens und sieht ein leichtes Kippen des Denkmals nach rechts vor. Die dadurch ausgelöste Irritation könnte man mit der Funktion von Gänsefüßchen vergleichen. Es geht um eine Art Exorzismus: Objekte wie in Verbrechen verstrickte Individuen zu behandeln.

Klemperer hat diese Art ritueller Beschwörung mit einem jüdischen Brauch verglichen. Wenn den gläubigen Juden ein Essgerät kultisch unrein ist, dann reinigen sie es, indem sie es in der Erde vergraben. »Man sollte viele Worte des nazistischen Sprachgebrauchs für lange Zeit, und einige für immer, ins Massengrab legen.« Natürlich blieb es Klemperer, der die NS-Wörter gerne zu Fossilen einer längst vergangenen Epoche erklärt hätte, nicht verborgen, dass Interpunktionen auch ein Rädchen in der Propagandamaschine von Josef Goebbels waren. Wer die gellenden Reden der Zeit im Ohr hat, würde wohl eher auf das Ausrufezeichen als der NS-Interpunktion tippen. Nein, auch die NS-Presse ironisierte und diffamierte durch Anführungszeichen. Der Hohn in der Stimme wird in der Zeitung zu Anführungszeichen.

Wenn die Republikaner im spanischen Bürgerkrieg einen militärischen Erfolg verzeichneten, sprachen die NS-Medien von »Roten ›Siegen‹«. Der jugoslawische Partisanenführer hieß »›Marschall‹ Tito«, Churchill und Roosevelt waren »Staatsmänner«, Albert Einstein war ein »Forscher«, Heinrich Heine ein »›deutscher‹ Dichter.« »Die Anführungszeichen gehören zur LTI wie zum Tonfall Hitlers und Goebbels', sie sind ihr eingeboren«, schreibt Victor Klemperer.

Klockow beschreibt in seiner Studie allerdings auch die Gänsefüßchen, die nicht weh tun wollen; ihre Verbreitung war in den siebziger Jahren noch gering. Die politisch korrekten Anführungszeichen sind im Terminus der modulisierenden Funktion verpackt. Gemeint ist damit die Möglichkeit des Schreibers, mit den Anführungszeichen eine reflexive, aber nicht pauschal polemische Distanz zur Äußerung zum Ausdruck zu bringen. Der Schreiber verwendet einen gebräuchlichen Begriff, mit dessen allgemein angenommenen Implikationen er sich dezidiert nicht identifiziert – er hat nur leider keinen besseren.

»Damals fing man gerade an, nicht mehr Neger oder Krüppel zu sagen«, sagt Klockow in einem aktuellen Interview. Die Steinzeit liegt nicht weit zurück. So bemerkte 1964 Walther Dieckmann den Niedergang des Begriffs Kolonialismus zu einem »affektgeladenen, international gebräuchlichen Schimpfwort«[4]. Die ehemaligen Kolonien gehörten zu den »Entwicklungsländern«, die von »rückständigen« zu »entwicklungsfähigen« Gebieten geworden seien. 1961 wird noch für die »Rechtliche Gleichstellung der Neger in Südafrika« demonstriert.

Dieckmann zitiert den Brief eines Afrikaners an das Auswärtige Amt in Bonn, der gegen die harmlose Kolonialwarenhandlung protestierte. In eigener Sache fehlen dem Autor aber die Worte. Im Vorwort bedankte er sich »bei Herrn Professor Dr. Wolfgang Abendroth für die Ratschläge« und »bei Fräulein Lydia Tschakert für die Durchsicht des Manuskripts«. »Mutter Sprache ist auf meine Existenz so gut vorbereitet wie Vater Staat auf die Existenz von Behinderten«, schreibt die feministische Linguistin Luise F. Pusch 1984.[5] Die Sprache erwies sich als lernfähig.

Greise, Zigeuner, Behinderte, Putzfrauen und Entwicklungsländer werden neue Namen bekommen; bis es so weit sein wird, werden sie unter »«-Quarantäne gestellt. »Korrekt« und »nicht korrekt« sind in den siebziger Jahren noch neutrale Termini. »Ein anderer Schreiber würde möglicherweise keine Anführungszeichen setzen; die Äußerung wäre darum nicht weniger ›korrekt‹.« Ohne auf eine geschlechtsneutrale Schreibweise zu achten, formulierte Klockow eine zentrale

4 Walther Dieckmann: *Information und Überredung*. Marburg 1964, S. 105.
5 Luise F. Pusch: *Das Deutsche als Männersprache. Aufsätze und Glossen zur feministischen Linguistik*. Frankfurt am Main 2004, S. 8.

Frage von Anführungszeichen und PC bereits damals: »Man sagt etwas und nimmt das gesagte im selben atemzug zurück. Warum sagt man es dann überhaupt?«

Weil man es nicht besser sagen kann.

»Mir fehlen die Worte.«

Die Anführungszeichen und Binnen-Is lösen bei manchen Lesern Befremden aus. Von Vertretern einer politisch korrekten Schreibweise wird das als reaktionär gebrandmarkt, der Beschimpfung von Feministinnen als Emanzen vergleichbar. In der Tat stehen die Kritiker sprachlicher Regulierung in der Tradition einer Kulturkritik, denen das Wörterbuch des Unmenschen zu kalt und das Wirtschaftswunder nach dem Krieg zu vulgär war. »Die Gänsefüßchen-Stilisten sind Verwandte jener Gesprächstöter, die jeden bescheidenen ›Witz‹, den sie machen, mit einem Ha-ha-ha als nicht ernst gemeint entschuldigen zu müssen glauben. Beide – das gelachte und das geschriebene Gänsefüßchen – sind Zeichen einer tiefen sprachlichen Halbbildung«, schreibt Wilhelm E. Süskind, übrigens der Vater des Schriftstellers Patrick Süskind, in der Glossensammlung »Dagegen hab’ ich was.«[6] Solche Sprachkritik erinnert an das Lamento darüber, dass heute nicht mehr Goethe gelesen und Musik in der U-Bahn mit dem Handy gehört werde. Die Sprachpolizisten haben immer recht, aber der Mensch ist zum Schwätzen geboren.

Dennoch lohnt es sich, die Aversion gegen die häufige Verwendung von Gänsefüßchen und Binnen-Is ernst zu nehmen, und den Unmut über politische Hyperkorrektheit als stilistisches Problem zu betrachten. Es fühlen sich nämlich auch Leser von Unterbrechungen des Leseflusses gestört, die mit den Inhalten der Politischen Korrektheit sympathisieren. Sie sehen sich in ihrer Fähigkeit, Sachverhalte zu erkennen, unterschätzt. Ein Zuviel an Information wertet den Text und damit

---

6 Wilhelm Emmanuel Süskind: *Dagegen hab’ ich was. Sprachstolpereien.* Stuttgart 1969.

den Schreiber ab. Vielleicht sind sie aber auch Ausdruck einer Verunsicherung, die auf unerwartete Weise die Vertreter einer politisch engagierten Sprachkritik mit dem gegensätzlichen Pol, der sprachlich-ästhetischen Autonomie, vereint. Das Unbehagen gegenüber Anführungszeichen wäre dann eines gegenüber ihrer Melancholie.

Man kennt das Argument von Vertreterinnen feministischer Linguistik. Die Sprache ist keine natürliche Gegebenheit, sondern kann im Sinne einer Gleichstellung der Geschlechter verbessert werden. Das »man« lässt sich durch »frau« ersetzen, die Studenten durch Studierende. Anführungszeichen sind in diesem Zusammenhang ein Hilfsmittel. Man hat keinen besseren Ausdruck, aber man verwendet ihn trotzdem.

Man kann natürlich noch skeptischer sein und sich fragen, ob die Sprache nicht überhaupt ein unzureichendes Mittel ist, um etwas auszudrücken. Der französische Schriftsteller Paul Valéry beschäftigt sich in seinen Cahiers (Hefte) mit den Guillemets (Gänsefüßchen): »Wenn ich soviele Anführungszeichen verwende (...), dann aufgrund eines ständigen Mißtrauens gegenüber der Sprache und vor allem den einzelnen Wörtern. So stelle ich ein Wort unter Überwachung, zwischen Anführungszeichen wie zwischen zwei Polizeibeamte, die es in gewissem Sinne nicht alles das machen lassen, was es will.« Er setze Anführungszeichen, um damit zu verdächtigen und anzuklagen.

Der Sprachskeptiker als misstrauischer Kommissar und Staatsanwalt: »Jedes Wort ist ein Vorurteil«, formuliert es Friedrich Nietzsche, der in einem nachgelassenen Fragment einer »Philosophie der ›Gänsefüßchen‹« das Wort redet. Jedes Wort ist verdächtig, sogar die Gänsefüßchen selbst. Der Ausdruck gesteigerter Sprachskepsis wären doppelte Anführungszeichen, also »»Zigeuner«« oder »»Juden«« – oder das Verstummen. »Das sprechen in Anführungszeichen ist eine raffinierte form der sprachlosigkeit«, schreibt Klockow. »Die Ausklammerung des anerkennenden Gebrauchs der Wörter aber impliziert letztlich die Ausklammerung der Sprache selbst«, sagt der amerikanische Sprachphilosoph John Searle.

Die Literatur und Bildende Kunst des Fin de Siécle kennen die ambivalente Figur des zweifelnden Reformers. Auch Nietzsche selbst ist Theoretiker der Décadence und zugleich deren scharfer Kritiker, Gottsucher und Atheist. In der gegenwärtigen politischen Diskussion sind es jedoch keine nervösen Geistesaristokraten, die à la Hofmannsthal ein »unerkläriches Gefühl« empfinden, wenn sie die abstrakten Worte »Geist«, »Seele«, »Körper« aussprechen.

Im Herbst 2010 wurde in Österreich ein offener Brief einer Gruppe von Intellektuellen veröffentlicht, in dem ein Ende der nach Wahlerfolgen der Rechtspopulisten bei den Wiener Gemeinderatswahlen entstandenen Diskussion über Migrationsprobleme gefordert wird. »Schluss mit der Integrationsdebatte!«, heißt es dort. Man möchte damit gegen die Kapitulation der Gesellschaft vor der Sprache und den Bildern einer falsch geführten Debatte protestieren. »An so eine ›Integrationsdebatte‹ ist der ›Schluss‹-Appell gerichtet, mit dieser ›Debatte‹ rechnet die Aktion ab. Eine ›Debatte‹, die keine Debatte ist, über eine ›Integration‹, die keine ist.« Welche Debatten wären nötig, damit die eigentlichen, ohne Anführungszeichen zu führenden Debatten irgendwann beginnen könnten?

Antisemitismus: Die am meisten verbreitete Form des Rassismus. Jede zweite Verschwörungstheorie kommt am Ende zum Schluss, dass am Elend der Welt die Juden schuld seien und dass in jeder dunklen Stunde der Geschichte, sogar am 11. September 2001, der Mossad seine Finger im Spiel gehabt habe. Selbst die Shoah hat den Antisemitismus nicht zum Schweigen gebracht. Im Gegenteil: Manche Psychoanalytiker meinen gar, dass man den Juden Auschwitz nie verzeihen wird.

Artensterben: Verringerung der Artenvielfalt in der Natur durch den schädlichen Einfluss des Menschen. Von Soziologen wird dieser bedauerliche Vorgang metaphorisch auf das → Abendland übertragen, das ebenfalls im Schwinden begriffen sein soll. Das Biozenose genannte soziale Artensterben geht auf die Schwächung menschlicher Beziehungen zurück. Ein Indiz dafür ist die Reduktion des Intimkreises des Durchschnittsamerikaners in den letzten 20 Jahren von 12,5 auf 2,5 Personen – trotz der zahlreichen Facebook-Freunde.

Asterix: Französische Comicfigur, deren Autoren nun auf Grund nationaler Klischees und plumper Genderkonstruktionen auf dem Prüfstand der Political Correctness stehen. Asterix gilt als Ethnoterrorist der Prä-68er-Ära, die historisch in der Römerzeit, in der Entwicklung der Persönlichkeit nach Einsetzen der analen Phase angesiedelt ist. Der Schnurrbart weist Asterix zwar als Erwachsenen aus, sein Verhalten deutet aber auf das Verharren in einer unreifen Entwicklungsstufe hin. Unfähig, Genuss aus dem Zurückhalten zorniger Regungen zu gewinnen, entwickelt er terroristische Neigungen gegen die römische Verwaltung. Ein Zaubertrank ermöglicht ihm die Erfüllung magischer Allmachtsphantasien. Das zweite Mitglied der Terrorzelle ist der adipöse Obelix, der seine Sehnsucht nach oraler Symbiose durch intensiven Verzehr von Wildschweinen befriedigt, die er mit Mutterbrüsten verwechselt. Der Schweinefleischmangel stürzt ihn in Krisen, die zum seriellen Verprügeln römischer Soldaten zwingen. Auf Grund der geringen Entwicklung von Obelix' Persönlichkeit kann diese Aggression noch nicht als antiödipale Revolte gewertet werden. Episoden der Verliebtheit verweisen aber auf erste Schritte libidinöser Besetzung. Statt sich dem vorbildlichen römischen Bildungs- und Rechtssystem unterzuordnen, kultivieren Asterix und Obelix einen bizarren Autonomiemythos, der andere Ethnien kulturalistisch stigmatisiert. Der Korse ist zornig, der Engländer trinkt Tee etc. Obwohl die Comicreihe als Anleitung zum Bürgerkrieg gelesen werden kann, erfreut sie sich nach wie vor großer Beliebtheit.

Atomstrom: Billig, aber böse. Bzw. nur billig, solange nichts in die Luft fliegt. Bzw. nur böse, solange man nicht von CO_2 spricht.

Aussonderung: Das Gegenteil von Integration. »Sonderlinge« werden heute in der → Pränataldiagnostik als solche spezifiziert, ohne dass man für durch genetische Defekte begründete Abtreibungen das belastete Wort Euthanasie verwenden würde. Trotz aller Integrationsbemühungen ist die Gesellschaft bestrebt, der Allgemeinheit keine »Sonderlinge« zuzumuten. Die Ausgesonderten landen daher in Heimen und geschützten Werkstätten.

Babytalk: Sprachform, die vermeint, an die primitive Begehrensstruktur unreifer Subjekte appellieren zu müssen und daher auf Differenzierungen wie Grammatik oder Anführungszeichen weitgehend verzichten zu dürfen. Der Babytalk dient als funktionales Element einer entwürdigenden Praxis, die das Gegenüber (Babys, Erwachsene mit Sprachdefiziten, alte Menschen mit Erinnerungsdefekten) aus dem Möglichkeitshorizont gleichberechtigter, herrschaftsfreier Kommunikation ausschließt.

Best Ager: Marketing-PC-Ausdruck für alte Menschen.

Behinderte: Menschen mit Behinderungen, die heute auch als »Menschen mit besonderen Bedürfnissen« bezeichnet werden. Kritisiert wird die Auffassung, wonach Personen an Autismus »leiden« würden. In einem respektvollen Sprachgebrauch hat »man« eine Behinderung oder lebt mit selbiger.

Betroffenheit: Ausdruck des Einfühlungsvermögens in das Leid anderer oder die Empfindung des Bösen durch den/die Gute/n. Einst beschrieb die Betroffenheit die Gabe der Kinder und Enkelkinder der soldatisch verhärteten Körperpanzer, von sie nicht unmittelbar betreffenden Missständen affizierbar zu sein und weinen zu können. Das organisierte Buhlen um Betroffenheit äußerte sich seit den siebziger Jahren in diversen Formaten – vom Benefizkonzert bis zur kerzenbewehrten Demonstration, vom Liedermacherjargon bis zur Gedenkfolklore. Heute wird die wiedererworbene Fähigkeit zu trauern oft als inflationär eingesetzter → Gutmenschen-Habitus belächelt bzw. als heuchlerische Aneignung eines Opferstatus kritisiert. Kunsthistorisch bedeutsam ist die Betroffenheit als ästhetische Kategorie: Der Anblick kolonialistischer Ausbeutung auf Vermeer-Gemälden oder von Nazi-Raubkunst löst in der Regel größere Gefühle aus als die auf den Leinwänden vorgeführte Meisterschaft.

Biedermeier: Postrevolutionäre Phase bürgerlicher Lebensgestaltung, in der jeder im eigenen Garten Napoleon sein durfte.

Binnen-I: Herzstück der Corporate Identity der Political Correctness. Neuerdings in Konkurrenz mit -innen.

Bionade: 1995 erfundene Antwort auf die Invasion der in den Dopinglabors der Konzerne zusammengepanschten Energydrinks und den Kater vom Vorabend. Die Bionade setzt auf das Prinzip Bescheidenheit: weniger Zucker, weniger Konservierungsmittel, weniger Geschmack. Als Hilfsmittel zur Überführung der grundlosen Heiterkeit des Limonadentrinkens in die Gegenwart sind nur erlaubt: ein sanfter, umweltverträglicher Exotimus (Holunder-Litschi) und eine sich in nostalgisch geschwungener Schriftführung und Textauswahl (»nach Originalrezept«) manifestierende Koketterie mit Omas Vitaminbombenwelt.

Blondinenwitz: Zwei sexistische/türkische/ostfriesische/polnische/schwule/lesbische/blonde Jäger treffen sich im Wald. Beide tot.

Bobo: Selbst der Proll hat seinen Stolz. Der bourgeoise Bohemian, kurz Bobo, ist hingegen immer der, der keiner sein will. Den Linken ist er zu indvidualismusversessen, zu komsumgeil und zu hedonistisch, den gestandenen Konservativen geht seine Schwärmerei für urbanes Radeln, vergessene Tomatensorten und auf puristisch-einfach getrimmte Edelwirtshäuser auf die Nerven. Der Bobo trägt sein Herz links und seine Brieftasche rechts. Er ist gerade noch so alternativ, dass er von seinen Turnschuhe zumindest nicht wissen will, in welchem Sweatshop sie gefertigt wurden. Kapitalismuskritik und politische Korrektheit sind für ihn nämlich Pflicht, zumindest solange es nichts kostet. Das politische Engagement des prototypischen Schwarzgrünwählers beschränkt sich auf korrekte Mülltrennung am Samstag und Sonntagsreden für Integration und Multikulti – solange die türkische Großfamilie nicht vor der eigenen Terrasse grillt. Auf das Bashing dieser Karikatur eines Sozialtypus können sich daher fast alle einigen. Deshalb gibt es auch viel mehr Bobo-Kritiker als Bobos. Und zwar genau in jenen urbanen Ballungszentren, wo dieser angeblich in Massen auftritt. Im → Bionadebiedermeier-Paradies Prenzlauer Berg oder im Umhängetaschen-Eldorado im Siebten Bezirk in Wien kennt jeder seinen Lieblingsbobofeind. Dabei könnte es sein, dass der junge Mann mit dem Laptop neben dem Latte Macchiato im Gastgarten gar nicht nach seinem nächsten Urlaub googelt. Vielleicht ist er einfach nur Teil jenes entsolidarisierten Prekariats, das keine Lobby mehr hat und deshalb lieber so tut, als wäre es Boheme. Womöglich sind die schärfsten Kritiker der Bobo-Elche selber welche.

Blutdiamant: Verhexter Edelstein.

Bugaboo: Sauteurer Kinderwagen, der aus unerfindlichen Gründen als PC gilt.

Butler, Judith: Einflussreiche US-amerikanische Philosophin, die in dem Buch »Gender Trouble« die Trennung der Menschheit in Männer und Frauen anzweifelte. Ihre Zauberformel der Performativität führte dazu, dass Lady → Gaga heute weder Mensch noch Frau ist, sondern beide Rollen nur wiederholend parodiert. Judith Butler gilt außerdem auch als Erfinderin des Butler-Schnitts. Die Haare sind auf der Rückseite des Kopfes in Stufen nach oben geschnitten, vorn trägt sie einen asymmetrischen Scheitel. Gilt in Kunsttheorieseminaren als Leistungsnachweis.

Charta der Vielfalt: Von elf deutschen Großunternehmen 2006 gegründeter Verein gegen die Diskriminierung am Arbeitsplatz, der Vorurteile, etwa gegen Migranten oder ältere Beschäftigte, abbauen will.

Deutschenfeindlichkeit: Wesenszug der österreichischen und Schweizer Seele. Der aktuelle Anlass ist die starke Migrationsbewegung deutscher Arbeitskräfte und Studierender in die südlichen Nachbarländer. In zahlreichen Universitätsinstituten fühlen sich die »Autochtonen« an den Rand gedrängt, da ein Großteil der ProfessorInnenstellen von Deutschen besetzt ist. Tiefenpsychologisch erklärbar ist vor allem die österreichische, sogenannte Piefkefeindlichkeit durch die begehrte, aber misslungene Symbiose mit der deutschen Übermutter, eine narzisstische Verletzung, die zu einer paranoiden Sensibilität in nationalen Fragen führte. Zwischen 1938 und 1945 gab es eine innige Umarmung, dann aber musste das kleine Österreich wieder allein in seinem Bettchen schlafen. Die benachbarte Schweiz reagiert bereits auf die Ausbildung deutscher Parallelgesellschaften und fordert Zugangsbeschränkungen. In den Nullerjahren importierten türkisch- und arabischstämmige Schüler den Begriff und passten ihn lokalen Verhältnissen an. Statt Piefke sagen sie »Schweinefleischfresser« oder »Du deutsche Kartoffel«! Deutsche Lehrer schlagen Alarm.

Es heißt: »In einer gewissen Multikulti-Romantik hat man das Thema nicht zur Kenntnis nehmen wollen.«

Dildo: → Genders liebstes Spielzeug. Gehört in jeden Haushalt und ist auch schon in jedem zweiten. Sinnbildliches Werkzeug einer nicht an den körperlichen Restriktionen klebenden Praxis einer die Entfremdung bejahenden Sexualität und trotz kurzfristiger Hypes wie dem Analstöpsel Longseller der Sexshops. Die bedrohliche Dimension einer männlichen, sadistischen Herrschaft über die Penetrationswaffe Dildo steht im schroffen Gegensatz zur feministischen Feier des Dildos als Fetisch par excellence, der als besserer Penis für weibliche Lust und sexuelle Autonomie zu sorgen verspricht. In der queeren → Postporn-Szene genießt der Dildoismus einen revolutionären Ruf als Philosophie eines Kommunismus der Körper. Beatrix Preciado etwa erkennt in ihrem »kontrasexuellen Manifest« im Dildo ein utopisches Potential. Für sie symbolisiert und repräsentiert er den körperpolitischen Zauberstab, der uns alle zu Proletarierern des Anus macht.

Dreadlocks: Das Kissen für Nissen und ein gutes Gewissen – man fühlt mit den Beats und dem Leid aus dem schwarzen Atlantik.

»Du Opfer!«: Auf der Straße hört man immer wieder eine interessante neue Grußform. Gemeint ist damit jeder, mit dem man ungestraft machen kann, was man will. Im Regelfall werden damit die Verlierer der Verteilungswettkämpfe bezeichnet – die anpasslerischen Eltern, die schüchternen Stillen, die feigen Weicheier. Im »Ghetto«-Rap kriegen sie ihr Fett von denen ab, die selbst nicht mehr Opfer sein wollen, aber glauben, dass sie zu solchen gemacht werden. In einem Film wie »Knallhart« trifft die Demütigungsformel der sich gedemütigt Fühlenden hingegen einen ökonomisch privilegierten Jungen, der von einer Jugendgang mit türkischem Mi-

grationshintergrund terrorisiert wird. Mittlerweile ist der gern auch in Bezug auf → »Deutschenfeindlichkeit« in Anschlag gebrachte Begriff zur ironisierbaren Folklore der Opferrhetorik mutiert – weshalb Zeitungen mit Bezug auf verpflichtende Deutschkurse für Migranten schon mal titeln: »Lern Deutsch, du Opfer!«

Einkaufsfreier Sonntag: Umstrittenes Symbol des Kapitalismus der Selbstachtung, in dem sich narzisstische Konsumenten und narzisstisch gekränkte Dienstleister unversöhnt gegenüberstehen. Der einkaufsfreie Sonntag wird von denen unterstützt, die sich um den Schutz der Gesellschaft vor dem Individualismus sorgen, und von denen bekämpft, die das Individuum vor dem Zugriff der Gesellschaft bewahren wollen.

Essentialismus: Der Aberglaube an Geschlechter, Völker und Klassen. Toter Hund des Dekonstruktivismus. Geht aber dessen ungeachtet als Gespenst in globalisierten und prekarisierten Gesellschaften um, in denen Menschen nach Gewissheiten und schnellen Antworten auf komplexe Fragen suchen.

Faschismuskeule: primitive Waffe.

Foer, Jonathan Safran: US-amerikanischer Schriftsteller, schrieb mit »Tiere essen« (2010) die Bibel des → Veganismus. Das Buch ist so populär, dass sich Vertreter der → Luxusmoral, etwa die Schriftstellerin Charlotte Roche, ein Bild des Covers in die Haut tätowieren ließen.

Frauenfußball: Als weibliche Fortsetzung des heroischen Sommermärchens der Fußball-WM 2006 eines der wenigen in Deutschland boomenden Unterhaltungsformate, das nicht importiert wurde. Mehr als 18 Millionen deutsche Zuseher fieberten schon beim Auftaktspiel am Schirm mit ihrem Team mit. Bundeskanzlerin und »Feierbiest« Angela Merkel propagierte zwar die sprachliche Unterscheidung Männerfußball und Frauenfußball, wünschte aber dann doch ihrer »Mannschaft« viel Erfolg. Satiriker, die ansonsten Mario Barth wegen seines platten Sexismus verachten, waren sich beim Reizthema Fußball nicht zu blöd, Witze à la »Ein Mann würd' dem Spiel jetzt guttun« zu reißen, konnten aber nicht verhindern, dass weibliche Abseitsfallen erstmals ohne verschwitztes Gekichere diskutiert wurden. Nur im Fußballstiefmutterland England interessierte man sich nicht einmal für Wettmöglichkeiten im Rahmen der WM. Die Sportpubs zeigten lieber Cricket oder, in Ermangelung bedeutender Männerfußballwettbewerbe im Sommer, »Fußball« aus der Konserve oder der Dritten Liga. Interessiert hätten sich die »Fußball«-Fans angeblich höchstens fürs Trikotausziehen – was die deutschen Nationalspielerinnen dann auch tatsächlich für den »Playboy« erledigten.

Frutarier: Für ihn ist Kartoffelpüree Mord, denn beim Ernten der Knollenfrucht wird die Pflanze zerstört. So kommen für den Frutarier für den Verzehr nur jene Früchte in Frage, deren Pflanze unversehrt bleibt, etwa Äpfel. In seinem Verhalten ähnelt der Frutarier den indischen Mönchen des Jainismus, die ihre Ablehnung von materiellem Besitz durch Nacktheit zum Ausdruck bringen. Eine Atemmaske schützt sie davor, versehentlich ein Insekt einzuatmen, was ihren Grundsatz der Gewaltlosigkeit gegenüber Lebewesen verletzen würde. Am Boden krabbelnde Insekten befördern sie mit einem Besen zur Seite. Der Frutarismus ist eine Steigerungsform veganer Ernährung. Zwischen beiden Fraktionen tobt ein Glaubenskrieg über die Frage, ob nur ein Tier oder auch eine Pflanze Leid empfinden kann – und damit der moralischen Sphäre zuzurechnen sei. Der Frutarier ist das freudlose Gegenbild zum schmatzenden Fastfoodfresser. Er würzt seine karge Kost mit dem Kraut der Moral und süßt sie mit grenzenlosem Mitgefühl. Im Kastenwesen der guten Konsumenten gehört er zu den Brahmanen.

Gender/Genda: In der Zeit des kalten Krieges vom amerikanischen Geheimdienst entwickelte Strategie der Spannung zwischen den Geschlechtern. Als sich die Machtübergabe vom Patriarchat zu den Frauen abzuzeichnen begann, machte der Endokrinologe John Money in Laborversuchen eine Testreihe. Er wollte beweisen, dass das biologische Geschlecht gar nicht so wichtig sei für das Gefühl, welchem Geschlecht man angehöre. Ausschlaggebend sei, wie jemand aufwächst. Sein Versuchskaninchen war Gender, ein Junge mit einem verstümmelten Penis, das er als Mädchen Genda aufzog und später auch chirurgisch umpolte. So konnte er beweisen, dass die Biologen mit ihrer wissenschaftlichen Geschlechtsdefinition falsch liegen. Die Absicht der Geheimdienststrategen war es, die Gender → Troubles zwischen den Geschlechtern so stark anzustacheln, dass der Ruf nach einem starken Mann laut würde. Ein erster Erfolg war die Abwahl des femininen Jimmy Carter und die Wahl des betont männlichen Ronald Reagan zum US-Präsidenten. Als das mittlerweile gestürzte Transgender-Wesen Silvia Berlusconi von der Nip/Tuck-Abteilung der CIA in Italien an die Macht gebracht wurde, geriet die Sache außer Kontrolle. Ohne Rücksprache mit den Amerikanern legt sich Silvia so lange unter das Messer der Schönheitschirurgen, dass am Ende die Karikatur eines Mannes herauskam. Auch übertrieb sie die einstudierten Verhaltensklischees der → Zwangsheterosexualität so stark, dass selbst Berlusconis sexismusaffine Wählerschaft Zweifel an der Echtheit von Silvios/Silvias geschlechtlicher Identität bekam. Der italienische Mann büßte so seine Funktion als Sexsymbol ein. Die Folgen sind eine ständig sinkende Geburtenrate, ein drastischer Rückgang des weiblichen Sextourismus aus Mittel- und Nordeuropa und Umsatzeinbußen der italienischen Automarken.

Gentrifizierung: Die Klage über die Verdrängung armer durch reiche Menschen in innerstädtischen Bezirken, die die proto-typischen Adressaten der Fürsprache von PC umfasst. Migranten, Arbeiter, Arbeitslose, alleinerziehende Mütter, Studierende und Künstler müssen gehen, wenn jene kommen, die ebendiese authentische Kulisse schätzen und über die nötigen Geldmittel verfügen, um einen Dachboden ausbauen zu können. Die durch ein kritisches Kaufverhalten auffallenden Konsumbürger beobachten das bunte Treiben dann von der Dachterrasse aus und schimpfen in Anfällen politischer Selbstgerechtigkeit, die sie mit politischer Korrektheit verwechseln, über weitere Luxussanierungen. Musterbeispiel der Gentrifizierung ist das New Yorker East Village, aus dem in den neunziger Jahren die Rotlicht- und Drogenszene vertrieben wurde. Tourismus statt Prostitution, das ist gar nicht gut für den von Lou Reed besungenen »Walk on the Wild Side«.

»Gesellschaft gegen Gewichtsdiskriminierung« (GgG): Eine deutsche Vereinigung von DickenaktivistInnen, deren Anliegen es ist, den Blick auf Dicke zu verändern.

Glühbirne: Wer sich über Rauchverbote empört, hat zu Hause einen Schrank voller Glühbirnen. Denn das Verbot der technisch überholten Stromfresser durch die EU wird als ebenso bevormundend empfunden wie das Verbot, in Lokalen die giftigen Dämpfe der Tabakpflanze zu inhalieren. So wie der Rauch einen Raum erst richtig gemütlich macht, indem er die Grenzen zwischen der Welt der Objekte und der paffenden Subjekte perforiert, schafft die Glühbirne eine atmosphärische Zwischenwelt. Das warme Licht der Glühbirne ist der Kerzenschein in der kalten Neonwelt der Bürokraten.

Goa-Trance: Die politisch korrekteste und zugleich hedonistische Subkultur. Sie tanzen barfuß, um die Erde zu spüren. Lächelnd werfen sie ihre Arme den ersten Sonnenstrahlen entgegen. Die Goa-Fans sind nicht cool, aber eins mit dem Kosmos; psychedelische Drogen sind die Voraussetzung dafür. Es begann im indischen Goa bei Strandpartys mit LSD und Pink Floyd. Die Technomusik lieferte dann den Soundtrack für die Reise ins Selbst. Goa-Trance, Psychedelic-Trance, Twisted, Darpsy: Musikalisch lässt sich die Psytrance-Szene nicht mehr auf einen Nenner bringen. Goa-Raves gehen über mehrere Tage und haben sich längst zu großen, temporären Dörfern entwickelt, inklusive vegetarischer Ernährung, Massagezone und Kinderkrippe. Nach dem Militärdienst kommen israelische Soldaten zu Goa-Partys in Thailand, um ihre traumatischen Kriegserlebnisse zu verarbeiten.

Golden Retreaver: Der Hund, der nicht erwachsen werden will. Er begleitet die Expansion der Mittelschichtsfamilie zum ökologischen Kleinbetrieb. Seine Funktion besteht darin, gestreichelt zu werden und treuherzig zu schauen. Die Psychologie spricht nicht mehr vom Kindchen-, sondern vom Golden-Retreaver-Schema, da diese Hunderasse spontane Fürsorgereflexe der → Spiegelneuronen auslöst. »Cute« nennen das die Amerikaner. Er ist die Weiterentwicklung des Haustiers zum Spielzeug, der Tier gewordene Gutmensch, bestialisch nur sein Wille zu gefallen. Seine natürlichen Instinkte sind so weit verkümmert, dass er dem Ball nicht nach, sondern vor ihm wegläuft. Beißt der gegnerische Hund, streckt er ihm die andere Lefze hin. Seine Antithese sind jene Abfälle der Evolution, die sich als wimmernde Handtaschen in den Armhöhlen von Züchtungen der Celebrityindustrie wie Paris Hilton aufhalten. So wie der → SUV suggeriert der Golden Retreaver Geländegängigkeit, wo keine vorhanden ist. Gassigehen mit dem Golden Retreaver suggeriert das Gefühl, durchs schottische Hochland gestapft zu sein.

Gore, Al: US-amerikanischer Ex-Präsidentschaftskandidat der Demokraten und Umweltaktivist. Auch die kurzfristige Behebung seines Imageproblems, das in zu komplexen und zu klugen TV-Reden und zu wenig anrührenden Homestories bestand, nützte letztlich nichts. Gore unterlag 2000 unter dubiosen Umständen George W. Bush. Sein in den Jahren darauf sich intensivierender Einsatz für den Klimaschutz und sein Plädoyer für die radikale Umstellung der US-amerikanischen Energieversorgung auf regenerative Quellen war eine wichtige Regung der außerparlamentarischen Opposition gegen die ölgeschmierte Bush-Administration. 2007 organisierte Gore den Live Earth Day, das erste globale Popspektakel zum Thema Ökologie. Dessen ökologischer Fußabdruck sorgt für hämische Kommentare der → SUV-Fahrer.

Gouvernante: Böser Hausgeist der Disziplinargesellschaft, der sich lange als Schläfer in der Kontrollgesellschaft tarnte und nun in der Pädagogik des bevormundenden Staats sein Unwesen treibt. Die Gouvernante von heute verbietet nicht nur, wie die von gestern, alles, was Spaß macht, sondern ermuntert uns auch noch dazu, den Verzicht als perverse Lust zu genießen. Am allermeisten nervt die letzten verbliebenen Risikomanager in eigener Sache neben dem guten Willen der Gouvernante die Tatsache, dass sie alles besser weiß und noch dazu eine Frau ist.

Gutmensch: Der Begriff tauchte Anfang der neunziger Jahre in den Ausläufern der deutschen Alternativbewegung auf. Der Publizist Karl Heinz Bohrer lancierte in der Zeitschrift Merkur ein »Wörterbuch des Gutmenschen«, das Begriffe wie »Streitkultur« und »eigensinnig« als Schlagwörter linker Betroffenheitsmilieus analysieren sollte. Äußerlich identifizierbar waren Gutmenschen damals durch Latzhosen und Tragetücher für Babys, die im Hörsaal gestillt wurden. In Blogs wie »Achse des Guten« oder »Politically Incorrect« ist der Gutmensch heute ein Tugendterrorist. Das »linksreaktionäre Gutmenschenpack« (Henryk M. Broder) nimmt an Kreuzfahrten zur Hamas in Gaza teil, ritzt Friedenszeichen in den Lack von → SUVs und macht auf dem Kinderspielplatz Jagd auf Raucher.

Helmpflicht: Betrifft in Österreich seit 2011 Radfahrer bis zwölf und Skifahrer bis 15 Jahre. Helmi, die in den 80er-Jahren in Österreich und Bayern populäre TV-Puppenfigur im Dienst der Verkehrssicherheit, hat ihre Schuldigkeit getan. Die Ausweitung der Kondomempfehlung auf den Kopf gilt mittlerweile für fast alle Outdoor-Sportarten. Als besonders gefährdet gelten nicht angegurtete Verkehrsteilnehmer – obwohl die heutige Todesrate auf der Straße in Österreich nur mehr bei 20% des Werts der siebziger Jahre liegt und die Verkehrsdichte seitdem stark zugenommen hat. Die Sicherheitshysterie verhält sich umgekehrt proportional zur gesteigerten Lebenserwartung. Die Menschen werden immer älter. Die Wahrscheinlichkeit, Opfer eines Gewaltverbrechens zu werden, ist viel geringer als früher. Trotz der Angst vor 9/11 - Nachahmern ist der Terror kaum nach Europa übergeschwappt. In der Risikoversicherungsgesellschaft leben Politiker und ganze Industrien gut vom Geschäft mit der Angst. Geht es nach ihnen, soll es keinen ungeschützten Kontakt mit der Welt mehr geben. Auch Finanzunternehmen machen damit Profit, dass sie Versicherungsschutzprodukte für Risiken anbieten. Im Gegensatz zu den mehrfach durchgecheckten Kopfschutzprodukten bestehen diese aber selbst aus weiteren, möglichst gut verschleierten Risiken.

Heteronormativität: Früher auch Zwangsheterosexualität genannte gesellschaftliche Vorstellung eines natürlichen Geschlechterverhältnisses, dessen Hegemonie durch homosexuellen und queeren Aktivismus in Frage gestellt wird. Die Heteronormativität ist der Lieblingsfeind von → Slutwalks → Postporn Drag Queens und Schnurr- bis → Vollbarttragenden Performerinnen.

Humor: Darf alles, gilt daher als schwererziehbar und wird schnell einmal zum Problemkind von PC. Wenn er im Grunde ein guter Kerl ist, hat er viel Spaß damit, sich mit der → Luxus-moral der Großen anzulegen und für die Subversion der Selbstachtung zu plädieren. Wenn er ein kleiner Fiesling ist, bestätigt er mit Neger- und → Blondinenwitzen die Spießer-moral.

Ich-Ideal: Eine immer wichtiger werdende Instanz der See-lenökonomie, die die Dominanz des Über-Ich gebrochen hat. Als internalisiertes Standgericht der PC-Subjekte beschäftigt es sich nicht mit dem Gesetz des Vaters, sondern mit dem Ver-mögen seiner Kinder. Bei schwerwiegenden Verstößen gegen das oberste Gebot moralisch verträglicher Selbstachtung dro-hen die Strafen Burn-out und Depression. Bei Freispruch win-ken Karrieresprünge und sportliche Rekorde.

Heterosexuellenparade: In São Paulo erfundene, karnevaleske Ausdrucksform des unter Druck geratenen Lebensmodells → Heteronormativität Die Botschaft: Wir feiern das Normale. Das erscheint vielen abnormal. Zum Beispiel dem sozialde-mokratischen Bürgermeister Gilberto Kassab, der den »Pride Day« mit dem Argument ablehnte, bei Heterosexuellen han-dele es sich weder um eine Minderheit noch würde diese dis-kriminiert. Der Initiator der Parade, Carlos Apolinaro, ist ein rechter Regionalpolitiker. Hätte Apolinaro die richtigen, Ju-dith Butler lesenden Freunde, könnten sie die Performance wohl zur befreienden Parodie auf das »Joch« der Homonor-mativität in einer Stadt, die stolz auf ihre Gay Parades ist, hochjazzen. Außerdem hätte so die zugeknöpfte Businessme-tropole São Paulo auch einmal Rio spielen können. Dort ist man allerdings ohnehin schon weiter: An der Copacabana gibt es jeden Tag eine Hetereosexuellenparade.

Hipster: Die Hipster-Subkultur der vierziger und fünfziger Jahre war ursprünglich schwarz, orientierte sich in ihren Coolnessgesten am Bebop von Charlie Parker und anderen Formen des modernen Jazz und wurde dann von weißen Hipstern wie Norman Mailer als Außenseiterhabitus kultiviert.

Die um die Jahrtausendwende in sich politisch unkorrekt gebenden Medien wie dem »Vice«-Magazin abgefeierten Hipster waren dagegen meist männliche Weiße. Sie trugen enge Röhrenjeans, Feinrippunterhemden und dicke Hornbrillen. Party-Blogs über Hipsterbuben und -mädchen schossen alsbald genauso aus dem Boden wie der Hipsterhass von dadurch schnell superhip werdenden Bands. Die US-amerikanischen Neo-Hipster galten den Neo-Hipsterkritikern zunächst als eine sehr ironische und ziemlich machoide Variante der → Bobos: nämlich als junge Menschen, die glauben, dass Pornoschnauzer und Trucker-Kappen cool und lustig oder beides seien und nicht wahrhaben wollen, dass ihre Bioläden in den → gentrifizierten Innenstädten die zerschlagenen Communities der Afroamerikaner und Latinos beerben. Der Stil der modischen Zeichencollageure und ihre Konsumgewohnheiten sind mittlerweile längst ein globales Phänomen, das auf seinen verschlungenen Pfaden durch die Jugendkulturen jede eindeutige politische Zuordenbarkeit verloren hat. Wer etwas auf sich hält, hasst den Berliner Hipster nicht, weil er einen Williamsburg-Hipster parodiert, der mit seinem stumpfen T-Shirt ein Landei aus Kansas parodiert, sondern weil sich der Berliner Hipster nicht mehr vom Berliner Partytouristen aus Buxtehude auf der Suche nach dem echten Hipstertum unterscheidet.

I-Klasse, die: Abkürzung für Integrationsklasse. Für Kinder mit körperlicher Behinderung, auch Integrationskinder genannt.

Jagdgesellschaft, linke: Im Gegensatz zu den rechten Jagdge-sellschaften feiert die linke nicht regelmäßig bei der Fuchsjagd oder beim Rebhuhnschmausen, sondern nur als Paranoia fröh-liche Urstände. Sie ist die eingebildete Stasi, die durch ein gut-informiertes Spitzelnetz von jedem Fehltritt des politischen Gegners erfährt, dann in klandestinen Zirkeln den Vernich-tungsfeldzug plant und mit Hilfe der geballten Medienmacht von »taz«, »konkret« und »Falter« exekutiert. Am Ende der korrektheitstriefenden Schmutzkampagne der nützlichen Idio-ten stehen erschütternde Lehrstücke wie »Die verlorene Ehre des Thilo Sarrazin« oder »Die Leiden des jungen Karl-Heinz Grasser«.

Kameradenschwein: Co-Autoren, die den Diskurslandser al-lein hinter den feindlichen Linien zurücklassen.

Kinderarbeit: Argument, mit dem laut der »Rhein-Zeitung« im Sommer 2011 der elfjährige Leon in Aachen bei der Polizei Alarm schlug. Er wollte sich darüber beschweren, dass er sein Zimmer aufräumen musste.

Klinikclown: Hauptberuflicher Benefiz-Entertainer, über den viele nicht lachen können, aber keiner lachen darf.

Kopftuchmädchen: Feuchter Traum der Islamophobiker.

Kompliment: Versteinertes Brauchtum aus der Zeit der Galan-terie und Koketterie. Inkorrekt insofern, als die süßen Worte des Schmeichlers die Frau auf ein Podest heben, wodurch die weibliche Schwäche – und die männliche Macht – anerkannt wird. »Dieses Kleid steht Ihnen ausgezeichnet!« kann auch interpretiert werden als: »Bilanzen lesen kann sie keine!« Im → Babytalk vorgebrachte Komplimente (»So süß!«) verniedli-chen Frauen zu wehrlosen Geschöpfen, was Männern die Gelegenheit gibt, sich zu ritterlichen Beschützern aufzuplustern. Komplimente in Institutionen sind umgehend der/dem Genderbeauftragen zu melden.

Kontextualisierung: Zaubermittel zur Bekämpfung verunreinigter Artefakte. Steht in einem Park etwa ein Denkmal für einen Dichter, der Mitglied der NSDAP war, so soll dieser Umstand durch einen Kommentar kontextualisiert werden. An den Skulpturen in einem »Völkerkundemuseum« kleben oft die Spuren kolonialistischer Raubzüge. Auch hier vertreiben kontextualisierende Texte, die über die Herkunft der Objekte aufklären, die bösen Geister der Vergangenheit. In der kritischen Kunst geht nichts ohne Kontextualisierung oder »Framing«.

Kopfmaus: Über Bewegungen des Kopfes gesteuerte Computermaus für Menschen ohne Hände.

Luxusmoral: Die Schönheit einer Handlung ist ihr wichtiger als ihre Anwendbarkeit. Ein Klassiker der Luxusmoral ist die Aufforderung, man möge nach Erhalt einer Ohrfeige dem Angreifer die andere Wange hinstrecken. Eine weitere, in luxussanierten Dachterrassenwohnungen → gentrifizierter Altbauviertel entwickelte Regel ist der individuelle Stromverbrauch ohne Atomstrom. Für das Essen darf kein Lebewesen leiden (→ Frutarier).

Kronen-Zeitung: Österreichische Anti-PC-Postille mit hoher Auflage. Ihr langjähriger, heute 91-jähriger Starkolumnist Richard Nimmerrichter brüstet sich damit, die → N-Wort-Entsorger lächerlich zu machen und beharrt auf dessen weitere Anwendung in ursprünglicher, ungesicherter Form.

Lady Gaga: US-amerikanische Popmusikerin, die sich unter Zuhilfenahme von Porn Chic und Cyborg-Fetischismen für die Einführung eines Anti-Mobbing-Gesetzes einsetzt.

Liebe, romantische: Idealisiertes Modell der sozialen Bindung, das im autonomiegläubigen Zeitalter des seriellen Partnercastings in die Krise geraten ist. Im emotionalen Kapitalismus finden sich die narzisstischen Selbste nach dem Kaufrausch beim Partnershoppen allzu rasch vor dem Internetfragebogen wieder. Gleichwohl erscheint die soziologische Rede vom Ende der Liebe und dem Auslaufmodell Ehe verfrüht: Immerhin wird nach wie vor jede zweite Ehe nicht geschieden, immerhin wird auch nach der x-ten gescheiterten Beziehung nach der einen, richtigen gesucht. Dauerhaft gebunden bleiben die Glückssuchenden an das paradoxe Versprechen der Liebe, die romantisch und pragmatisch, selbstbestimmt und selbstvergessen, erfüllend und entlastend zugleich sein soll. Politisch korrekte Therapien gegen das romantische Liebesleid sind die → Polyamory der → Postporno und das → Soft Storno.

Mainstreaming: Tauglichkeitstests für politische Maßnahmen. Geprüft wird, ob sie der Gleichstellung der Geschlechter, der Generationen und Lebensgemeinschaften schaden.

McDonald's: Fastfood-Multi mit Biobauern und glücklichen Freilandeiern als Werbeträger.

Mehrheitsgesellschaft: Illusion einer homogenen Masse, die die heterogenen Minderheiten unterdrückt. Real gibt es dagegen ihre einzelnen, massenhaft auftretenden Vertreter, die in der U-Bahn nicht neben »Negern« sitzen wollen.

Meinungsterror: Von Massenmedien ausgeübter, psychischer Druck auf Gegner der PC, der im schlimmsten Fall zur Mundtotmachung führt. In den Kellern der PC-Folterer stöhnen die Widerstandskämpfer für Meinungsfreiheit und Tabubrüche. Die Parole der meist älteren Herren, die es trotz Zensur und stalinistischen Säuberungsmethoden in den Universitäten,

Theatern und Massenmedien ebenda in die Spitzenpositionen geschafft haben, lautet: »Das wird man ja wohl noch sagen dürfen.« In Talkshows und Boulevardzeitungen erhalten die Terroropfer die Möglichkeit zu sprechtherapeutischen Auftritten. Fälle von Mundtodmachung sind bisher nicht bekannt, obwohl die Betroffenen sich vor weiteren Repressalien der »linken → Jagdgesellschaft« fürchten.

Mittelschicht: Wichtigster Produzent und Hauptabnehmer der → Luxusmoral. Die Mittelschicht will sich weder durch die gewissenlose Ignoranz des Geldadels korrumpieren lassen, noch hält sie sich für zu unterprivilegiert, um sich nicht mit dem Ausweis der eigenen politischen Korrektheit schmücken zu müssen – oder zu dürfen. Im Zuge von ökonomischen Abstiegsängsten geraten viele Glaubensätze der mittelständischen politischen Korrektheit unter den Verdacht der schlechten alten, bürgerlichen Doppelmoral. Für Multikulti und gegen deutsche Leitkultur zu sein kann für die Mittelschicht bedeuten: die eigenen Kinder in ein französisches Gymnasium zu schicken, das als zusätzliches Freifach Business-Kantonesisch anbietet.

Neoliberalismus: Vom Teufel entwickeltes Programm zur Plünderung der Seelen.

Multikulti: Die → Unesco des Alltags.

Nescafé: Pulverkaffee des Schweizer Nahrungsmittelkonzerns Nestlé, der sich in wirtschaftlich benachteiligten Ländern – der »Dritten Welt« – großer Beliebtheit erfreut. Selbst in den kaffeeproduzierenden Ländern wie den Philippinen ist Nescafé Marktführer. Gilt als Beispiel dafür, wie ein böser Multi Weltmarktpreise drückt, die Ressourcen eines Landes ausbeutet und diesen Umstand mit viel Werbung so verschleiert, dass die ausgebeuteten Bauern das Produkt ihrer Ausbeutung konsumieren. Nescafé ist das Gegenteil von Fairtrade und das Ziel von → Shitstorms.

Nanny State: das Gitterbett der Kinder der Sozialdemokratie.

N-Wort: Wissenschaftliche Bezeichnung für den verbalen Sondermüll, der im Volksmund als Neger bekannt ist. Die Substanz zerfällt aufgrund jahrhundertelanger Halbwertszeit nur sehr langsam. Demonstrationen machen immer wieder auf die Gefahren aufmerksam, die mit sorglosen N-Wort-Transporten verbunden sind, und weisen auf das bis heute ungeklärte Problem der Endlagerung hin.

Ökofrosch: Die vom Aussterben bedrohten Frösche bzw. Kröten sind das Symbol der Ökobewegung.[7] Sie stehen für das Trockenlegen der Dorfteiche, die Flussbegradigungen und die Zerstörungen durch den Straßenbau und die industrialisierte Landwirtschaft. Im Frühling verlässt das Tier die Wiesen und Wälder auf der Suche nach einem Laichgewässer und – Pflatsch! – fährt ein Auto drüber. Es ist das Bild zu dem von Hans Jonas formulierten ökologischen Imperativ: »Handle so, daß die Wirkungen deiner Handlungen verträglich sind mit der Permanenz echten menschlichen Lebens auf Erden.«
Straßenschilder mit einem Krötenpiktogramm sind eine Konsequenz der Erkenntnis, dass der emanzipatorische Gehalt des technischen Fortschritts in sein Gegenteil gekippt ist. Die Phantasie der Ingenieure ist der Alptraum der Menschheit, denn echtes Leben bedeutet auch eine intakte Natur. In den siebziger Jahren gehen jene, die später Karrieren in den grünen Parteien machen werden, mit dem Kübel auf die Landstraße, um Amphibien einzusammeln. Diese Generation Krötenschützer gilt heute nicht mehr als spinnert. Die Städte bau-

---

7 Dieser Eintrag basiert auf Recherchen von Bernd Hüppauf, *Vom Frosch. Eine Kulturgeschichte zwischen Tierphilosophie und Ökologie.* Bielefeld 2011.

en Tunnel- und Brückensysteme zum Schutz der Kröten; es sind kostspielige PR-Aktionen für eine umweltgerechte Verwaltung. Die moralische Umwertung drückt sich auch in der Gattungsbezeichnung aus. Die anrüchige, hässliche Kröte wird zum niedlichen, grasgrünen Ökofrosch. Ein wenig erinnern die Schutzzäune, Schleusen aber auch an die Vorrichtungen, in denen Raucher ihr Laster ausüben dürfen. Die Wärmestrahler der Raucherzonen und die Krötenverbauungen sind das Modell einer Kontrollarchitektur, in denen das bedrohte Bedrohliche als Artenvielfalt noch geduldet wird und sein possierliches Anderssein zelebrieren darf. Und verhält es sich mit der Sexualität nicht ähnlich? In den pornographischen Terrarien wird sie als animalisches Vergnügen bestaunt, Internetportale sichern ihr Überleben.

Wenn in der Schlussszene von Paul Thomas Andersons Spielfilm »Magnolia« (1999) ein Krötenregen über einer Suburbia-Siedlung einsetzt, so greift die Erzählung die auf antike Motive zurückreichende Frage auf, woher Amphibien denn überhaupt kämen. Antike Quellen berichten, wie sich Landschaften in ein beängstigendes Gewimmel dunkler, zappelnder Flecken verwandelten. Es schien, als wären sie vom Himmel gefallen. Das dumpfe Geräusch beim Aufprall der Tiere im Film löst, anders als die domestizierte Kinderkröte, Ekelgefühle aus. Der Ökoethiker würde sagen: So weit also hat sich der Mensch von seinen Ursprüngen entfernt – und nun kehrt das, was sich seinem Herrschaftsanspruch widersetzt, als das Schmutzige zurück: Es regnet Scheiße. »Der Frosch wird auf verdammte Weise geküsst, von den einen auf das Hinterteil, von anderen aufs Maul, wobei sie die Zunge und den Speichel des Untiers in ihren Mund nehmen.« So wird in einem päpstlichen Schreiben ein Ritus der von der Kirche Abgefallenen geschildert. Das pagane Fruchtbarkeitssymbol mutiert im Zuge der Christianisierung zum negativen Sexsymbol. Die teuflischen Ketzer und Frösche beflecken die christliche Reinheitsphantasie. »Guck nit üm, was Schwarzes kümt!«, lautet eine volksmedizinische Empfehlung. Warum sollte der Anblick einer Kröte gefährlich sein? Der Frosch ist nicht nur ein Symbol des Teufels, sondern auch ein Platzhalter für den Uterus. Die Medizin stellte sich den Uterus als Kröte im Unterleib der Frau vor. Wenn eine Schwangere im falschen Moment einen Frosch sieht, kann es deshalb sein, dass das Böse und Hässliche über die Augen in den Uterus gelangt und den Fötus verunstaltet. Heute weiß die pränatale Diagnostik solche Bedrohungen einer biologisch perfekten Generationenfolge abzuwehren.

Vom Sexteufel bleibt nach seiner Umwertung zum Naturschutzhelden nur ein metaphorischer Rest. Das Unförmige und Hässliche, das die Kröte in früheren Jahrhunderten zur Vorlage für warzige und bucklige Charaktere machte, überlebte in der Vorstellung, gesunde Schuhe und Kleider dürften ruhig übel aussehen. Bei dem bedrohlichen Schwarzen könnte man heute an eine Burka denken. Die Polemiken von Islamophobikern erinnern an christliche Bannflüche: Ein Gewimmel ketzerischer Populationen bedroht das Abendland.

Opfer: Es sitzt mit dem Rücken zur Kamera, seine Stimme ist verzerrt.

Pejić, Andrej: Fotomodel, posiert als Mann und Frau. »Ich lasse mein Gender offen für künstlerische Interpretation«, sagt Pejić, der/die für den Modedesigner Jean Paul Gaultier in beiden Geschlechterrollen über den Catwalk läuft, etwa in Brautkleidern.

Polen: Das Opferland par excellence. Zuerst kamen die Preußen, Österreicher und Russen, dann die Nazis, dann die Kommunisten, schließlich der Papst.

Political Correctness (PC), dtsch. Politische Korrektheit: Kommunismus der Achtung und Selbstachtung.

Polyamory: Einvernehmliche und verantwortliche Form der Nichtmonogamie, die skandinavische Antwort auf islamische Vielweiberei.

Postporn: Von der ehemaligen Pornodarstellerin und späteren Pornoperformancekünstlerin Annie Sprinkle geprägter Begriff. Postporn will Pornographie weder verbieten noch zensieren. Die Pornopopkultur erscheint aus dieser Perspektive unhintergehbar. Es komme nur darauf an, was man daraus mache. Postporn versteht sich als eine Bewegung zur Freisetzung des sexuellen Begehrens aus der → Heteronormativität. Damit soll auch jene unheilige Allianz mit konservativen und religiösen Kräften überwunden werden, die den Sex kraft Verdrängung erst mit jener unheilvollen, dunklen Macht ausstatten, deren Effekte in die Körper und Lüste eingeschrieben sind. Der postpornographische Aktivismus und ein mehr oder weniger ernst gemeinter Dildoismus bejahen die Entfremdung und das Gemachte an der Sexualität. Man will sexuell politisch korrekt sein. Das demokratische Sex-Ballett übt das Fremdwerden an sich selbst. »Warum kann dein Mann nicht lesbisch sein?«, fragte die deutsche Band FSK einst in dem Stück »1 + 1 = 3«.

Pränataldiagnostik: Technisches Verfahren zur Manipulation menschlicher Fortpflanzung, eine wohlmeinende Version der Menschenzüchtung. Schwangere Frauen sind nicht mehr »guter Hoffnung«, sondern voller Sorge, ob die Ärzte auch alle Fehlbildungen der Embryonen entdecken. Sogenannte Vorsorgeuntersuchungen entscheiden über Leben oder Tod des Fötus. Stellt der Test die geistige Behinderung Trisomie 21 fest, wird es eng. Die Selektion von lebenswertem und nicht lebenswertem Leben galt einst als Inbegriff des Bösen und als rotes Tuch der politischen Korrektheit. Nun werden Embryonen aussortiert, um den Kindern ein Barriere-Leben – und Eltern Kinder mit Barrieren – zu ersparen.

Prekarität: Unbestimmtes Gefühl des Gefährdetseins und der Verletzlichkeit, das sich seit den neunziger Jahren aus den Seminarräumen der Kulturwissenschaften auf die Straße ausbreitete. Der aus der französischen Soziologie stammende Begriff der »Précarité« ist einer der raren amerikanischen Neologismen; dort wurde er zur »precarity«. Prekarier sind Existenzialisten, die mit dem Rauchen aufgehört haben. Man erkennt sie an → Vollbärten und Kleidern belgischer Modedesigner. Das Prekariat hört Platten von Will Oldham und Soap & Skin. Yoga ist seine häufigste Therapie.

Prenzlauer Berg: Von den Medien zum größten Kinderspielplatz Deutschlands erklärter Ex-Ostberliner Bezirk, der Tagesruhe suchende Clubgeher und angehende → Best Ager durch die Lärmbelästigung rücksichtsloser, minderjähriger Party Animals in den Kindergärten verschreckt und zum juristischem Vorgehen dagegen ermuntert. Der überbordende Kinderreichtum der → Bobo-Hochburg Prenzlauer Berg ist allerdings bloß ein gefühlter: Die Geburtenrate liegt im westdeutschen Durchschnitt.

Schwarzbuch: Der tausendseitigen Abrechnung mit dem Kommunismus korrespondiert ein achthundertseitiges Schwarzbuch Kapitalismus. Schwarzbücher über dessen Unterkapitel wie Erdöl, Markenfirmen oder Esoterik kommen mit rund der Hälfte der Seiten aus. Die fetten Schwarzbücher liefern die moralische Datenbasis für die Flut der schmalen Protestlyrikbände des → Prekariats, die »Empört euch!« oder »Engagiert euch!« heißen.

Schweden: Das Saudi-Arabien der PC.

Selbst (auch: Ich): Das Kapital der Freiheit. Strebt nach Expansion und durchläuft immer wieder Krisen.

Shitstorm: Ein nur im Deutschen gebräuchlicher englischer Begriff (wörtlich: Scheißesturm), der es → Wutbürgern ermöglicht, den Inhalt ihrer Wutwindeln ins Internet zu kippen.

Slacklining: Sportart des urbanen Narzissmus. Das Slacklining ist eine sich in europäischen Parks seit der Milleniumswende ausbreitende Sportart, eine Art Klettern in der Horizontalen. Ein Seil wird zwischen Bäume gespannt, die Slacklinerinnen balancieren auf dem Band. Die Hängematte symbolisiert kontemplative Arbeitsverweigerung, die Slackline die Verbindung von seelischem mit körperlichem Gleichgewicht. Der Slackliner ist ein erfolgreich resozialisierter Slacker, ein in den frühen 90er Jahren auftretender, depressiver Persönlichkeitstypus. Befördert wurde der Boom durch James Marsh' Dokumentarfilm »Man on Wire« (2008) über Philippe Petit. Der französische Seiltänzer spannte 1974 ein Seil zwischen den beiden Twin Towers des World Trade Centers und balancierte über den Abgrund, ein Spektakel, das die Passanten zu Tränen rührte. Nicht die maßlose Größe der Türme, sondern die lebensgefährliche Grandiosität des Selbst ist das Leitmotiv der Performance, die man auch als Sinnbild für die Risikobereitschaft der Finanzmärkte sehen könnte. Muslimische Narzissten zerstörten im September 2001 die Illusion einer traumwandlerischen, auf die Virtualität von Finanzspekulationen gründenden Allmacht.

Slutwalk: 2011 in Kanada gegründete, sich seitdem weltweit epidemisch ausbreitende Demonstrationsform. Das offizielle Anliegen ist gelebter Antisexismus, der empfohlene Dresscode Nuttenstyle. Die Slogans lauten: »Ich bin eine Schlampe, na und?« oder »Es ist mein Körper, und ich mache damit, was ich will«. Die Slutwalks verbinden postfeministische Forderungen nach autonomer Selbstpornographisierung mit dem Rambazamba der Love Parades. A dress is not a yes, das soll sagen: Im Gegensatz zur avancierten Kunsttheorie, die das

Werk erst in der Erfahrung des Rezipienten zur Vollendung gebracht sieht, wird hier die Intention der Körperkünstlerin mit der Körperkunst gleichgesetzt. Gerüchte, wonach Hugh Hefner der heimliche Hauptsponsor der Slutwalks sei, sind ebenso unbestätigt wie die Meldung, dass die deutsche Rap-Elite um Bushido und Sido beim nächsten Berliner Slutwalk ein Video drehen will.

Soft Storno: Politisch korrekte Form der Beendigung von Liebesbeziehungen.

Spiegelneuronen: Gutmenschenzellen im Gehirn von Primaten, die beim Anblick von → Golden Retreavern Empathie ausschütten.

Spielautomat: Mit synästhetischen Schlüsselreizen ausgestattete Möglichkeit zur interpassiven Entlastung von der narzisstischen Suche nach dem persönlichen Glück durch Delegierung ebendieser Suche an die Maschine. Der Spielautomat bietet die dubiose Freiheit, die eigene materielle Existenz und die geistige Souveränität gefährden zu dürfen, und das drogenähnliche Glück, sich um ein anderes Glück nicht mehr kümmern zu müssen – solange man weiterspielen kann. Daher wird er von anderen medientechnisch rückständigen Narzissten wie Beziehungspartnern oder Familienmitgliedern und dem → Nanny State redlich gehasst. Der fürsorgliche Staat hält die Geschäftemacherei mit den Süchten und Lüsten für politisch nicht korrekt und möchte seine Steuern lieber anderswo einnehmen – selbst wenn dadurch im Gegenzug in Österreich versteckte Parteienfinanzierungen wegfallen.

Sterbehilfe: Politisch korrekter Tod, der dem durch seine Gebrechlichkeit Diskriminierten ein Maximum an Autonomie und Selbstachtung ermöglichen soll.

St. Pauli: Die Hafenstraße im Hamburger Stadtteil Sankt Pauli galt in den achtziger Jahren als Vorzeigemodell der westdeutschen Hausbesetzer. Der Zufluchtsort der autonomen bzw. linksradikalen Szene ist heute als Genossenschaft mit Elbblickterrassen und strengen Eignungstests für Neubewerber organisiert. Im an die Hafenstraße anschließenden, situationistisch inspirierten »Park Fiction« stehen seit den neunziger Jahren Plastikpalmen, die höher sind als die Palmen der in den Nuller Jahren in Hamburg boomenden Beach Clubs. Nachdem auch die ehemals verruchte Reeperbahn wie der Strip in Las Vegas mehr und mehr zur Showbühne für Junggesellinnenabschiede wurde, geriet der bis dahin bioladenfreie und kindergartenfeindliche Touristenmagnet ins Visier von Wohn- und Bürobauspekulanten. Die auch in anderen Stadtteilen wie dem innerstädtischen Gängeviertel bekämpfte → Gentrifizierung verändert die gewachsenen Bewohnerstrukturen des ehemals ärmsten Hamburger Viertels. Die städtebauliche Umstrukturierung schweißt im Zorn darüber viele zusammen, die zuvor wenig miteinander zu tun hatten. Plötzlich unterschreiben bislang das → Binnen-I verweigernde Machos Forderungen von empörten »BewohnerInnen«. Dennoch erreicht die Maklerlyrik, wie die Lobpreisung des Kiez in der Doku »Empire St. Pauli« genannt wird, ihre Kunden. Luxushotels ersetzen Sozialwohnungen. Bars für Kreative folgen den alteingesessenen Kiezkneipen. → Bobos ziehen in die Dachgeschossaltbauten. Sie wollen den → Prenzlauer Berg an der Reeperbahn: alternativer Szene-Flair plus Kindergarten mit Biogemüsesuppe zu Mittag.

Stigma: Ist griechisch und heißt Punkt, Fleck, Merkmal, Brandmal. Kann zu ausgrenzenden Reaktionen führen. Stigmatisierung bedeutet, Menschen mit nervösen Gesichtszuckungen und spastischen Lähmungen zusätzlich negative Vorurteile zuzuschreiben. Spastiker etwa gelten leicht als doof.

Straight Edge: Nach außen martialisch anmutende interne Säuberungswelle der Punk- und Hardcoreszene, die in den achtziger Jahren das No aus No future! zur vorwiegend männlichen Selbstrestriktion umdeutete: keine Drogen, keine Zigaretten, kein Fleisch, kein Machogehabe. Dafür wurde an die spärlichen und teils verschütteten Verbindungen von Punk zum Feminismus und (in diversen Crossover-Bands wie den Bad Brains) zu afroamerikanischen Musikstilen wie Dub oder Funk erinnert. Die sportive Mischung aus Askese und Exzess auf der Bühne korrespondierte teilweise mit Alkoholverboten an der Bar und rigiden Aufforderungen, endlich selbst den Kopf zu gebrauchen. Tatsächlich sind die genannten Straight-Edge-Forderungen in die Gesundheits- und Gleichstellungspolitik des → Gouvernantenstaats eingeflossen.

SUV: Allradgetriebene Dreckschleuder. Innen wirken Autos des Typs Sport Utility Vehicle (SUV) wie jede andere mobile Komfortzone der Mittelklasse. Die Karosserie aber sieht aus, als müsste der Lenker jeden Tag über die Prärie düsen, um ein entlaufenes Kalb einzufangen. Auf Grund des hohen Benzinverbrauchs und des arroganten Erscheinungsbilds ist der bei Frauen besonders beliebte SUV das, was in den kapitalismusskeptischen siebziger Jahren der Mercedes war. Da kratzt man gern mal beim Vorübergehen mit dem Autoschlüssel drüber. Die SUV-Plage kommt aus Amerika, wo sie die kriegerische Stimmung der Bush-Ära zum Ausdruck brachte. So wie die US-Armee im Irak einen Krieg gegen imaginäre Feinde führte, schützt der SUV-Fahrer in seinem Panzerfahrzeug sich und seine dysfunktionale Kleinfamilie vor unsichtbaren Gegnern: Globalisierungskritikern, Zuwanderern und Arbeitslosen, mithin jenen, die seinen durch Börsenspekulation erworbenen und auf Liechtensteiner Schwarzgeldkonten geparkten Wohlstand in Frage stellen könnten.

Südtirol: Gebirgige Provinz in Norditalien, in der die am besten geschützte Minderheit der Welt lebt, eine Ethnie von rund 300000 ÖsterreicherInnen. Die SüdtirolerInnen verkörpern idealtypisch das gefühlte Opfer. Generationenweit zurückliegende Traumatisierungen werden zum Anlass genommen, um ein Leben unter dem Vorzeichen der beschädigten Autonomie zu führen. Die Außenwelt jenseits der Berge schrumpft gegenüber der Größe des eigenen Nabels zur Nebensache. Die historischen Schläge der »faschistischen« Gewaltherrschaft sind der Anlass für ständig neue Beschwörungen des eigenen Martyriums. Die Achtlosigkeit der römischen Zentralregierung liefert unablässig neues Material für dieses paranoische Delirium – etwa den Vorschlag, man möge Wegweiser in den Bergen freundlicherweise auch auf Italienisch beschriften. Au weh! Würde sich die narzisstische Wunde schließen, bräche das Phantasma der Autonomie zusammen, daher wird es in kollektiven Ritualen in Erinnerung gerufen: Anfang Juni versammeln sich die Unterdrückten auf den Bergen zum Abbrennen sogenannter Herz-Jesu-Feuer. Das brennende Herz des Christengottes symbolisiert den masochistischen Lustgewinn des narzisstischen Absolutismus. Für das kleine, wohlhabende Opferland wurde sogar ein eigenes juristisches »Autonomiepaket« geschnürt, das den allmächtigen Opfern eine fast unbeschränkte Regierung des ethnischen Selbst gestattet. Das hat zur Folge, dass sich die italienischsprachige Mehrheitsbevölkerung in der Leidensprovinz wie eine Minderheit fühlt.

Toscana-Fraktion: Die → Bobos der achtziger Jahre.

Trauerarbeit: Zentraler Begriff deutscher historischer Korrektheit aus der Zeit der Vollbeschäftigung. Gemeint ist damit der moralische Imperativ, die Verbrechen der NS-Zeit aufzuarbeiten, die in der Nachkriegszeit »verdrängt« wurden. Der Begriff Trauerarbeit geht auf das 1967 erschienene Buch »Die Unfähigkeit zu trauern« der Psychoanalytiker Alexander und

Margarete Mitscherlich zurück, die zu kollektiven Trauer-übungen aufrufen. Kritiker bemängeln, dass nicht ausreichend klar wird, was denn eigentlich betrauert werden solle (doch nicht etwa der Tod des geliebten Führers?). Jahrzehntelan-ge Betroffenheitsübungen, hunderte Denkmäler und zahllose Verdammungen Ewiggestriger überzeugten die Welt davon, dass pausenlos den Anfängen gewehrt werden muss. Sogar die Gewerkschaften haben gegen sonn- und feiertägliche Trauer-arbeit nichts einzuwenden. Die sogenannte Trauerhacklerre-gelung sicherte den Österreichern lange Zeit einen Sondersta-tus. Sie sahen sich selbst als Naziopfer und trauerten darüber, wie schlecht es die Welt mit ihnen gemeint habe. Erst Erwin Ringels Buch »Die österreichische Seele« (1984) verwies auf Unstimmigkeiten in diesem Opferkonzept.

Trauma: Medizinischer Ausdruck für Unfall. Populärer Be-griff, um die Folgen von Gewalteinwirkungen zu benennen, die sich dann in posttraumatischen Filmen und Büchern ausdrü-cken. Das posttraumatische Kino verarbeitet die Schrecken der Shoah, posttraumatische Kunst die Gräuel von Bürgerkriegen. Seit dem 9/11 haben auch die Theoretiker der Kultur des Trau-mas ein Schockerlebnis, mit dem sie sich auseinandersetzen, sofern sie nahe des zerstörten World Trade Centers weilten. Gleichwohl ist die Existenz wie auch die historische Haltbar-keit von kollektiven Traumata umstritten. Hardcore-Trau-maisten bezeichnen sogar die Geburt als Trauma. Sie entwer-ten dadurch die Trennschärfe des Begriffs, der im Alltag vor allem für individuelle, psychologische Beschädigungen ver-wendet wird, deren Nachwirkungen kaum zu bannen sind, etwa den sexuellen Missbrauch in der Kindheit. Die bloße Einbildung solcher Traumata wird False Memory Syndrome genannt.

Über-Ich, das: Der innere Dorfpolizist in der Zeit von Gott, Kaiser und Vaterland. Bei Verstößen gegen die herrschende

Moral drohte er mit Neurosen. In der U-Haft des Über-Ich kann es zu Gewissensbissen kommen. Gilt heute als vom Aussterben bedroht.

Unesco: Organisation zum Schutz vom Verschwinden bedrohter Gebäude und Sitten. Zu den geschützten Monumenten gehören die Kohlezechen des Ruhrgebiets, die Dolomiten, die gambischen Initiationsrituale und das persische Neujahrsfest. Als Widerstandorganisation gegen die Verheerungen des Fortschritts bewahrt die Unesco das Unverwechselbare vor der globalen Nivellierung. Die Weltbank des schlechten Gewissens vergibt politisch oft belanglos bleibende Wiedergutmachungskredite, etwa durch die staatliche Anerkennung Palästinas.

Twitter: Das erste demokratische Medium, das den Stimmlosen die Macht gibt, die Freiheit der Presse auszuüben, und ihnen gleichzeitig die notwendige Reichweite ermöglicht. Alles, was man dazu braucht, ist ein internetfähiges Handy, ein Twitter-Konto und vielleicht auch noch den einen oder anderen Follower.

Unterstrich, engl: Underscore: Innovation beim Relaunch der PC-CI.

Vollbart: Das ehemalige Männlichkeitssymbol von Holzfällern und Gründerzeitpatriarchen erlebte in den späten sechziger Jahren eine Umwertung. In der Gesellschaft glattrasierter Anzugträger symbolisierte es das weibliche Zurück-zur-Natur. Der Vollbart wanderte mit den Ökofundis, Reformtheologen und Zivildienern der achtziger Jahre ins Museum der Sozialen Bewegungen, ehe die Kinnzotteln um die Jahrtausendwende herum ein Comeback feierten. Das kreative → Prekariat demonstriert mit dem Vollbart die durch Überstunden hervorgerufene hygienische Verwahrlosung. Er steht aber auch für die → Prekarität der Geschlechter, für schwule Verletzlichkeit bei dem Balladensänger Scott Matthew und für die Genderfusion. Ein Vollbart ist heute ein Indiz dafür, dass dahinter eine ehemalige Frau stecken könnte.

Windpockenparty: Chemische Stoffe schwächen die natürliche Abwehrkraft des Menschen. Auch greifen sie in den göttlichen Schöpfungsplan ein. Um die Resistenzkräfte auf natürliche Weise zu fördern, veranstalten christliche und ökologisch bewusste Eltern Partys, um Windpockenviren kontrolliert zu verbreiten. Die böse Pharmalobby hat das Nachsehen.

Wutbürger: Emotional inkontinente Mitglieder der besitzenden Stände, die unter dem Verfall der öffentlichen Moral leiden und auf den Verlust der mit Nation, Familie und Religion verknüpften Autorität mit Bürgerinitiativen reagieren. In den Augen der Wutbürgerkritiker greifen nach dem Fall der Obergrenze für das Babyalter paranoide Allmachtsphantasien vermehrt auf → Best Ager über, eine Gefahr, die durch die Verteilung von Wutwindeln gestoppt werden kann. Wohlmeinende erkennen im Aktivismus der Wutbürger ein Übergreifen zivilgesellschaftlicher Protestkultur auf Menschen jenseits der 30 mit Eigentumswohnung.

Zogaj, Arigona: Ein von der Abschiebung bedrohtes Mädchen aus dem Kosovo, das bei der österreichischen Bevölkerung eine überdurchschnittliche Aktivität der → Spiegelneuronen auslöste.